U0796704

能源行业纠纷实务案例评析

An Analysis of Practical Cases of Disputes in the Energy Field

陈兴华◎编著

『十三五』国家重点图书出版规划项目

法治中国论坛

方志出版社
Publishing House of Local Records

图书在版编目（CIP）数据

能源行业纠纷实务案例评析 / 陈兴华编著 .—北京：方志出版社，2019.7

ISBN 978-7-5144-3795-9

Ⅰ.①能… Ⅱ.①陈… Ⅲ.①能源工业—经济纠纷—案例—中国 Ⅳ.① D922.675

中国版本图书馆 CIP 数据核字（2019）第 230774 号

能源行业纠纷实务案例评析

编　　著： 陈兴华
责任编辑： 梅中英

出 版 者： 方志出版社
地址　北京市朝阳区潘家园东里 9 号（国家方志馆 4 层）
邮编　100021
网址　http://www.fzph.org
发　　行： 方志出版社图书经销中心
电话　（010）67110500
经　　销： 各地新华书店
排　　版： 北京纺印图文设计制作有限公司
印　　刷： 北京中科印刷有限公司

开　　本： 710×1000　1/16
印　　张： 17.25
字　　数： 265 千字
版　　次： 2019 年 7 月第 1 版　2019 年 7 月第 1 次印刷

ISBN 978-7-5144-3795-9　**定价：** 69.00 元

·版权所有　翻印必究·

目录

前　言

一

2005年年底《能源法》起草工作开始启动，能源法研究逐渐提上日程。在此之前，能源法研究十分匮乏，乃至当时的起草组想找一本能源法教材都很困难。时至今日，十余年过去，虽然《能源法》的出台尚遥遥无期，但是国内的能源法研究逐渐形成规模，研究人群逐渐扩大，成果日益增多。本书是意图从案例实务的角度来解读能源法的一次尝试。对于该选题，笔者主要基于以下几点考虑：

能源法研究的需要。能源法的学科性质、学科地位等问题至今并没有定论。不论其是不是一门独立的学科，是否是一门重要的学科，都改变不了能源法学科高度的实务性的特征。在目前已经出版的能源法有关教材、论著中，理论探索和研究已经开始，并初步形成了能源法的学科体系。但是，鲜有系统的案例分析类论著。作为一个实务性非常强的学科，能源法的研究离不开实务案例。可以说，从丰富的实务案例中，我们可以提炼出非常多的学术前沿问题。这种研究进路，是时下法学界流行的问题导向研究方法的典型体现。

能源法教学的需要。国内目前开展能源法本科和研究生教学的高校并不多。学生对于能源法的陌生和缺乏兴趣，是老师无法开设这门课程的重要原因。从法学教学方法的演进来看，我国的本科法学教育大多还停留在法教义学的阶段。课堂讲授知识点、学生记笔记背诵记忆仍然是教学的主要方式。对于本科生来说，传统和基础学科，如民法、刑法、行政法等，有大量清晰、明确的知识点有待记忆、理解，教学活动相对容易展开。诸如能源法这种应用性法学学科，知识点不是教学的主要内容。那么这种课程到底该如何开展教学？从

案例分析入手，不失为一个突破口。同理，研究生教学虽然较之本科生教学，会增加专题理论性质的教学和学习内容，但是如果能够结合案例分析，将能够更好地引起研究生的学术兴趣，也能够快速认识和理解能源领域所出现的各种问题。

能源法学科形成产学研结合学术共同体的需要。在能源法研究群体中，企业、律所、政府等实务界人士人数众多。笔者兼任中国法学会能源法研究会副秘书长十年来，深感将各界人士统一在一个平台之上的艰难，理论和实践“两张皮”如何合而为一，值得深究。从案例入手不失为一个可以兼得的好办法：一方面，实务界人士能够找到自己熟悉的各种实务案例；另一方面，理论界人士能够从案例中挖掘理论问题。当实务界和理论界能将各自研究目光汇集在实务案例及其延伸的理论问题时，实务和理论的鸿沟也将能够逐渐消弭。

二

愿望虽良好，但最终目标的达成却很难。本书从开始筹备、酝酿，到最后成稿，需要解决重重障碍和困难。问题最终能否得到妥善解决，笔者始终心怀忐忑。

首先，需要创新性地从无到有拉出一个框架。笔者近些年接触到税法学学科的领域法学理论之后，对于很多问题的思考都会融入该理论的理念。据此，笔者将整个能源行业发生的所有纠纷从民商事、经济法、行政法、刑法以及社会法几个领域进行划分。具体而言——

民商事纠纷是指发生在能源行业平等主体之间的，涉及经济、商事的纠纷，包括合同法纠纷、公司法纠纷、侵权纠纷、知识产权纠纷等；经济法纠纷是指涉及国家宏观管理和监管、市场竞争等方面的纠纷，包括反不正当竞争、反垄断纠纷，产品质量、消费者权益等方面的纠纷，行业监管类的纠纷如项目核准引发的纠纷等；行政法纠纷主要表现为行政相对人对于能源主管机关或者其他政府机关的行政行为有不服从而产生的纠纷，包括针对行政复议提起的行政诉讼等；社会法纠纷，主要是指在处理理念上应遵循社会法理念的一些纠纷，如安全、环保、职业健康等；刑事纠纷，主要是指涉及刑事犯罪的一些纠纷。

在上述各领域法的划分框架下，考虑到有些领域案例不一定充足的问题，篇章体例在设计的时候并没有完全紧扣，而是进行适当改良。主要体现在：除了刑事纠纷本书没有收集案例之外，将知识产权纠纷予以单列，将产品质量、安全保障、环境与职业健康纠纷放在一章，将所有和行业监管关系密切的纠纷放在了一章。

其次，需要通过各种途径寻找案例并进行筛选。寻找案例是一个十分复杂的过程。最大的困难在于，能源种类非常多样，即便有中国裁判文书网、威科数据等这样的专业性判例网站，没有合适的关键词，也难以搜索到全面、足够的案例。比如，能源行业民商事纠纷中的合同案例搜索中，笔者采取了能源类型和合同类型相结合的方式交叉搜索。搜索过程中，需确保每种能源类型都能覆盖到，如煤炭、石油天然气、核能、可再生能源、新能源、节能、电力、热力等；也需考虑到合同的类型，如买卖合同、承包合同、服务合同等。每类案例搜索出若干例之后，还需要筛选出能够覆盖到该法学知识点的案例，重复的、不够典型的，都需要删减。如在市场竞争纠纷案例中，不正当竞争案例需要涉及 1993 年《中华人民共和国反不正当竞争法》中规定的 7 种不正当竞争行为、限制竞争行为等，以便能够对该法有一个全面反映。

最后，需要整理出案例的精髓，进行精准地法律分析并结合能源行业进行点评。本书一共选取了 72 个案例。每个案例基本都按照“基本案情”、“判决要点”或“处罚要点”、“法律分析”以及“案件点评”的体例进行介绍和分析。不得不说，从介绍基本案情，到提炼法律点进行分析，再到结合能源行业进行点评，每一步都不容易。有些案件历经一审、二审、再审，甚至抗诉，案情极为复杂。有的还有一些旁枝末节的线索、信息。为了能简单明了地为读者呈现案情，笔者对案例进行了梳理和编辑。由于各类别的案件涉及多个法学学科，在提炼法律点进行法律分析时，也是困难重重。比如知识产权纠纷中涉及专利法中非常专业的制度，笔者虽请教求助于专利法专家，反复沟通、讨论，最终进行确认，但也只能做到对该案件涉及的法律知识点、法律制度等的初步分析。而这些知识点、制度等延伸出来的法学理论问题，受时间所限，无法再深入展开。能源行业点评部分，需要对能源行业有一定高度的了解和评判，结合案例中反映的问题，对本行业的发展方向提出相关建议。在此过程中，笔者深感力有不逮。能源行业涉及能源种类、产业类型十分繁杂，要想对每个领域精深，确非易事。

除此之外，全书中还有一个难题，即法律、法规的核实问题。在本书撰写初期，曾经计划将该案例涉及的法律、法规节选摘录列出。尝试几个案例之后，发现这样会导致全书篇幅过于冗长。所以，最后采取了选择性罗列的方式。全书涉及的法律、法规、规章以及各类规范性文件数量非常多，笔者已尽量一一核实。在新法和旧法引用、分析上，考虑到案件的时间，还是以旧法分析为主，同时会加上新旧法的对比。比如《反不正当竞争法》的几个案例，大多都发生在新法出台之前。因此，笔者在分析时仍然以旧法分析为主。最后，就是关于案例是否匿名化处理的问题。成稿之初，笔者保留了所有案件的当事人真实名称、姓名，但考虑到多方面因素，最终还是决定予以匿名化处理。匿名化之后，全书在可读性方面受到影响，请读者见谅。

三

从成百上千个案例中筛选出来的 72 个案例，基本上反映了能源行业在民商法、经济法、知识产权法、行政法等领域的纠纷情况。从本书撰写的工作方法上说，笔者一人短期内无法完成工程量如此巨大的研究工作。本着教学相长的理念，笔者将本书的研究撰写作为一个课题项目，指导北方工业大学能源法研究中心的研究生和本科生们开展了大量基础性工作，包括资料搜索、案件筛选以及初步整理分析等。笔者从 2019 年 1 月至 2019 年 6 月，奋战半年，最终完稿。高校“中椒”的科研教学工作忙碌异常，时间短、任务重，本书中出现的不当、错漏之处，请学界同仁不吝赐教、批评指正。如本书能在“提出问题”上对能源法研究有一点启发，笔者即颇感欣慰。未尽之处望通过今后之努力加以弥补！

第一章　能源行业纠纷概述

改革开放以来，中国经济快速发展，能源消费量随之不断增加。经济高速发展形势下，我国超越美国成为世界上最大的能源消费国。目前我国能源生产总量、电力装机规模和发电量稳居世界第一，非化石能源和天然气消费比重提高，煤炭消费比重下降，清洁化步伐不断加快。水电、风电、光伏发电装机规模和核电在建规模均居世界前列。节能减排成效显著，电力、油气体制改革不断深化。

伴随着能源行业的不断发展，能源行业纠纷也更加复杂多样，根据北京仲裁委员会、北京国际仲裁中心主编的《中国商事争议解决年度观察》[①]，从能源领域发生纠纷的类别来看，2012—2016 年，传统能源是能源纠纷的主要来源，案件数量和争议标的额占比很高。而在该类案件中，以矿权转让纠纷为主，集中反映了当前我国能源市场矿权转让的乱象。同时，因我国调整能源结构，大力推进煤炭去产能，以气代煤，天然气下游的城镇燃气特许经营合同纠纷和不正当竞争纠纷也逐渐增多。2016 年 7 月，最高人民法院发布了 10 个矿业权民事纠纷案件典型案例，其中的油气和煤炭矿权转让纠纷成为热点问题。另外，在涉及新能源和可再生能源等领域，存在具有市场支配地位的企业滥用市场支配地位、阻碍公平竞争，从而引发纠纷的现象。

能源是经济发展的源动力，也是决定生活质量的关键因素。能源行业的发展有其特殊性，比如，它既需要政府管理也需要市场调节，既关乎国计又关系民生。因此，在能源行业的发展中，不可避免地会发生各种各样的纠纷。本书将从能源行业的民商法类纠纷、经济法类纠纷、行政法类纠纷等入手，列举相

① 参见《张利宾：中国能源争议解决年度观察（2017）》，载中国能源法律网，http://www.energylaw.org.cn/newsitem/278125238，访问日期：2019 年 6 月 22 日。

关案例，通过法律分析及案件点评来剖析我国能源行业发展中存在的问题，以促进能源行业的有序竞争、健康发展。

第一节　能源行业纠纷类型

一、民商法类能源行业纠纷

民商事纠纷是指处理平等主体间人身关系和财产关系的纠纷。在能源行业纠纷中，民商事纠纷主要包括合同纠纷、电力市场纠纷、公司股权纠纷及其他民事纠纷，其中合同纠纷是最典型的民商事纠纷，主要包括买卖合同纠纷、供用电气热合同纠纷、EPC 合同纠纷、节能服务合同纠纷等。在知识产权领域，2018 年 9 月 21 日，国家发改委发布了《关于对〈战略性新兴产业重点产品和服务指导目录〉（2016 版）征求修订意见的公告》，战略性新兴产业主要涉及产业包括：新一代信息技术产业、高端装备制造产业、新材料产业、生物产业、新能源汽车产业、新能源产业、节能环保产业、数字创意产业、相关服务业等。可见，知识产权在能源产业中的重要性。在能源行业，知识产权纠纷主要表现为商标权纠纷和专利权纠纷。

二、经济法类能源行业纠纷

经济法是调整国家协调本国经济运行过程中发生的经济关系的法律规范的总称。经济法主要包括反垄断法、反不正当竞争法、消费者权益保护法、产品质量法、财政法、税法、金融法等内容。在能源行业，经济法类纠纷主要分为市场竞争纠纷和产品质量、安全、环境纠纷。市场竞争纠纷主要包括垄断协议纠纷、滥用市场支配地位纠纷、行政垄断纠纷以及不正当竞争纠纷。其中，不正当竞争纠纷涉及采用假冒或仿冒等混淆手段从事市场交易、商业诋毁、虚假宣传、公用企业限制竞争行为、低价倾销行为、招标投标中的不正当竞争行为、侵犯商业秘密及搭售行为等不正当竞争行为。产品质量、安全、环境等纠纷相较于其他纠纷可能造成对人身财产及自然环境的损害，因此，尤其需要引起重视。

三、行政法类能源行业纠纷

行政法类纠纷是指国家行政机关之间或国家行政机关同企事业单位、社会团体以及公民之间由于行政行为而引起的纠纷。在能源行业，政府监管是重中之重。政府监管主要表现在以下几个方面：市场准入中的特许经营、矿产资源的勘探开采、能源项目中的项目核准以及能源企业的经营情况等。因为能源行业的复杂性，政府在进行上述监管时，不可避免地会发生各种纠纷，比如矿业权纠纷（包括探矿权纠纷和采矿权纠纷）、特许经营权纠纷、项目核准纠纷、监管职责纠纷以及相关的行政处罚与行政调解。

四、刑事法类能源行业纠纷

刑事纠纷是指犯罪嫌疑人或者被告人被控涉嫌侵犯了刑法所保护的社会关系。在能源行业不乏刑事犯罪，比如环境犯罪与能源矿产领域职务犯罪。能源开发利用很容易产生环境污染、破坏等问题，触犯刑法的概率也很大。2019年2月20日，为解决办理环境污染刑事案件遇到的新问题，最高人民法院、最高人民检察院、公安部、司法部、生态环境部正式印发了《关于办理环境污染刑事案件有关问题座谈会纪要》。能源矿产领域职务犯罪中，电力、煤炭、石化、冶金四个行业是能源矿产领域职务犯罪中的高发行业。

第二节　能源行业纠纷解决机制

自党的十八大以来，十八届三中、四中、五中全会提出“国家治理体系和治理能力”“社会治理体系和治理能力”“构建全民共建共享的社会治理格局”等一系列战略目标。构建中国特色多元化纠纷解决机制，是社会治理体系和国家治理体系的重要内容，是实现国家治理体系和治理能力现代化的重要举措。党的十八届四中全会《中共中央关于全面推进依法治国若干重大问题的决定》明确提出了“健全社会矛盾纠纷预防化解机制，完善调解、仲裁、行政裁决、行政复议、诉讼等有机衔接、相互协调的多元化纠纷解决机制”，第一次从中央层面系统地对矛盾纠纷多元化解机制建设做了整体部署，标志着矛盾纠纷多元化解机制建设进入了一个全面系统推进的新阶段。

一、诉讼纠纷解决机制

（一）诉讼机制

诉讼，是指国家审判机关即人民法院，依照法律规定，在当事人和其他诉讼参与人的参加下，依法解决讼争的活动。根据诉讼的内容和形式，诉讼活动可以具体分为民事诉讼、行政诉讼、刑事诉讼三类。

民事诉讼是最常见的诉讼解决机制，法院在当事人和其他诉讼参与人参加下，审理解决民事案件的活动以及由这种活动所产生的诉讼关系的总和。民事诉讼既包括法院依法进行的审判活动，也包括当事人和其他诉讼参与人依法进行的诉讼活动，在这些活动中法院和各诉讼参与人之间发生诉讼法律关系。法院的审判活动对民事诉讼的开始、发展和终结具有决定性作用，双方当事人的诉讼活动则对民事诉讼的开始、发展和终结具有很大影响。民事诉讼的整个过程，围绕解决民事纠纷这一基本任务，由若干各有其中心任务的阶段组成，同时各个阶段相互衔接，依次连续进行。

行政诉讼是个人、法人或其他组织认为行政主体以及法律、法规授权的组织作出的行政行为侵犯其合法权益而向法院提起的诉讼。行政诉讼所要审理的是行政案件，即行政机关或法律、法规授权的组织与公民、法人或者其他组织在行政管理过程中发生的争议，是通过对被诉行政行为合法性进行审查以解决行政争议的活动，用以解决特定范围内行政争议。行政诉讼中的当事人具有恒定性，行政诉讼的原告只能是行政管理中的相对方，即公民、法人或者其他组织；行政诉讼的被告只能是行政管理中的管理方，即作为行政主体的行政机关和法律、法规授权的组织。行政诉讼的原则包括对具体行政行为合法性审查、当事人法律地位平等、辩论、人民检察院实行法律监督等。

刑事诉讼是指人民法院、人民检察院和公安机关在当事人及其他诉讼参与人的参加下，依照法律规定的程序，解决被追诉者刑事责任问题的活动。刑事诉讼是行使国家刑罚权的活动，由国家专门机关负责进行，必须依照法定程序进行。刑事诉讼的基本原则包括侦查权、检察权、审判权由专门机关依法行使；人民法院、人民检察院依法独立行使职权；犯罪嫌疑人、被告人有权获得辩护；未经人民法院判决，对任何人都不得确定有罪等。

（二）能源行业诉讼机制现状

有学者对能源诉讼进行了探索性的研究，其结论值得关注。该学者以2009年的诉讼案件进行统计，结论如下："在民事诉讼中，各级法院审结一审电水气热力合同案件近10万件，占当年合同类案件总量3154347件的3.17%；审结环境污染损害赔偿案件1783件，占当年侵权案件总量1262051件的0.14%；这些案件合计占当年审结一审民事案件总数5797160件的1.76%。在行政诉讼中，各级法院审结一审资源类案件21358件，占当年审结总量的17.72%；环保类收案2647件，占当年总收案量的2.2%；这些案件合计占当年审结一审行政案件总数120530件的19.92%。在刑事诉讼中，各级法院新收环境资源犯罪案件10767件，其中非法采矿罪占约5.74%件，约618件，同比增长42.14%；重大环境污染事故罪（现更名为'污染环境罪'）、非法处置进口的固体废物罪、擅自进口固体废物罪等约占6.97%，约750件；这些罪名合计占当年审结刑事案件总数870079件的0.16%。单从数量上看，能源诉讼所占的数量和比重为：民事诉讼和刑事诉讼领域都很低，大约分别在1.76%和0.16%；比例相对高的是行政诉讼领域，约为19.92%（17.72%+2.2%）。"[①] 由此可见，与普通的诉讼相比：在能源诉讼中，刑事诉讼的比重较低，说明刑法

① 张忠民：《我国能源诉讼专门化问题之探究》，《环球法律评论》2014年第6期。

对能源纠纷的介入较少；行政诉讼的比重较高，说明在能源领域“民告官”现象颇为普遍；民事诉讼的比重略低，尤其是与人身权关联很少。

二、非诉讼纠纷解决机制

非诉讼程序是对诉讼以外的其他各种纠纷解决方式、程序或制度的总称，目前世界各国一般采用英文“Alternative Dispute Resolution”（ADR）来表述这一概念。狭义的ADR，主要是指协商性或民间性纠纷解决方式，特别是调解，一般不包括行政处理（尤其是裁决）。广义的ADR，则可以涵盖所有非诉讼解纷方式，既包括传统的民间调解和商事仲裁，也包括当代创造的新ADR，同时可以容纳更多今后可能出现的新的类型，包括行政性和准司法性解纷机制，甚至可以涵盖法院的诉讼中调解（和解）等。与诉讼机制相比，非诉机制具有程序上的非正式性、纠纷解决基准上的“非法律化”（即不强求刚性适法）、纠纷解决主体的非（法律）职业化、性质和形式的多样化、程序构造的平等性、纠纷解决过程的平和性（非对抗性）和结果的互利性等典型特征。

（一）非诉讼程序的基本类型①

根据主持纠纷解决的主体或第三者，即ADR机构，可分为：（1）法院附设的非诉讼程序，即司法性ADR。一般设在法院，但采用不同于诉讼程序的专门程序；可以与诉讼程序进行衔接，如调解仲裁前置，调解协议的司法审核确认、转化为诉讼调解书或和解判决等。（2）行政机关或准行政机关所设或附设的非诉讼程序，例如行政调解、行政申诉及行政裁决等，即行政性ADR。（3）由民间团体或组织主持的非诉讼程序，即民间性ADR。包括民间自治性纠纷解决组织、非政府机构以及由政府或司法机关支持的社会性纠纷解决机构等。（4）由律师主持的专业咨询或法律援助性质的非诉讼程序。（5）国际组织所设纠纷解决机构的非诉讼程序。（6）在线纠纷解决机制（ODR）。ODR目前

① 参见范愉：《非诉讼程序（ADR）教程》（第三版），中国人民大学出版社2016年版，第18～21页。

主要应用于电子商务。非诉讼机制主要有以下几种：

1. 谈判

谈判，或交涉、商谈，是一种旨在相互说服的交流或对话过程，其实质是一种双方的交易活动，目的是达成合意。在我国纠纷解决的实践和习惯中，当事人之间的谈判（协商）属于典型的“私了”。谈判（协商）不是一种特定的制度，而是一种手段，在各种纠纷解决程序中均可使用，而且还可以与调解等解纷方式交互使用，具有较大的灵活性。谈判（协商）在形式和程序上比较随意，具有非正式性，且通常不企求第三者的介入，具有高度的自主性。不过，在实践中大量与纠纷解决有关的谈判（协商）往往都有第三者的参与，由此可以把谈判分成相互的谈判和第三者促进的谈判。

2. 调解

调解是指在第三方协助下，以当事人自主协商为主的纠纷解决活动。调解是谈判的延伸，二者的区别在于中立第三方调解人的参与。调解是在中立第三方的参与下进行的纠纷解决活动，以当事人的自愿为前提。与诉讼相比较而言，调解具有特殊的程序优势，如便利性、常识化、低廉、快速及时、非对抗性、保密、灵活性、彻底性、利于履行等。调解包括民间调解、行政调解、律师调解与法院调解；诉讼外调解与诉讼外和解、诉讼前调解与诉讼前和解、诉讼中调解与诉讼中和解。

3. 仲裁

仲裁是根据当事人的合意，把纠纷（包括已经发生或将来可能发生的纠纷）的处理，委托给法院以外的第三方（仲裁者）进行裁决的纠纷解决方法或制度。仲裁必须依仲裁契约才能启动，即以仲裁契约为前提。仲裁者拥有对争议的决定权，并且当事人一旦同意通过仲裁解决纠纷，就不得拒绝接受仲裁裁决。仲裁裁决具有终局性。

（二）能源行业非诉讼机制现状

近年来，能源主管部门在非诉讼机制的建设上做出了一系列努力。国家能源局重组后，《电力监管机构行政处罚程序规定》《电力争议纠纷调解规定》的适用主体、调整对象均发生了变化。2016 年 12 月，国家能源局综合司关于就废止《电力监管机构行政处罚程序规定》《电力争议纠纷调解规定》公开征求意见。2017 年 3 月，国家能源局印发了《国家能源局能源争议纠纷调解规定》和《国家能源局行政处罚程序规定》。《国家能源局能源争议纠纷调解规定》明确，该规定所称能源争议纠纷是指平等主体之间发生的，属于国家能源局职责范围内的电力、煤炭、石油、天然气、新能源、可再生能源等争议纠纷。该文件规定了国家能源局调解能源争议的原则、申请调解的条件、调解能源争议纠纷的方式，等等。而《国家能源局行政处罚程序规定》则对国家能源局行政处罚的简易程序及一般程序做出了详细的规定。

此外，仲裁是很重要的能源争议解决方式，能够为能源行业间接制定规则，并进一步为制定完善的能源法和推动以市场为基础的体制改革提供案例实证研究素材。2014 年 6 月 24 日，北京仲裁委员会能源专业小组正式成立。北京仲裁委员会能源专业小组依托高端争议解决平台，在能源争议解决和能源行业健康发展方面产生了积极作用。

第二章 能源行业民商事纠纷

能源行业民商事纠纷涉及的是平等主体之间的权利义务纠纷。当前，能源市场化程度日益提高，各类能源产品和服务市场交易行为十分常见。相应地，交易主体之间尤其是服务接受者与服务提供者之间的纠纷多发。在能源行业纠纷中，合同纠纷是典型的纠纷情形，但也不乏其他类型纠纷的存在。在合同纠纷中，不仅包括买卖合同等常见的合同纠纷，还包括供用电气热合同纠纷、EPC 合同纠纷、节能服务合同纠纷等具有能源行业特征的合同纠纷。此外，能源行业民商事纠纷类型还包括公司股权纠纷以及其他民商事纠纷。本章将对上述类型纠纷所涉及的典型案例进行梳理并进行法律分析，同时对案件做出简要点评。

第一节 合同纠纷

合同纠纷是指因合同的生效、履行、变更、终止等行为而引起合同双方当事人之间相关的争议。在能源行业的实践中，无论进行交易或提供服务都离不开合同。合同双方当事人出于对利益的追求以及便利活动的需要，通过签订合同对双方的权利义务进行创设或变更，以实现双方的利益需求。同时，对合同内容、履行等理解或解释的偏差也往往会导致合同纠纷的产生。本节涉及买卖合同纠纷、供用电气热合同纠纷、EPC 合同纠纷及节能服务合同纠纷。

一、买卖合同纠纷

案例 1　某车用能源公司与某燃气公司天然气买卖合同纠纷[①]

【基本案情】

上诉人（原审被告、反诉原告）：某车用能源有限公司（以下简称“A 公司”）

被上诉人（原审原告、反诉被告）：某燃气有限公司（以下简称“B 公司”）

2015 年 5 月，B 公司与 A 公司签订了《液化天然气与设备供应合同》，约定由 B 公司按合同规定向 A 公司出售液化天然气并通过租赁方式提供设备给 A 公司使用，供气时间为两年。天然气价格条款约定：签订合同当月价格为蚌埠城区 3.45 元 / 平方米，滁州城南加气站 3.5 元 / 平方米，双方每月 28 日以“LNG 价格确认函”方式确定下月供气价格，任何单方调整无效，任何调整的价格须经双方协商及书面确认。关于设备租赁，约定 B 公司向 A 公司提供气化设备，B 公司负责前期装置的安装、调试直到正常运行及所需费用，A 公司负责办理上述设备的相关报验手续；A 公司应在租赁设备正常运行 15 个工作日内将签收盖章后的设备验收文件交给 B 公司，若 A 公司未按时办理验收，B 公司视为设备已呈完整状态且由 A 公司验收合格。合同还约定 A 公司若违反合同条款，B 公司有权中止或终止合同，收回设备，并要求 A 公司赔偿一切损失。2015 年 7 月，双方又签订了上述合同的《补充协议书》，对计量方式、气量计量及气源、定价进行了补充约定，同时双方确定天然气价格实行“最低气量照付不议”原则，即 A 公司承诺实际用气量不低于 1 万立方米 / 日（约等于 8 吨 / 日），自 B 公司正式供气之日起 30 日后如 A 公司的实际用气量低于最低气量标准时，B 公司按照 1 万立方米 / 日收取气款。

其后，B 公司以 A 公司拖欠天然气价款为由，向江苏省南京市六合区人民法院提起诉讼。B 公司称其于 2015 年 7 月 15 日正式向 A 公司供气，根据合

---

① 参见《江苏省南京市中级人民法院二审民事判决》〔2017〕苏 01 民终 5300 号。

同约定正式供气后三十日实行“最低气量照付不议”，即每天按照 1 万立方米 / 日收取气款。B 公司主张案涉合同于 2016 年 6 月 24 日解除，而 2015 年 8 月 16 日至 2016 年 6 月 24 日，一共 313 天，A 公司最低用气量应为 2504 吨（313 天 ×8 吨 / 天），A 公司已支付 228.37 吨天然气价款，天然气市场平均价为 4500 元 / 吨，故尚欠 10240335 元。

A 公司则认为，B 公司并未在 2015 年 7 月 15 日正式供气。B 公司提供的气化特种设备存在严重质量问题，双方一直处于设备测试阶段，实际供气量和合同约定供气量差距很大。由于没有正式供气，B 公司按照“最低气量照付不议”原则收取天然气价款没有依据。A 公司还称 B 公司曾向其发送的是律师函并非解除合同通知，对方无权解除合同。因此，双方现在并未解除合同关系。

一审法院经审理认为，B 公司于 2015 年 7 月 9 日开始向 A 公司供应天然气，其陈述前两次供气是试运行，实际从 2015 年 7 月 15 日正式供气。A 公司于 2015 年 11 月 3 日向 B 公司的发函中也明确自 2015 年 7 月 15 日开始使用 B 公司的气化设备给公交车站供气，且 2015 年供货明细表显示 A 公司此后一直使用 B 公司的天然气至 10 月 24 日，故能够认定 B 公司自 2015 年 7 月 15 日正式向 A 公司供气。根据双方《补充协议书》的约定，自正式供气之日起 30 日后按照“最低气量照付不议”收取气款，即自 2015 年 8 月 16 日起如 A 公司实际用气量低于最低气量标准 1 万立方米 / 日（约等于 8 吨 / 日），则 B 公司按照最低气量收取气款。案涉合同于 2016 年 6 月 24 日解除，故最低气量计算期间应为 313 天（2015 年 8 月 16 日至 2016 年 6 月 24 日），按照最低气量标准计算用气量约为 2504 吨（313 天 ×8 吨 / 天），A 公司已支付该期间 228.37 吨气款，剩余应付气款约为 2275.63 吨。但上述天然气 B 公司并未实际供应，如果按照此标准要求 A 公司支付气款，明显高于 B 公司的预期利益损失。结合双方合同履行情况及液化天然气行业平均利润，酌定 A 公司支付 B 公司 150 万元。A 公司不服一审判决，向江苏省南京市中级人民法院上诉。

二审法院经审理认为，一审判决认定双方《液化天然气与设备供应合同》及《补充协议书》已于 2016 年 6 月 24 日解除有事实和法律根据，应予维持。关于《补充协议》中的“最低气量照付不议”条款计算损失缺乏事实根据，应不予支持。

【判决要点】

1. 案涉合同及补充协议已经解除

B公司与A公司双方在《液化天然气与设备供应合同》中出于意思自治原则约定如A公司违反合同条款，则B公司有权解除合同。B公司将设备安装后，A公司未向B公司索要报验材料，亦未要求其配合验收。依据合同约定，B公司只负责设备的安装、调试，A公司则负责办理设备的相关报验手续。如A公司未按时办理验收，B公司视为设备已验收合格。

双方在合同中约定的供气时间为两年，A公司在2015年11月3日单方通知B公司终止合同、停用气化设备，构成根本违约。B公司有权解除合同。B公司于2016年6月16日向A公司发函要求在7日内继续履行合同，否则依法解除合同。因A公司限期内未履行合同，依据《中华人民共和国合同法》（1999年3月15日通过，以下简称《合同法》）第九十三条①、第九十六条②的规定，可以确认双方签订的《液化天然气与设备供应合同》及《补充协议书》已于2016年6月24日解除。

2. 双方所约“最低气量照付不议”条款有效但不予适用

首先，根据《中华人民共和国特种设备安全法》（2013年6月29日通过）第二十五条③、第三十二条④的规定，特种设备使用单位应当使用取得许可生产并经检验合格的特种设备。本案中，双方当事人均确认，案涉设备未取得生

---

① 当事人协商一致，可以解除合同。当事人可以约定一方解除合同的条件。解除合同条件成就时，解除权人可以解除合同。

② 当事人一方依照本法第九十三条第二款、第九十四条的规定主张解除合同的，应当通知对方。合同自通知到达对方时解除。对方有异议的，可以请求人民法院或者仲裁机构确认解除合同的效力。

③ 锅炉、压力容器、压力管道元件等特种设备的制造过程和锅炉、压力容器、压力管道、电梯、起重机械、客运索道、大型游乐设施的安装、改造、重大修理过程，应当经特种设备检验机构按照安全技术规范的要求进行监督检验；未经监督检验或者监督检验不合格的，不得出厂或者交付使用。

④ 特种设备使用单位应当使用取得许可生产并检验合格的特种设备。禁止使用国家明令淘汰和已经报废的特种设备。

产许可，故不具备正式使用条件。即便已实际存在供气行为，亦不足以证实涉案设备具备实际供气条件。其次，B 公司称其于 2015 年 7 月 15 日已正式供气缺乏事实根据。由于 2015 年 8 月 16 日至 2016 年 6 月 24 日不应视为正式供气期间，且 B 公司亦未按约实际履行完毕合同义务，故其主张适用“最低气量照付不议”条款计算损失缺乏事实根据，对此主张不予支持。同理，因 A 公司存在违约情形，且对于“最低气量照付不议”条款并未约定可由 A 公司选择适用，故该公司提出反诉，并据该条款计算损失缺乏根据，亦不予支持。因此，二审法院撤销了一审法院要求 A 公司给付 B 公司 150 万元的判决。但 A 公司应当返还相应的生产设备于 B 公司。

【法律分析】

1.“照付不议”合同的法律内涵

“照付不议”是天然气供应的国际惯例和规则，是指在市场变化情况下，付费不得变更，用户用气未达到此量，仍须按此量付款；供气方供气未达到此量时，要对用户作相应补偿。如果用户在年度内提取的天然气量小于当年合同量，可以进行补提。即其核心在于不论买方是否实际提取产品，买方都应当按照双方约定的最低产品数量支付产品价款。2014 年国家能源局发布的《天然气供销合同（标准文本）》就明确规定了“照付不议”的适用。①

在本案中，尽管一审和二审法院均认可最低气量照付不议条款的有效性，但一审法院以卖方未实际供应为由，认为完全执行照付不议条款会导致不公平的结果出现；二审法院则以气化特种设备未取得生产许可为由否定卖方的供气行为，认为不应适用照付不议条款来计算卖方损失。由此可见，照付不议条款在司法实践中进行适用时，往往更多考虑合同法损害赔偿额应当相当于因违约所造成损失数额。损失包括合同履行后可能获得的利益，但不得超过合同一方订立合同时预见到或者应当预见到的因违反合同可能造成的损失的原则，当出现“照付不议”所约定支付价款的数额超过了“预期利益”情形时，便对其不予支持。不过，这种司法惯例忽略了“照付不议”作为合同双方分担市场价格

---

① 参见《国家能源局关于印发〈天然气购销合同（标准文本）〉的通知》（国能监管〔2014〕98 号）。

波动风险机制的作用。

2. 合同法中有关补充协议问题

《合同法》第六十一条规定，合同生效后当事人就质量、价款或者报酬、履行地点等内容没有约定或者约定不明确的，可以协议补充；不能达成补充协议的，按照合同有关条款或者交易习惯确定。第六十二条规定，当事人就有关合同约定不明确，依照本法第六十一条的规定仍不能确定的，适用合同法中有关质量、价款或报酬、履行地点、履行期限、履行方式以及履行费用负担等方面的规定。

本案中，双方在主合同签订后，对于合同履行的天然气价款做出了补充协议。该协议是出于双方真实的意思表示，合法有效。补充协议的存在赋予了合同更多的灵活性。签订合同时，如果双方当事人对某些问题没有考虑到，可以通过补充协议的约定使得双方之间的权利义务更加明确，更切合双方订立合同的真实意图，保护双方利益。

【案件点评】

天然气行业在发展过程中存在着诸多法律问题，有学者对涉及天然气买卖合同的相关法律问题进行过梳理，包括天然气特许经营制度问题、照付不议合同问题、管道产权及初装费问题、天然气计量问题、价格机制如长期合约价格机制问题、排管工程合同问题等。① 天然气合同的特点在于其合同的标的具有特殊性，如既有天然气的直接交易，也有燃气特许经营权的交易。在实践过程中，天然气的计量以及特许经营权的获取、范围等认定常常是合同订立、履行过程中的争议焦点。

在天然气交易中，“照付不议”合同是一种常用的合同形式，但这种合同往往因为签订的年限比较长，不能对市场的变化及时做出反应，故经常存在权利义务不对等情况。因此在现实生活中，应该在尊重商业习惯的同时，兼顾公平合理，不能机械适用，需综合考量多方因素平衡各方权利义务。尽管从理论上来看，有关天然气销售的“照付不议”合同是一个平衡双方权利义务以达成

---

① 参见陈新松：《简介天然气行业十大特色法律问题》，《上海煤气》2015 年第 5 期。

"双赢"局面的法律合同，但实践操作中由于购销双方信息不对称或对比力量悬殊，"照付不议"合同也在不断发展中呈现出年限缩短、变更方式趋于灵活以及最终用户需要提供信用保证等趋势，值得关注。

案例2 某发电供热公司与某燃料公司煤炭买卖合同纠纷[①]

【基本案情】

上诉人（原审被告）：某发电供热有限公司（以下简称"A公司"）

被上诉人（原审原告）：某燃料有限公司（以下简称"B公司"）

B公司和A公司于2017年6月28日、2017年7月18日、2017年8月3日、2017年8月15日共签订煤炭买卖合同四份，其合同期限分别为2017年7月1日至7月15日、2017年7月20日至8月10日、2017年8月1日至8月31日及2017年8月15日至8月22日。四份合同中关于煤炭购买量以及单位价格的约定分别为3000吨、单价0.112元／大卡，3000吨、单价0.122元／大卡，2000吨、单价0.125元／大卡以及2500吨、单价0.126元／大卡。四份合同仅在合同签订日期、合同期限、煤炭购买量以及单位价格的约定存在不同之处。合同约定B公司应在确定结算金额后及时向A公司开具等额的税率为17%的增值税专用发票。A公司收到全额增值税专用发票后，在付款期五个工作日内将煤炭款以电汇的方式汇至B公司指定账户或以承兑结算。若A公司逾期付款，根据逾期金额，每逾期一天按利息0.3‰向B公司支付违约金的规定，在每一份合同中均有明确约定。

合同签订后，B公司依约履行了上述四份合同约定的供应煤炭共计一万余吨的供货义务，并于2017年8月14日向A公司提供了2017年7月份所供应煤炭的货款3249291.49元的17%税率增值税专用发票。因A公司未如约配合B公司对2017年8月份所供煤炭的货款出具结算单，B公司遂未向A公司开具该批煤炭货款的增值税专用发票。A公司收到上述煤炭后，仅于2017年9月28日向B公司支付2017年7月份所供煤炭的部分货款30万元，余款一直未付。A公司尚欠B公司煤炭货款共计5796936.58元。故请求A公司支付货款5796936.58元及违约金（违约金从起诉之日起至全部付清之日

① 参见《山东省德州市中级人民法院民事判决书》〔2018〕鲁14民终693号。

止，按合同约定标准计算）。

一审法院认为，B公司、A公司于2017年6月28日、2017年7月18日、2017年8月3日、2017年8月15日签订的四份煤炭买卖合同，系当事人的真实意思表示，且合同内容不违反法律禁止性规定，为有效合同，依法予以保护。B公司、A公司各方均应自觉履行合同义务。B公司已按约定向A公司履行了供应煤炭义务，并提供了2017年7月份所供煤炭货款的17%税率增值税专用发票。庭审过程中，B公司提供的2017年8月份供应的煤炭收货过磅单、检验报告及谈话录音，能综合证明B公司于2017年8月份向A公司供应煤炭的数量、质量和价款。A公司应当按照合同约定支付B公司于2017年7月、8月向A公司供应的煤炭的价款。现B公司要求A公司给付煤炭款5796936.58元及违约金，违约金自2017年11月7日起诉之日起计算至全部付清之日止，按合同约定标准计算。B公司的主张符合法律规定及合同约定，依法应予支持。A公司关于B公司主张的货款金额证据不足、合同约定违约金过高应予调整的辩称，无事实和法律依据，法院依法不予采信。故判决A公司向B公司支付货款5796936.58元，并支付相应违约金（自2017年11月7日B公司起诉之日起至货款全部付清之日止，以欠款额5796936.58元为基数，按每日0.3‰计算）。A公司随后提起上诉，二审法院维持了原判。

【判决要点】

1. 涉案煤款数额的认定

对于一审当中认定货款数额的问题，B公司主张A公司应向其支付的煤炭款由两部分组成，即2017年7月份的煤炭款和2017年8月份的煤炭款。A公司对其主张不予认可，但是未提供有效的证据予以证明该主张，于法无据。本案中B公司通过提交相应供应合同、过磅单、检验报告、结算单、增值税发票以及税务局出具的抵扣证明以印证供货数量、重量、质量和总计货款的事实，并结合双方之间的交易惯例、邮件往来、证人证言等内容证明被上诉人已经履行供货义务。上述证据形成了完整的证据链，证明了被上诉人主张的煤炭款数额。A公司对双方之间2017年7月份及8月份存在业务往来且已经接收了被上诉人的货物并无异议，在没有提供反驳证据的情形下仅以双方没有核算抗辩B公司的诉求，不符合民商交易活动的诚实信用原则，其上诉理由不能成立，法院依法不予支持。综上，二审法院认定一审法院认定涉案煤炭款数额正确。

2. 违约金金额合理

针对违约金过高问题，根据《合同法》及相关解释规定，当事人主张约定的违约金过高请求予以适当减少的，人民法院应当以实际损失为基础，兼顾合同的履行情况、当事人的过错程度以及预期利益等综合因素，根据公平原则和诚实信用原则予以衡量，并做出裁决。本案中被上诉人 B 公司如约履行合同交付货物，上诉人 A 公司未履行付款义务，构成违约，依约应承担违约责任。双方约定的逾期付款违约金为日 0.3‰，折合年利率（360 天）为 10.8%，比《最高人民法院关于审理民间借贷案件适用法律若干问题的规定》中（2015 年 6 月 23 日由最高人民法院审判委员会第 1655 次会议通过，自 2015 年 9 月 1 日起施行）年利率 24% 的违约金上限低 13.2 个百分点，结合违约金兼具补偿性与惩罚性的特点，双方约定的违约金具有合理性，并无不当，上诉人请求调整的理由不能成立。故二审法院维持了原判。

【法律分析】

1. 合同中有关价款规定

合同的订立是当事人意思自治的表现，因此合同价款相关内容由双方当事人自行约定。但双方存在约定不明时，可依据《合同法》第六十一条的规定，对于相应内容进行补充。当事人对于没有约定或约定不明的内容可以协议补充，达不成协议则可依据有关条款或交易习惯确定。第六十二条第一款第二项规定，价款或者报酬不明确的，按照订立合同时履行地的市场价格履行；依法应当执行政府定价或者政府指导价的，按照规定履行。因此，发生纠纷时，当事人双方有多种方式和途径来确定价款。本案中依据双方当事人提供的相应证据以及结合交易惯例等证明 B 公司已经履行供货义务，可以认定 B 公司主张的煤炭款数额。

2. 合同中有关违约金相关规定

《合同法》第一百一十四条规定，当事人可以约定一方违约时根据违约情况向对方支付一定数额的违约金，也可以约定因违约产生的损失赔偿额的计算方法。约定的违约金低于造成的损失的，当事人可以请求人民法院或者仲裁机构予以增加；约定的违约金过分高于造成的损失的，当事人可以请求人民法院或者仲裁机构予以适当减少。当事人就迟延履行主张违约金的，违约方支付违约金后，还应当履行债务。《最高人民法院关于适用〈中华人民共和国合同法〉若干问题的解释（二）》（2009 年 2 月 9 日通过，以下简称《合同法司法解释二》）第二十八条、第二十九条还规定，增加后违约金的数额不得超过实际损失；减少违约金应当考虑实际损失、合同履行情况、当事人过错、预期利益等因素，确定合理的违约金。可见违约金数额的确定不是随意的，需要参考多项因素。实际损失是基础因素，再综合确定合理的因素。法院或仲裁机构可以对过高或过低的违约金进行调整，以更好地保护当事人利益。本案中，法院认定双方约定的违约金数额不违反相关的利率规定，不存在违约金约定过高或者过低的情形，无须对其进行调整。因此，本案关于违约金的约定符合法定要件，双方的违约金条款合法有效。

【案件点评】

煤炭行业一直以来都是我国国民经济体系中非常重要的产业。由于煤炭天然禀赋的地区差异性以及煤炭交易主体的相对市场化，煤炭市场呈现出分布地点多、规模不一、交易量不均衡等特点。同时，由于经济发展周期和煤炭资源产能的不确定性，煤炭交易双方还会存在地位不平等、合同不稳定等情况。煤炭行业的市场化发展较早，和其他能源产品相比，煤炭作为交易的标的物与普通商品已不存在明显的区别。在煤炭的交易买卖过程中，尽管自然人之间、自然人与法人或其他组织之间以及法人或其他组织之间的煤炭交易都拥有完善的交易体系和交易习惯，但仍不可避免的出现合同违约问题。由于煤炭买卖与普通商品买卖之间已无明显界限，故对其合同履行过程中出现的问题可以直接依据《合同法》进行规范。除本案涉及的煤炭价款纠纷外，煤炭质量问题也是较为常见的引发纠纷的问题。煤炭买卖过程中可能出现交付时与签约时煤炭品质不一致的情形，从而产生质量违约纠纷。

案例 3　某机械公司与某能源装备公司买卖合同纠纷[①]

【基本案情】

原告：某机械有限公司（以下简称“原告”）

① 参见《浙江省杭州市中级人民法院民事判决书》〔2018〕浙 01 民初 3869 号。

被告：某能源装备有限公司（以下简称“被告”）

2015年2月，原告与被告签订《采购合同》。被告向原告购买齿轮箱24台，单价106万元/台，共计2544万元。付款方式为，合同签订后支付10%的定金；发货前支付总价款30%的发货款；到货验收合格后1个月，买方支付总价款的40%作为验收款；设备通过240小时验收后或产品验收合格之日起6个月后（两者以先到为准），支付总价款17%的调试验收款；剩余3%为质量保证金，质保期满后支付给原告。

合同签订后，原告依约先后向被告实际交付齿轮箱24台。被告先后支付1727.14万元，除3%质保金外，尚有到期应付货款740.54万元未予支付。原告多次催收，被告仍拒不支付。被告逾期支付货款的行为已构成违约，遂原告向法院起诉，请求判令被告向其支付逾期货款740.54万元。但被告主张，原告交付的齿轮箱存在故障，导致其损失55402.36元，应从原告主张的合同价款中予以扣减。

【判决要点】

原告与被告之间的买卖合同关系依法成立，合法有效。原告已经履行《采购合同》项下交货义务，被告未及时支付货款，应承担相应的民事责任。被告对付款数额无异议，但要求扣减因原告交付的齿轮箱存在故障导致的损失55402.36元。法院审查后认为该事实有证据予以证明且已经得到原告确认，故予以采纳，判决被告向原告支付扣除损失后的欠付货款。

【法律分析】

1. 关于分期付款

《最高人民法院关于审理买卖合同纠纷案件适用法律问题的解释》（2012年3月31日通过）第三十八条规定，分期付款买卖合同是指买受人至少分三次将应付的总价款在一定期间内向出卖人支付。《合同法》第一百六十七条规定，买受人未支付价款达到合同总价款五分之一以上的，出卖人有权要求买受人一次性支付全部剩余价款或者行使法定解除权，解除双方之间的买卖合同。其中五分之一的比例是法定的最低比例，系效力性强制规范，即当事人之间约定不得低于此比例。本案中，双方约定付款方式，虽未明确约定是分期付款买卖，但是依据其履行方式可以进行推定，即双方在交易过程中的不同环节分别支付一部分的价款，最后在交易完成双方不存在违约情形时实现全部价款的支付。买受人未支付价款达合同总价款五分之一以上的，出卖人有权行使法定解除权，同时买受人是对合同约定义务的违反，属于违约行为。出卖人一方有权向其提出损害赔偿请求权。本案中买方未支付价款达到价款总额的 29% 左右，即五分之一以上，因此其构成违约，同时卖方还可以要求解除合同，但当事人诉求未涉及该内容。

2. 关于赔偿损失

《合同法》第一百一十一条规定，质量不符合约定的，应当按照当事人的约定承担违约责任。对违约责任没有约定或者约定不明确，依照本法第六十一条的规定仍不能确定的，受损害方根据标的的性质以及损失的大小，可以合理选择要求对方承担修理、更换、重作、退货、减少价款或者报酬等违约责任。第一百一十三条规定，当事人一方不履行合同义务或者履行合同义务不符合约定，给对方造成损失的，损失赔偿额应当相当于因违约所造成的损失，包括合同履行后可以获得的利益，但不得超过违反合同一方订立合同时预见到或者应当预见到的因违反合同可能造成的损失。本案中，由于原告交付的齿轮箱存在故障，则其提供的产品存在质量不符合约定的情形，即履行合同约定义务不符合规定。故被告可以依据合同法的规定对原告主张损害赔偿。

【案件点评】

能源装备买卖具有特殊性，往往涉及大宗商品，买卖的交易价款较高。这种买卖中，标的物的质量对安全生产、环境保护有重大影响，因此，质量保证非常重要。实践中，能源装备买卖过程中一个重要环节即是对设备质量的检测。由于设备的质量问题在到货时不一定能及时发现，买卖双方一般通过约定设备调试期、质量保证金以及质量保证期限等方式进行保障。当设备在质保期出现问题时，买方可以通过约定请求卖方承担相应的退赔责任。

二、供用电、气、热合同纠纷

本部分所涉及的是供用电、气、热合同，属于《合同法》中规定的有名合同。这三类合同涉及的能源商品都和生产、生活密切相关。合同的主体一般是电力、燃气、热力供应企业和生产型消费者、生活型消费者。供用电合同较多涉及电费缴纳的问题，供用气合同中涉及较多的是断供纠纷，供用热合同常见的纠纷集中在供热的温度不达标导致用户与供热公司之间产生纠纷。

案例 4 某供电有限公司与某采石场、某石业有限公司、某石材有限公司的供电合同纠纷案[①]

【基本案情】

原告：某供电有限公司（以下简称“供电公司”）

被告：某采石场（以下简称“采石场”）、某石业有限公司（以下简称“A公司”）、某石材有限公司（以下简称“B公司”）

供电公司与采石场于2011年9月30日签订合同期限为5年的高压供用电合同，合同有效期至2016年9月29日。合同第十二条约定：电费按月结算，结算时间为每月的12日，用电人应在当月25日前结清全部电费；第四十条第四款第一项约定：用电人违反本合同约定逾期交付电费，当年欠费部分的每日按欠交额的千分之二、跨年度欠费部分的每日按欠交额的千分之三计付。2012年采石场设立新公司A公司，其实际经营人和办公场所及用电户均未变化，供电合同以A公司名义履行，双方亦按约履行，未拖欠电费。

2013年6月20日，A公司将采石场场地及设备租赁给B公司并签订转租协议书，约定B公司必须及时还清在租赁期间所产生债权债务及交清一切税、费等相关费用。2013年6月20日之后，该采石场的实际用电人为B公司，电费亦实际上由B公司向原告支付，并交付了2013年12月份之前的电费（电费按月份交纳，即实际交纳至2013年11月份）。但2013年12月份后，B公司因经营不善导致电费拖欠，截至2014年1月15日，共欠电费231402.85元，经供电公司催收，B公司一直没有支付。因此，供电公司向法院起诉，请求判令采石场、A公司和B公司支付所欠电费231402.85元，并按照合同约定支付逾期滞纳违约金。

采石场和A公司对供电公司所述的事实没有异议，但他们均认为实际用电的是B公司，所欠付电费应该由B公司承担。同时B公司也出具了承诺书

① 参见《江西省乐安县人民法院民事判决书》〔2014〕乐鳌民初字第83号。

一份、转租协议一份，证明本案尚欠电费的实际使用人是B公司。

【判决要点】

原告供电公司与被告采石场所签订的高压供用电合同合法有效，合同双方均应按照合同约定履行双方的权利及义务。2012年采石场成立新公司A公司，其实际经营人和办公场所及用电户均未变化，供电合同以A公司名义履行，双方亦按约履行，未拖欠电费均属实。2013年6月20日，A公司将采石场场地及设备租赁给B公司并签订转租协议书使得之后的实际用电人变更为被告B公司。2013年11月份之前的电费，已由B公司向供电公司交付完毕。2013年12月份之后的电费尚未缴纳亦均属实。原告供电公司对B公司支付电费及出具承诺书的行为均知情并且均未表示异议。因此，本案供用电合同的2013年6月20日之后交付电费的义务，经原告同意而全部转移给被告B公司，被告采石场和A公司不承担交付电费的义务。综上，原告要求支付电费231402.85元的诉请，应由被告B公司承担。原告要求支付逾期滞纳金的诉请，根据合同约定的当年欠费部分的每日按欠交额的千分之二、跨年度欠费部分的每日按欠交额的千分之三计付。据此，截止至2014年6月30日，以尚欠电费及欠费时间计算逾期滞纳违约金计122897.62元。据此，依照《合同法》第六十条[①]、第八十四条[②]、第八十八条[③]、第一百八十二条[④]之规定，判决被告B公司应向供电公司支付电费231402.85元及逾期滞纳违约金122897.62，共计354300.47元。被告采石场和被告A公司不承担本案给付电费责任。

【法律分析】

1. 债务承担

在双方并未对合同内容做出变更的前提下，将承担履行债务义务的一方当事人主体进行变更的情形，即是债务承担。债务承担分为免责的债务承担与并

---

① 当事人应当按照约定全面履行自己的义务。

② 债务人将合同的义务全部或者部分转移给第三人的，应当经债权人同意。

③ 当事人一方经对方同意，可以将自己在合同中的权利和义务一并转让给第三人。

④ 用电人应当按照国家相关规定和当事人的约定及时交付电费。用电人逾期不交付电费的，应当按照约定支付违约金。经催告用电人在合理期限内仍不交付电费和违约金的，供电人可以按照国家规定的程序中止供电。

存的债务承担两种情形。并存的债务承担是指原债务人并没有脱离原债务的关系，而第三人又加入到原存的债务关系中来，并与原债务人共同向同一债权人承担债务。此类债务承担方式严格意义上来说是债务人人数的增加。而免责的债承担是指原债务人脱离原债务的关系，第三人加入到原存的债务关系中来，原债务由新加入的第三人来进行承担。与主债务有关的从债务，除专属于原债务人自身的以外，也随主债务移转给新债务人承担。同时，原债务人对债权人享有的抗辩权，新债务人亦可以之对抗债权人。《合同法》第八十四条规定了免责的债务承担，即债务人将其债务全部或部分转让给第三人承担，原债务人就转让给第三人的债务免责。

本案中涉及的即为免责的债务承担情形。债务承担在合同中较为常见。对于合同双方当事人来讲，在一些情形下直接进行主体变更较为便捷，也符合合同意思自治的原则。本案中，A 公司将设备场地等租赁给 B 公司，并同时约定期间产生的一切费用由 B 公司承担，在此基础上导致之前供用电合同的债务履行转给了 B 公司。合同虽未明确说明双方之间发生了债务承担，但实质上已经产生了相关的效力影响。

2. 合同履行与违约责任承担

《合同法》第六十条规定，当事人应当按照约定全面履行自己的义务。当事人应当遵循诚实信用原则，根据合同的性质、目的和交易习惯履行通知、协助、保密等义务。第一百零七条规定，当事人一方不履行合同义务或者履行合同义务不符合约定的，应当承担继续履行、采取补救措施或者赔偿损失等违约责任。合同的约定是双方意思自治的表现，在不违反强制性规定等可能导致合同无效或可撤销的情形时，合同当时人应当全面履行合同义务，并对违反合同约定的行为承担相应的法律责任。本案中被告一方存在欠缴电费的情形，属于明显违反合同约定的情形，因此，违约一方应当承担相应的责任。

【案件点评】

供用电合同又叫电力供应合同，是供电人向用电人供电、用电人支付价款的合同。其中，供电人是符合法律规定的供电主体，用电人的范围则较为广泛，包括国家机关、企业、事业单位、各类社团法人、个体工商户、农村承包经营户和广大城乡居民。供用电合同有以下几个法律特征：（1）供用电合同的标的是电力。电力是一种特殊的、无形的物质，不能用其他东西代替履行。同时，电力是一种特殊的能源，生产、供应和使用同时进行，是一个统一的不可分割的过程。（2）供用电合同是一种相对长期、稳定的合同形式。供用电双方一般都订立长期合同，其履行方式表现为一种持续状态。供电企业在发电、供电系统正常的情况下，应当连续向用户供电，不得中断。电力在现代社会已成为都需要的能源，因此供用电合同签订后一般不会变更、解除或终止合同，除非有特殊原因。（3）居民供用电合同是格式合同，电力供应方一般都提供合同的具体内容，而用电居民只有同意或不同意的选择，选择权相对较少。（4）供用电合同是双务诺成合同。电力供应合同中，由供电方承担供电义务，由用电方承担支付价款义务。（5）电力的价格实行统一定价的原则。《中华人民共和国电力法》（1995 年 12 月 28 日通过，2009 年 8 月 27 日、2015 年 4 月 24 日、2018 年 12 月 29 日三次修正）第三十五条规定，电价实行统一政策、统一定价原则，分级管理。

用户与供电公司之间往往会因为电费的缴纳问题而产生纠纷。在电费的缴纳中可能会存在各种逃避缴纳、骗取电费、偷用电的情况，涉及的纠纷若达到了某种严重的危害程度还可能出现刑事责任的承担问题。因此，对用电用户与供电公司之间的合同纠纷而言，和解调解、合适的电费交收方式以及合理的电价制度都是解决纠纷的重要影响因素。

案例 5　某制药公司与供电公司供电合同纠纷案[①]

【基本案情】

原告：某制药有限公司（以下简称“原告”）

被告：S 省电力公司 C 市供电公司（以下简称“被告”）

原告是一家主要从事国家一类新药 ×× 生产的制药企业。该公司于 2001 年 2 月向被告申请并选择近期正式用电容量为 630 千伏，主要用电设备为空调、生产设备等。但原告对其中供电要求一栏未填写内容，即未提出特殊要求。原

---

① 参见樊星：《最高人民法院案例分析 100 篇》，载道客巴巴，http://www.doc88.com/p-9079006371033.html，访问日期：2019 年 6 月 22 日。

告的申请经被告批准，双方于2001年9月3日签订了《高压单电源供电合同》。双方对电力运行事故造成损害的赔偿等相关内容作了约定。

2002年3月20日，C市内出现较大降雨天气。20时03分原告所使用的供电线路开关跳闸重合未成，引起断电。被告遂立即赶至现场进行察看和抢修。在抢修过程中被告临时在其他线路搭线调电，恢复送电。3月21日被告申请全线事故处理，经指挥中心同意后，上午9时中断了临时用电，中午12时许经检修后被告恢复供电。在两次断电过程中因原告正组织药品生产，由于这两次断电，原告投入生产的原料报废，造成了一定的经济损失。当日原告即向C市新区管委会投诉，要求解决赔偿事宜。因未能解决，原告遂向C市T区人民法院提起诉讼。

【判决要点】

1. 本起停电事故属于不可抗力，第二次停电属不可抗力而引起的持续行为

被告提供的气象局资料能够证明第一次的断电系自然灾害引起，属于不可抗力。同时，由于第一次恢复供电系临时搭线，因此第二次的断电系被告履行的正常抢修行为，被告在本起断电事故中并不存在过错。

2. 被告第二次断电前不需通知原告

根据相关电力法规的规定，电力负荷应根据其重要性和中断供电在政治上、经济上所造成的损失或影响程度，分为三级，即一级负荷、二级负荷、三级负荷。同时，《中华人民共和国电力供应与使用条例》（1996年4月17日发布，2016年2月6日修正，2019年3月2日修订，以下简称《电力供应使用条例》）规定，供电企业和用户应当在正式供电前，根据用户用电需求和供电企业的供电能力以及办理用电申请时双方已认可或协商一致的文件，签订供用电合同。本案原、被告签订了《高压单电源供用电合同》，合同约定了本案原告为3类用电单位，即其用电负荷为三级。作为三级负荷用电单位的原告，其在未与供电单位对用电作特殊约定的前提下，只能属于一般用户。另根据《电力供应使用条例》规定，因故需要停止供电时，如属计划检修，则供电单位负有通知用户或进行公告的义务；如属临时检修，则应提前24小时通知重要用户。而本案中被告第二次停电是因不可抗力导致的继续抢修行为，既非计划检修，亦非临时检修，故本案被告对本次断电行为无通知的义务。即使是临时

检修，作为一般用电用户的原告，《电力供应使用条例》也并未强制规定供电方对其负有通知义务。况且被告作为供电方按照规定，在本次事故发生后，采取了紧急抢修，尽速恢复了供电，其已经履行了抢修义务。因此，通过上述分析，法院认定被告无过错、且基于其已经全面履行职责的情况下认为被告不应承担赔偿责任，原告的损失由其自身承担，判令驳回原告的诉讼请求。

【法律分析】

《中华人民共和国民法总则》(2017年3月15日通过，以下简称《民法总则》)第一百八十条第二款规定，不可抗力是指不能预见、不能避免且不能克服的客观情况。不可抗力主要包括自然灾害、如台风、洪水、冰雹；政府行为，如征收、征用；社会异常事件，如罢工、骚乱。因此，由于降雨导致供电中断属于合同客观上履行不能的情况，依据《合同法》第一百一十七条的规定，对于因不可抗力导致合同不能履行，根据不可抗力的影响，部分或者全部免除责任，但法律另有规定的除外。当事人迟延履行后发生不可抗力的，不能免除责任。本案中涉及了由于暴雨天气导致供电线路损坏、明显属于不可抗力导致合同履行不能的问题，被告进行第二次抢修行为是为了弥补因不可抗力导致电路损坏的后续影响，因此可以视为因不可抗力导致的后续行为。被告不存在过错，因此不用承担责任。

在《合同法》《电力供应使用条例》等多部法律法规中均对停电告知义务有规定，如《合同法》第一百八十条中规定，供电人因供电设施计划检修、临时检修、依法限电或者用电人违法用电等原因，需要中断供电时，应当按照国家有关规定事先通知用电人。未事先通知用电人中断供电，造成用电人损失的，应当承担损害赔偿责任。本案中，被告断电抢修不属于上述法定情形，即不属于应当通知用电用户的法定情形，故不用承担相应的告知义务。

【案件点评】

本案涉及的停电情况显而易见是属于《民法总则》中明确规定的不可抗力范畴。由于自然灾害原因导致供电中断，是当事人所无法预见和无法阻拦的，不能将停电的责任归责于供电人，这样会违背民法中的公平原则。针对本案，除第一次断电是由于自然灾害，属不可抗力外，第二次断电是不可抗力的延续性行为。通过上述法律分析中所列举的法律规定，可见本案中被告对于停电维修的行为没有向用电方告知的必要义务。由于其行为是为了抢修使得电力尽快恢复正常运行，不属于计划检修与临时检修，不存在事前的规划，具有偶然性。若要求被告在此情形下仍旧需要履行告知义务，则会无端加重被告的责任。

案例 6　陈某与某燃气有限公司供用气合同纠纷案[①]

【基本案情】

上诉人（原审原告）：陈某

被上诉人（原审被告）：X 市某燃气有限公司（以下简称“甲公司”）

X 市 W 区人民政府为实施城市规划，依照相关规定依法征收老城区 2 号地改造项目规划用地范围内尚未签订房屋补偿协议的房屋，并由相关部门组织实施。陈某所居住的 D 院中的 1、2、3 号职工宿舍楼在征收拆迁范围内。该三栋楼的燃气管道系固定在 1、2 号楼上并通往 3 号楼。2017 年 8 月 18 日，老城区 2 号地房屋征收办公室向被告下发《关于移除燃气管道的通知》：D 院中的 1、2 号楼已全部签订协议完毕，于 6 月 20 号全部搬迁完毕。根据老城区综合开发指挥部要求，尽快将 1、2 号楼拆除，要求甲公司将固定在 1、2 号楼上的燃气管道予以移除，预防事故发生，确保拆迁工作如期完成。

甲公司按照通知要求，于 2017 年 8 月 28 日发布停气通知书，于 8 月底对 D 院中的 1、2、3 号职工宿舍楼的燃气进行关停。停气后，老城区 2 号地房屋征收办公室对 1、2 号楼进行了拆除。至陈某起诉时，该区域 3 号楼尚有包括陈某在内的少数居民未迁出。陈某起诉要求甲公司继续履行合同并恢复供气，同时参照《H 省省直机关差旅费管理办法》相关规定，要求甲公司按每天 300 元赔偿其损失。

一审法院认为，被告甲公司与原告陈某之间存在供用气合同关系。甲公司依据城市规划的需要，在项目建设过程中在拆除 1、2 号楼时，按照有关部门的通知将燃气关停后，燃气管道被拆除，对于因此造成陈某生活燃气供应停止的后果，系城市建设项目大局情势所致，非甲公司主观过错所为。基于本客观情势和常理，不应当对拆迁区域再进行妨碍项目建设的施工或行为，同理，甲

---

① 参见《河南省许昌市中级人民法院二审民事判决书》〔2018〕豫 10 民终 2456 号。

公司也不应对列入征收范围和将拆迁的房屋进行相关供气施工。鉴于此，陈某起诉要求被告继续履行合同并恢复供气，不合情理，证据不足，无法予以支持。关于原告要求按每日 300 元，赔偿经济损失的诉讼请求，缺乏法律依据和相关证据支持，依法不予支持。一审判决驳回陈某的诉讼请求。陈某认为一审法院认定事实有误，适用法律错误，遂提起上诉。

【判决要点】

二审法院认为，陈某与甲公司之间虽存在供气合同关系，但根据涉案改造项目和公共利益的需要，有关行政职能部门在对改造项目区域内国有土地上房屋实施征收拆迁后，依法可以对征收范围的相关设施（包括电、水、暖、气等）一并拆除。甲公司的拆除行为是公共安全的需要。而且，甲公司在关停燃气前，已履行了通知告知义务，甲公司的行为是基于政府指令和公共安全、公共利益的需要，对陈某并不构成违约。陈某要求恢复供气，每日按 300 元的标准赔偿其损失，客观上不具备条件，也于法无据，故一审判决并无不当，判决驳回上诉，维持原判。

【法律分析】

1. 行政行为与民事行为

行政行为是指具有行政权能的组织或个人运用行政权能对行政相对人所作的法律行为。不具有行政权能的组织或个人所作的行为、具有行政权能的组织或个人没有运用行政权所作的行为、没有针对行政相对人所作的行为以及不具有法律意义的事实行为，都不是行政行为。行政行为既包括抽象行政行为，也包括具体行政行为。其法律特征为：单方性、强制性、无偿性。而民事行为是指平等主体之间关于设立、变更、终止民事权利或义务的行为。合法的民事行为应当具备下列条件：行为人具有相应的民事行为能力；意思表示真实；不违反法律或社会公共利益。

行政行为与民事行为存在本质区别在于是否有国家公权力的介入，而且行政行为会对民事主体产生相应的影响，可能是赋予民事主体某些权利也可能是对权利的限制与剥夺。正如本案中所涉及的情形，政府对土地的征收影响了行政相对人的民事权利，但是合法合理的征收不会对行政相对人的权利作出实质性的剥夺，只需对其进行合理的补偿即可。

2. 合同的终止问题

《合同法》第六十条规定，当事人应当按照约定全面履行自己的义务。《合同法》第九十四条规定，合同在实际履行过程中可能会出现某些原因，比如不可抗力导致合同的目的不能实现，此时双方可以解除合同。而在《合同法司法解释二》第二十六条规定，合同成立以后客观情况发生了当事人在订立合同时无法预见的、非不可抗力造成的不属于商业风险的重大变化，继续履行合同对于一方当事人明显不公平或者不能实现合同目的，当事人请求人民法院变更或者解除合同的，人民法院应当根据公平原则，并结合案件的实际情况确定是否变更或者解除。即合同双方原则上对于其约定的合同内容是需要全面履行的，但是当双方约定的合同出现了非商业风险的情势变更导致合同客观上履行不能的情形时，当事人有权解除合同，不能认定为当事人未履行或违约履行双方的约定，否则会违反公平原则。本案中，供气公司不再进行供气并非其违反合同约定，而是出现合同无法继续履行的情形，导致合同的继续履行已不可能，故其并非违约，不必承担违约责任。

【案件点评】

本案所涉及的是出于公共利益的需要，有关行政职能部门在对改造项目区域内国有土地上房屋实施征收拆迁后，依法对征收范围的相关设施（包括电、水、暖、气等）一并拆除时，对于个人利益所产生的一些损害，涉及个人利益与社会公共利益发生冲突的问题。供气公司是在遵照政府关于城市规划建设的工作部署的前提下，对需要拆除的宿舍楼外的天然气管道进行拆除，其行为本身并不违法。但是由于管道的铺设等问题导致对仍未搬离的住户的用气产生了影响，侵害到了用户的相关权利，此时应当进行合理的价值判断。用户利益在此情况下并未高于公共利益，因此，拆除及停止供气行为并不违法。

案例 7　王某与某燃气公司供用气合同纠纷案[①]

【基本案情】

原告：王某

---

① 参见《大连市普兰店区人民法院一审民事判决书》〔2016〕辽 0214 民初 5877 号。

被告：某燃气公司（以下简称“乙公司”）

案涉双方于2016年7月12日签订《用气合同（居民）》，双方约定乙公司为王某提供居民用气，供气方式为管道输送；合同第六条违约责任约定，供气方（乙公司）未按照合同约定向用气方（王某）供气，应赔偿由此给用气方造成的损失；由于供气设施被第三者破坏或者因政府原因、不可抗力等因素造成停气使用气方受到损失的，供气方不承担责任；本合同属于长期有效合同。落款处用气方由王某父亲代签，供气方加盖乙公司印章。合同签订当日，王某向乙公司交纳燃气费、胶管费、报警器费、保险费，共460元。合同签订后，乙公司于2016年7月15日开始向王某供气，后于2016年8月11日通知暂停供气、2016年8月15日正式停止供气，2016年12月7日通知不再供气。

王某向乙公司提出解除合同，要求乙公司三倍退还其燃气费和损失费。乙公司称其供气的特许经营范围是D城区，而王某所在的小区属于J区行政管辖范围，本来无权向王某所在区域供气。但2016年7月，王某小区居民多次为供气事宜上访，政府迫于居民压力，进而督促乙公司向王某小区供气。乙公司为履行社会责任，开始向涉案小区居民供气。虽然与王某签订了供气合同，但供气合同因违反了国家法律强制性规定，是无效的，应当解除。2016年8月，政府相关部门以存在安全隐患为由要求乙公司停气，故乙公司的停气行为不是违约行为，不应承担退还三倍损失。乙公司同意返还王某燃气费、部件费等费用。由于双方多次协商未果，故王某诉至法院，要求乙公司赔偿经济损失。

【判决要点】

根据合同双方或多方当事人真实意思表示达成且不违反法律、法规强制性效力性规定的合同为有效合同。本案中，虽然涉案用气所在地区超出了乙公司的经营行政区域范围，但乙公司取得了供气特许经营资质，涉案用气合同未超出乙公司工商登记的经营范围，故涉案用气合同应为有效合同。现王某、乙公司双方均同意解除案涉用气合同，应予准许。乙公司同意返还王某的燃气费、部件费等费用，予以准许。故王某要求乙公司返还460元的诉讼请求，具有事实和法律依据，予以支持。但王某主张的其他赔偿请求，由于证据形式不符合法律规定，本院不予支持。对于王某主张的伙食补助费、误工费、三倍返还费用的诉讼请求，因本案系合同纠纷，王某的该部分诉讼请求无法律依据，不予支持。

【法律分析】

《燃气经营许可管理办法》（2014 年 11 月 19 日印发）第二条规定，从事燃气经营活动的，应当依法取得燃气经营许可，并在许可事项规定的范围内经营。可见获得燃气经营许可证是燃气公司开展燃气经营行为的前提条件。依据 2015 年施行的《基础设施和公用事业特许经营管理办法》第二条的规定，适用特许经营管理办法的，是指在中华人民共和国境内的能源、交通运输、水利、环境保护、市政工程等基础设施和公用事业领域的特许经营活动。城市燃气特许经营权意味着企业对本区域的城市燃气供应享有独占地位。一般而言，城市燃气特许经营权的范围包括：以管道输送形式向用户供应天然气、液化石油气、人工煤气及其他气体燃料，并提供相关管道燃气设施的维护、运行、抢修抢险业务等。在不同城镇，相关部门往往会出台相应的规定，明确该区域内燃气特许经营的范围。本案中乙公司超出其特许经营权的法定范围，已造成事实上的违法，故其经营行为于法无据，超出特许经营权范围签订的合同也应当归于无效。

因此，法院认定本案案涉合同为有效合同这一结论值得商榷。笔者认为，燃气公司的特许经营范围与其在工商登记范围不一致时，其与用户在超出其特许经营范围签订的合同是无效的。特许经营是一种行政许可，与工商登记产生的效力不同。工商登记是出于登记者的意志来确定其经营范围，而特许经营是根据行政机关意志做出的是否对公司做出该类许可以及许可范围做出限定。相较而言，行政许可规定的效力会对燃气公司的经营范围产生一定的限制，体现行政行为中的强制性。本案中，燃气公司的经营行为虽未超其工商登记的经营范围，但是其超过特许经营范围的部分所签订的合同无效。

【案件点评】

燃气公司在进行燃气经营之前应当依据国家法律、法规的规定，做好充分的准备工作，包括燃气经营许可证的办理、气瓶充装许可证的办理等。燃气公司只有在符合上述前提条件的情况下才可以同用户签订合法有效的供用气合同，否则用户在不知燃气公司无经营资质的前提下签订了合同，会对用户的合法权益造成侵害，燃气公司不仅会因此承担赔偿责任还可能受到行政处罚。

此外，本案中还涉及了惩罚性赔偿的问题。《中华人民共和国消费者权益保护法》（1993 年 10 月 31 日通过，2009 年 8 月 27 日、2013 年 10 月 25 日修正）第五十五条第一款规定，经营者提供商品或者服务有欺诈行为的，应当按照消费者的要求增加赔偿其受到的损失，增加赔偿的金额为消费者购买商品的价款或者接受服务的费用的三倍；增加赔偿的金额不足五百元的，为五百元。法律另有规定的，依照其规定。本案中，王某依据《合同法》提起的是合同纠纷，并非消费者权益纠纷。乙公司主张燃气费、部件费等费用的三倍返还在《合同法》中并无相关规定。从本案情况来看，乙公司也并未实施诈骗行为，因此，即便是按照《消费者权益保护法》，王某的三倍返还主张也于法无据。

案例 8　某能源管理公司与某化学品公司供热合同纠纷案[①]

【基本案情】

上诉人（原审原告）：某能源管理有限公司（以下简称“A 公司”）

被上诉人（原审被告）：某化学品实业有限公司（以下简称“B 公司”）

2011 年 10 月 17 日，B 公司与 A 公司订立《“XX”热力供应系统合同能源管理项目合同》，该合同约定由 A 公司供应热能给 B 公司。A 公司按照附件一《吨产品热力使用价格计算标准》收取用热费用。以 B 公司每年产品总量 59400 吨为标准，产品总量不足 59400 吨时，B 公司仍支付合同约定最低产品产量的热力使用费用，A 公司提供的供热能力应达到 B 公司的最高年产量要求 82500 吨。合同约定双方以指定网站上公布的天津港动力煤价格作为燃料价格基准，该合同及其附件中的“天津港动力煤”热值为 5500 大卡，但在计算 B 公司单位产品耗煤量时，应全部折算到 4000 大卡热值的煤炭。合同还约定，B 公司无正当理由故意逾期交付用能费用的，还应当支付滞纳金（滞纳金为热力费用 ×5‰ × 逾期天数）。逾期 3 天仍不交用热费和滞纳金的，供热方有权停止供热。对合同及其附件的修改，必须经过双方签署书面协议生效。由于一方不履行本合同规定的义务，导致项目无法进展，另一方有权终止或解除合同，由此造成的损失，按本合同条例承担责任等。

---

① 参见《福建省高级人民法院二审民事判决书》〔2015〕闽民终字第 124 号。

之后双方在2011年12月21日与2013年4月至7月期间，对于蒸汽运输及产品耗气状况进行测试，并出具系列报告。上述报告的结论为：1.蒸汽输送情况符合国家标准，饱和蒸汽品质合格。2.依据测试报告数据结论吨产品耗气量2.136吨/吨，依据委托双方提供的商务合同基础数据测算吨产品耗气量1.58吨/吨，两者数据相差0.556吨/吨，商务合同基础数据较现场实际测试数据的误差率达26.03%。在涉案合同履行期间，双方关于热力费用标准及该标准所依据的数据是否存在偏差等进行了函件磋商。双方协商未果，2013年12月23日，A公司遂以“热力费用标准及结算方式”条款显失公平，向法院起诉请求依法予以撤销，并请求B公司支付其因显失公平条款受到的损失及相应的滞纳金。

一审法院经审理认为，涉案合同条款中关于权利义务的约定上并不存在明显违反公平、等价有偿原则。涉案合同条款并无体现B公司在签订涉案合同时隐瞒数据，以及告知A公司计算单位产品耗煤量所对应的1千克煤炭热值为4000大卡等内容，且A公司亦未提供其他充分证据予以证实，故仅以此主张涉案合同条款显失公平，不予采纳。并且关于测试报告中存在的误差率仅能证明涉案合同基础数据较现场实际测试数据存在的误差率为26.03%这一结论。而该误差率是否超出涉案能源行业及化学生产行业所允许的正常范围，A公司并未举证予以证实。且涉案结算条款系以吨产品作为热力费用的结算依据，而非以吨产品的耗气量作为结算依据，故吨产品耗气量的数据与吨产品的数据之间的换算是否一一对应，也未举证予以证实。故A公司仅以此主张B公司隐瞒、虚报实际耗气量等数据，从而导致涉案合同条款权利义务明显不对等，亦不予采纳。

同时认为，所谓利用优势，是指一方利用其在经济上或其他方面的优势地位，使对方难以拒绝对其明显不利的合同条件。所谓没有经验，是指缺欠一般生活经验或交易经验。故主张显失公平的合同中，利益受损一方系因无经验，或对合同的相关内容缺乏正确认识的能力，或因某种急迫情况，出于非自愿而接受对方的合同条款。本案中，A公司作为一家注册资金达10000万港币的专业节能减排企业，与B公司作为一家注册资金为5600万元人民币的化学生产企业，均不存在一方具有明显优势地位，或明显没有生活经验及交易经验，或对合同的相关内容缺乏正确认识能力的情形。且涉案合同条款中的有关字眼、词语，均体现“友好协商”“甲乙双方同意”以及“对本合同及其附件的修改，必须经甲、乙双方签署书面协议才能生效”等内容。即涉案合同条款也无法体现一方系因某种急迫情况，出于非自愿而接受对方的合同条款。又鉴于A公司对此无充分举证予以证明。因此，涉案合同条款的签订无法认定系B公司利用其优势地位或A公司没有经验而签署。据此，一审法院判决驳回A公司的诉讼请求。A公司不服一审判决，以一审判决认定事情不清、适用法律错误，程序严重违法为由，向某省高级人民法院提出上诉。二审法院做出驳回上诉、维持原判的判决。

【判决要点】

1. 涉案合同第三条约定的“热力费用标准及结算方式”条款不存在显失公平的情形，不应重新确定费用标准和结算方式

二审法院认为，根据最高人民法院《关于贯彻执行〈中华人民共和国民法通则〉若干问题的意见（试行）》（1988年通过）第七十二条关于“一方当事人利用优势或者利用对方没有经验，致使双方的权利与义务明显违反公平、等价有偿原则的，可以认定为显失公平”的规定，本案中，上诉人A公司没有举证证明B公司因供热市场系买方市场而在签约时占有市场优势或者其他优势，也无法证明其在签订合同时处于急迫的情形。同时，其作为专业从事供热业务的公司也不存在没有行业经验的问题。价格条款作为买卖合同的主要条款，对于价格及计价方式的确认，交易双方必然已进行严格的核算和谨慎的判断。合同附件一、五系价格确定的基础性文件，其中与定价相关的数据当然也经过缔约双方的严格审查、判断，且均作有明确的记载和释义。在订立合同之时，A公司对此内容是明知的，且未提出任何异议。A公司称B公司提供虚假数据这一主张没有事实根据。因此，应认定涉案合同价格条款的订立体现了双方当事人意思自治的原则，该合同一旦成立，即应对双方当事人产生法律约束力。本案中，B公司一、二审中所举证据没有证明涉案供热价格与市场价格之间的差异，也没有提供证据证明供热价格与供热成本之间的差异以印证其“价格显失公平”的主张，对于履行合同是否造成当事人双方利益严重失衡系举证不能。

2. 未通知专家证人出庭作证不构成程序错误

《中华人民共和国民事诉讼法》（1991年4月9日通过，2007年10月28日、2012年8月31日修正）第七十九条规定："当事人可以申请人民法院通知有专门知识的人出庭，就鉴定人作出的鉴定意见或者专业问题提出意见。"《最高人民法院关于适用〈中华人民共和国民事诉讼法〉的解释》（2014年12月18日通过）第一百二十二条规定："当事人可以依照民事诉讼法第七十九条的规定，在举证期限届满前申请一至二名具有专门知识的人出庭，代表当事人对鉴定意见进行质证，或者对案件事实所涉及的专业问题提出意见。具有专门知识的人在法庭上就专业问题提出的意见，视为当事人的陈述。人民法院准许当事人申请的，相关费用由提出申请的当事人负担。"从前述法律规定看，专门知识的人出庭主要是帮助法院了解案件中涉及的专业问题，是否准许，由法院决定。一审对A公司提出的专家证人出庭作证的申请不予准许并不违反法律规定。

【法律分析】

在《民法总则》出台前，虽然法律对于"显失公平"规定得过于宽泛，不少当事人在考虑诉讼策略时会倾向选择以"显失公平"为由主张撤销合同，而不会选择证明难度较大的"乘人之危"来主张，但裁判机构在进行认定时，则是逐渐采用主客观二重要件来判断。《合同法》第五十四条规定，对于民事法律行为显失公平的，当事人依法可以向仲裁机构或者人民法院请求予以撤销。认定合同是否显失公平需要考察合同订立中一方是否故意利用其优势或者对方轻率、没有经验。所谓利用优势，是指一方利用其在经济上或其他方面的优势地位，使对方难以拒绝对其明显不利的合同条件；所谓没有经验，是指欠缺一般生活经验或者交易经验。显失公平的合同中，利益受损的一方往往因为无经验，或对合同的相关内容缺乏正确认识的能力，或者因为某种急迫的情况，并非出于真正的自愿而接受了对方提出的合同条件。本案中，A公司并不存在受到不公平对待的情形，其不缺乏相应的能源行业的专业知识与经验，而且涉及其利益的内容均为双方当事人通过意思自治进行有效约定，故不存在显失公平的情形。

【案件点评】

本案涉及供热公司提供热力时发生的热量换算问题。各地关于热力费用标准及结算方式等多采用行政机关发文的方式做出规定，如北京市市政市容委等部门于 2010 年发布《北京市居住建筑供热计量管理办法（试行）》；天津市人民政府供热办公室发布《天津市供热计量收费管理办法（试行）》。行政机关对供热热力费用标准、热量换算等问题做出规定之后，再由供热公司同用户签订更为详细的供用热合同。在遵守相关规定的前提下更好地履行供用热合同可以保护用户的合法权益以及保障供热公司的稳健运营。

案例 9　某中学与供热公司供热合同纠纷案 ①

【基本案情】

A 中学：X 市 X 区某中学（以下简称“A 中学”）

B 公司：某供热有限公司（以下简称“B 公司”）

2015 年 10 月 20 日，A 中学和 B 公司签订城市供热合同。双方约定：1. 用户地点是 L 小区一中楼 00-0001 单元。2. 用户面积（建筑面积）为 40060 平方米。3. 用热性质属于其他。4. 供热标准为供热期间居民用户卧室和起居室的平均温度达到 18 度，经营用房及其他室内平均温度不得低于 16 度。用热人向供热人提出测温要求，供热人应在用热人提出后 4 小时内到达测温现场。经测试符合退费标准的，供热人应当按规定标准出具相关手续，并在采暖期结束后三个月退还相应采暖费。经用热人同意，也可以转入下一年采暖费中。5. 供热标准按照政府文件批准的供热价格，如遇政府调整供热价格，按调价后标准执行。层高超过 6 米的特殊用户，可由供热企业和热用户根据实际供热情况协商议价。6. 供用热设施产权分界与维护管理方面，从换热站至用户外阀门的供热设施产权归供热人并由供热公司维修和管理。户外阀门至用户室内的供热设施产权归用热人，由热用户负责维修和管理。经供热人与用热人协商确认，供热设施产权分界点设在入户阀门外。7. 供热人的权利包括有权

① 参见《吉林省长春市九台区人民法院一审民事判决书》〔2017〕吉 0113 民初 5475 号。

对热用户的用热情况及设施运行状况进行监督和检查，有权对热用户采暖系统随时进行检查。8. 供热人的义务为供热期内应当按照国家有关规定设定居民热用户室内温度检测点，定期检测室内温度。用户室温未达到供热标准的，供热人应当退还最多为未达标天数采暖费的 80% 的热费。9. 供热企业不承担责任情形是，有下列情况之一造成用热温度达不到规定标准的，供热企业不承担责任：居民用户、产权人室内管网老化、堵塞，未疏通、打压的。10. 本合同履行期间，发生特殊情况时，供用任何一方需变更本合同的，要求变更一方应及时书面通知对方。

合同签订后，A 中学向 B 公司缴纳供热费 120 万元。但在整个采暖期，B 公司供热严重不达标，经 A 中学要求 B 公司多次到 A 中学处进行测温，均未达到政府供热标准。采暖期结束后，A 中学多次找 B 公司协调退费事宜。B 公司同意退费，但具体数额迟迟不给 A 中学明确答复。因此，A 中学提起诉讼，请求法院判令 B 公司返还 A 中学供热费 60 万元。

【判决要点】

法院酌定 B 公司应按 40% 向 A 中学返还供热费。B 公司证人表示 A 中学供热管道老化，其室内温度不达标是因其供暖设施及房屋结构自身原因导致，所以供热效果不好。法院认为，B 公司为专业的供热单位，其与 A 中学形成供热合同已有多年。案涉合同为 B 公司提供的格式合同。该合同对供热人的权利记载包括对热用户的用热情况及设施运行状况进行监督和检查以及对热用户的采暖系统随时进行检查等。据此，A 中学供暖设施即使老旧，B 公司亦应知晓。B 公司签合同时即使不知情，但 B 公司随时监督和检查时亦能发现。并且，按案涉合同约定，在合同履行其发生特殊情形的，双方可以变更合同。事实上，B 公司并未变更案涉合同。据此，即使 A 中学供热设施老旧等，B 公司在已知或应知此等情形下，仍与 A 中学约定供热标准为室内平均温度不得低于 16 度。依据 X 市《关于住宅供热温度检测及退费有关事项的通知》的规定，B 公司对其供热达标即 A 中学室内温度不达标天数，负举证义务。但 B 公司仅提供了在线监测数据，未能按规定提供现场检查供热参数、到户测温监测记录等。据此，B 公司上述相关主张，法院难以采信。综上，法院酌定 B 公司应按 40% 向 A 中学返还供热费。

【法律分析】

格式合同指全部由格式条款组成的合同。只有部分是以格式条款的形式反映出来的，则称之为普通合同中的格式条款。《合同法》第三十九条规定，格式条款是当事人为了重复使用而预先拟定，并在订立合同时未与对方协商的条款。即格式条款不存在双方约定的条件，被提供格式条款的一方只能被动接受，但是提供格式条款的一方应当遵循公平原则确定当事人之间的权利和义务，并采取合理的方式提请对方注意免除或者限制其责任的条款，按照对方的要求，对该条款予以说明。当格式条款的解释出现两种或两种以上的情形时，应当作出不利于提供格式条款一方的解释，以保护合同双方中处于弱势地位的一方当事人。《合同法》第四十条还规定，格式条款具有本法第五十二条（合同无效）和第五十三条（合同可撤销）规定情形的，或者提供格式条款一方免除其责任、加重对方责任、排除对方主要权利的，该条款无效。可见当合同中存在格式条款时，双方出现纠纷的话，对于提供格式条款一方的责任重于接受一方。其目的在于保护弱势一方的利益，体现民法中的公平原则。本案中，双方签订的形为格式合同，实则是长期交易习惯形成的固定交易模式。由于双方之间存在长期的供热与用热的关系，对于彼此的情况都十分了解，因此双方在签订合同之前可以改变某些条款的内容以适用当前的情况，进而更好地保护双方的合法利益。

【案件点评】

民生保障坚持以人为本。加快发展社会事业、全面改善人民生活，是在社会建设发展的前提下，保障人民的生活水平及幸福指数。室温不达标问题是供热纠纷案件最直接、最常见的争议点，本案即涉及供用热合同实践中较为多发的供热质量问题。因为该问题涉及的双方是供热公司与用户，因此其不仅是一个典型的消费者权益保护的问题，同时还是民生保障的热点问题。用户在此类纠纷中往往难以提供有效的证据予以佐证供热是否真正不达标。[①] 可见，供热的监管相当重要。而我国对于供热监管的规定多见于各省（自治区、直辖市）

---

① 参见《室温不达标系供暖纠纷案最常见争议点》，载中国新闻网，http://it.chinanews.com/sh/2016/11-04/8052970.shtml，访问日期：2019 年 6 月 22 日。

或地方出台的适用于具体城市的供热条例和管理办法，在国家层面缺乏相应的规定，以至于在供热管理方面各地的标准不一，当纠纷出现时也会导致不同地域城市的判决出现不同的裁量标准。

三、EPC 合同纠纷

EPC（Engineering Procurement and Construction）是指总承包商按照合同要求向业主提供包括设计、采购、施工直至工程交付使用全过程服务，并对工程质量、安全、工期和造价全过程负责的建设模式。这种模式责任主体单一，有利于工程平行作业，提升项目综合效益；同时简化了合同组织关系，便于业主进行管理。目前，EPC 已成为国际上一种通行的工程建设模式。[①] EPC 合同具有以下几个特点：其本身多为固定总价合同，因此必须尽量挖掘业主的意图；总承包商分担了业主的风险，受业主欢迎；风险管理难度大，总承包商需要具有很强的风险管理能力；项目本身承包范围大，可以进行分包；适用于大型建设项目；涉及专业技术专利；总承包商自由空间大，业主干涉少；生命周期长，涉及面广；对于资金方面，要求总承包商要具有一定的融资能力。[②] EPC 总承包模式体现了风险与效益、责任与权利、过程与结果的统一性，已成为当前太阳能光伏电站施工建设的普遍方式。光伏电站 EPC 总承包模式中承包商承担了工程设计、施工和组件采购等一体化的工作，有利于项目业主提高工程质量、把控工期和控制投资。但是由于光伏电站施工中受到政策影响因素较大，因此，实践中发生不少纠纷。

---

① 参见陈跃、杨宝臣：《基于模糊风险评价的 EPC 项目投标决策研究》，《西北农林科技大学学报（社会科学版）》2011 年第 4 期。

② 参见刘华、黄小龙：《EPC 合同争端预警及案例分析》，《重庆大学学报》2014 年第 9 期。

案例 10　某光伏公司 EPC 总价承包合同纠纷①

【基本案情】

某光伏公司 A 公司于 2012 年 11 月与某项目业主 B 公司签订了光伏电站 EPC 总承包合同，由 A 公司承建 20 兆瓦光伏电站，合同总价 1.7 亿元。后由于客观形势变化，双方签订《补充协议》，约定以 8.16 元 / 瓦价格按实际装机容量结算。由于 B 公司的资金原因，A 公司进场施工后暂停施工，双方于 2013 年 9 月再次签订《补充协议》，约定前期施工的 7.2 兆瓦按 8.16 元 / 瓦结算，后续 9.8 兆瓦调整为 8.61 元 / 瓦，并对分期付款的时间节点（具体日）进行了约定。涉案的光伏电站于 2013 年 12 月底并网发电，通过了财政部的金太阳示范工程项目审核并已取得金太阳补贴 2.5 亿元，但 B 公司却一直拖欠工程结算款。A 公司依据 EPC 总包合同将 B 公司诉至约定的仲裁委员会，请求支付工程款 6500 万元及违约金。同时，B 公司也提出了超过 6000 万元的仲裁反请求，包括工期延误、金太阳补贴等各类损失。仲裁庭最终支持了 A 公司主张的工程款 6150 万元，对 B 公司涉及金钱的 6000 余万元反请求部分均未支持。

【裁决要点】

1. 工程量认定与 A 公司主张一致，以 A 公司自认方式同意扣减相关费用

光伏电站装机容量是后续计算工程总价的基础。依据补充协议的约定，最终结算价以装机容量 × 每瓦单价确定。该金额与 A 公司曾向 B 公司提供的结算书数据一致，即 A 公司提交证据证明各基站的装机容量总和与其所主张的 17.934 兆瓦一致，故仲裁庭对该结算总金额进行了认定。仲裁过程中，B 公司认为应从总价中扣除设计费、监控系统费、启动试运行费、电能质量测试评估费等共计 290 余万元。尽管 A 公司对于未完成相关项目、且 B 公司自行委托工作覆盖的是 50 兆瓦全部工程等未能进行充分的证明，但 A 公司在提交给 B 公司的结算书中均将上述项目费用列为分项，故仲裁庭以 A 公司自认方式同意扣减相关费用。

---

① 参见杨辉：《一起光伏 EPC 总承包合同纠纷的办案手记》，载光伏們，http://www.pvmen.com/article/710.html，访问日期：2019 年 6 月 22 日。

2. 金太阳项目延期审核导致的补贴损失非 A 公司造成

仲裁庭认定，项目未能按期通过国家金太阳示范工程项目审核并非 A 公司责任。并且，整个项目装机是 50 兆瓦，A 公司只负责其中的 17.934 兆瓦，其他非由 A 公司承建的项目有于 2013 年 12 月竣工的，故项目整体不具备 2013 年 6 月 30 日通过国家审核的条件。结合 B 公司逾期付款的事实，认定 B 公司现有证据不能证明损失是由 A 公司造成的，对其损失赔偿的请求予以驳回。

3. 工期延误非 A 公司原因，对于业主索赔不予支持

仲裁庭认为，鉴于补充协议明确记载工程由于资金原因导致未能及时完工，该约定是双方一致的意思表示，故可认定，即便工程未能按时完工也非 A 公司原因，对 B 公司请求的工期索赔不予支持。

4. 对于业主关于设备故障维修损失与运维损失的反主张不予支持

仲裁庭认为，根据 B 公司提交的证据无法确认故障与 A 公司施工质量之间存在因果关系。B 公司未提交发生故障后通知 A 公司进行维修的证据，无法判断损失是未及时维修造成的或是 B 公司自行维修后造成的。B 公司亦未提交实际损失的支付凭证，不能证明损失已实际发生。依据 EPC 合同的约定，工程交付并实际使用后发生的保管、维护和保养义务及相应费用应由 B 公司自行承担，故对于 B 公司对于该问题的反请求最终予以驳回。

【案件点评】

本案反映了光伏电站领域 EPC 纠纷遇到的典型问题：第一，由于资金原因导致工程进度受影响，承包方不承担责任。2009 年 7 月 16 日，财政部、科技部、国家能源局联合发布了《关于实施金太阳示范工程的通知》，决定综合采取财政补助、科技支持和市场拉动方式，加快国内光伏发电的产业化和规模化发展。金太阳示范工程项目的审批以及之后资金到位涉及因素非常复杂，由此引发的风险也不应由承包方承担。第二，依据 EPC 合同的约定，工程交付并实际使用后发生的保管、维护和保养义务及相应费用应由 B 公司承担。

四、节能服务合同纠纷

节能服务是指由专业的第三方机构帮助企业进行节能改造所提供的服

务。服务对象一般是企业或其他组织，提供节能服务的公司通常采用合同能源管理的模式来进行节能服务的提供。合同能源管理（Energy Management Contracting，EMC）是指节能服务公司通过与用能单位签订节能服务合同，为客户提供节能改造项目并通过此项目帮助客户实现节能目标的一种商业模式。节能服务公司从用能客户节能改造后获得的节能效益中收回投资并取得收益，双方均能从EMC模式中得到经济效益。实践中节能服务合同常见的纠纷包括节电效益分享款、合同违约金等问题。本部分对节能服务合同纠纷的典型案例进行整理，讨论其典型的纠纷情形以及涉及的相关法律问题。

案例11　某能源科技公司与某纺织公司节能服务合同纠纷[①]

【基本案情】

原告：某能源科技有限公司（以下简称“原告”）

被告：某纺织集团有限公司（以下简称“被告”）

2008年9月、2009年7月，原告与被告签订《节能服务合同》，约定由原告对被告用电环境进行节能改造，提供低压供电系统综合节电器（共计42台），现已履行完毕。2010年9月，原告与被告签订了两份与上述完全相同的《节能服务合同》，由原告提供低压供电系统综合节电器（共计42台），其中被告使用24台，某绳线有限公司（以下简称“F公司”）使用18台，以节电效益分享的方式支付相应款项。其中一份合同的被告处记载的是F公司，合同落款处由被告盖章确认，但F公司并未盖章。原、被告之间签订的《节能服务合同》约定，节电效果不能低于4.5%。合同约定由原告在安装后经双方测试出具节电报告，并以节电报告确定的节电效果作为节电效益的依据。被告无须支付原告设备款，原告分享被告使用节电器所节省的电费作为报酬，分享的比例是85%，分享的期限为34个月。为计算方便，双方在签订合同时确定了固定的付款基数，但在节电量误差超过正负5%的时候必须按实调整。但原告在安装节电器后，双方没有出具节电报告，也没有确定节电效果，在使用原告设

① 参见《江苏省太仓市人民法院一审民事判决书》〔2013〕太商初字第1326号。

备之后被告发现原告提供的节电器的节电效果达不到合同约定的 4.5%。双方经沟通后，原告同意重新测算节电效果，双方并重新签订了补充协议。补充协议签订之后，双方商定重新测试，在使用节电器和拆除节电器的状况下测试了用电数据，测试结果显示节电效果达不到合同约定要求，而且为了测试拆除的节电器也没有再安装使用。

原告指出，合同签订后，被告前两个季度尚能按期付款，但自第三季度开始不能正常付款。2012 年 4 月 25 日，原、被告双方经协商签订了《节能服务合同补充协议》，约定从 2012 年起将原每季度付款基数变更为 60650 元（其中 F 公司 30000 元），其余款项延长至 2014 年底付清。2013 年 11 月 19 日，原告向被告出具了一份《催告履行函》，要求被告支付 2011 年 5 月起至 2013 年 9 月的节电效益分享款，但被告仍不予履行。故原告诉至法院请求解除双方于 2010 年 9 月签订的《节能服务合同》，被告支付欠缴节电效益分享款。庭审中，被告称，原、被告之间只签订了一份《节能服务合同》，另外一份合同是原告与 F 公司签订的，与被告无关。原告起诉被告要求解除该份合同属于主体错误，请求法院依法驳回。

【判决要点】

1. 双方签订的合同有效，合同主体均为被告

法院认为，2010 年 9 月的两份《节能服务合同》依法成立且合法有效，对合同相对方具有约束力。合同的主体应当以合同上实际的签章为准。虽然其中一份合同记载的合同主体是 F 公司，但其作为独立的法人并未在合同上签章。因此，两份《节能服务合同》的主体都是被告。在合同实际履行过程中，其中一份合同项下的设备是由 F 公司实际使用并且支付了款项，应视为履行方式的变更，并非合同主体的变更，故 2010 年 9 月的两份《节能服务合同》的主体都是被告，应由被告承担合同责任。

2. 双方合同解除

本案中，原告认为被告未按《节能服务合同》约定履行付款义务，经催告后仍不履行。被告认为，原告提供的设备不符合合同约定的节电效果不低于 4.5% 的要求，致使合同目的不能实现。虽然双方要求解除合同的理由不同，但双方均有解除合同的意思表示，并且依据双方在审判过程中的意思表示应当

认定双方对合同解除达成了一致的意思表示，且合同解除的效力应当及于双方之间签订的补充协议。合同解除后，尚未履行的，终止履行；已经履行的，根据履行情况和合同性质，当事人可以要求恢复原状、采取其他补救措施等。因此，对于合同解除后的节电效益分享款，被告无须再支付。但因合同尚未履行完毕，节电设备的所有权仍属于原告，被告应予返还，现被告同意由原告自行拆除设备，原告亦表示自行协商处理，故本案不予理涉。

3. 被告支付合同解除前的2012年1月至2013年9月的节电效益分享款

虽然原告未能提供本案所涉的节电设备的节电效果测试报告，但设备已经安装完毕，节电效果是否符合约定是被告权衡其是否同意订立合同至关重要的考量条件，但被告在订立合同之初并未提出异议，订立合同之后亦支付了两个季度的款项，应当视为被告认可了节电效果。因此，对被告抗辩节电效果不符合约定不予支持。原告继续向被告主张2011年第二至第四季度节电效益分享款的请求，不予支持。被告应当支付2012年1月至2013年9月的节电效益分享款。

【法律分析】

合同的解除包括法定解除与约定解除。法定解除权在《合同法》第九十四条中进行了明确规定："有下列情形之一的，当事人可以解除合同：(一)因不可抗力致使不能实现合同目的；(二)在履行期限届满之前，当事人一方明确表示或者以自己的行为表明不履行主要债务；(三)当事人一方迟延履行主要债务，经催告后在合理期限内仍未履行；(四)当事人一方迟延履行债务或者有其他违约行为致使不能实现合同目的；(五)法律规定的其他情形。"约定解除权是合同当事人在合同中明确约定合同的解除条件，条件成立时合同解除。《合同法》第九十三条规定，当事人协商一致，可以解除合同。当事人可以约定一方解除合同的条件，解除合同的条件成就时，解除权人可以解除合同。可见合同解除权尊重双方的意思自治，但是同时法律也进行了强制性规定，以有效保护当事人的利益，减少纠纷的发生。

补充协议是对原合同的补充或者变更，一般要明确约定。如果补充协议条款与原合同不一致或发生冲突时，应当以补充协议为准。但原合同明示不得变更的条款，补充协议中对该条款发生的变更则不发生法律效力。签订合同之后，发现内容还需补充的，可以拟定合同补充协议。合同补充协议的拟定需要注意几个必备信息：一是双方当事人的基本信息需全面具体；二是说明拟定补充协议的原因；三是协议补充的内容或变更的内容。本案中，在合同履行过程中，原、被告双方签订了补充协议，就月度节电量误差问题以及节电效果是否符合约定问题进行了协商，且双方同意对节电效果进行重新测试。但补充协议仅体现了双方就此进行过协商，并未对节电效果不符合约定的事实予以确定。补充协议之后，双方也未能形成有效的测试报告，且被告也未能提供有效的证据证明其催告原告进行重新测试，或者原告故意拖延、阻碍重新测试的进行。现被告提供的相关测试数据并非是针对本案所涉的两份合同，且数据的计算也仅是其单方的意见，不足以认定被告主张的节电效果不符合约定的抗辩理由。因此，被告不支付节电效益分享款的抗辩理由不能成立。

【案件点评】

节能服务合同在《合同法》中并不是有名合同。节能服务合同因涉及融资、设备采购、设施建设、设备所有权的转移等多方面的问题，使得其与技术服务合同的属性虽十分接近，但不完全相同。节能服务合同的标的是运用专业技术知识、经济和信息降低用能单位的能源消耗，由节能服务公司向用能单位提供节能技术服务。[①]

在有些案例中，节能服务合同与买卖合同也会发生混淆。买卖合同是出卖人转移标的物的所有权于买受人，买受人接受此项财产并支付约定价款的合同。买卖合同与节能服务合同首先在立法上便存在差异，即有名与无名之分。此外，其在合同的履行以及合同的目的上均存在较大差异。节能服务公司与用能单位订立的节能服务合同的目的是发挥节能服务公司自身技术、资金或者管理方面的优势，使得相关节能技术能够在用能单位应用，并降低用能单位的实际能耗，而买卖合同是简单的支付价款换取财产所有权，因此二者界限十分明确。

① 参见王小明、刘建刚：《论我国节能服务合同的法律属性》，《北京联合大学学报（人文社会科学版）》2012 年第 3 期。

第二节 股权纠纷

能源领域的公司法纠纷多集中于公司股权的转让纠纷，包括在股权转让的过程中可能涉及债权转让、发电权转让、国企改制过程中出现的股权转让纠纷等。如在上海电力实业有限公司、中国水利电力物资有限公司与中静实业（集团）有限公司股权转让纠纷[①]中，涉及作为国有资产的股权交易进场交易的问题，本质上仍是股权转让。具有优先购买权的股东未进场交易，联交所亦可通知其在一定期限内作出是否接受最后形成的价格的意思表示，不到场并不必然影响交易的效率。若对其进行限制，则会对股东合法的优先购买权造成侵害。该股权案例仅是能源行业股权转让众多情形中的一种，下面列举三个案例来窥见能源类公司的股权转让问题。

案例 12 某电力集团有限公司与某发电有限公司股权转让纠纷案[②]

【基本案情】

原告（反诉被告）：某电力集团有限公司（以下简称“A 公司”）

被告（反诉原告）：某发电有限公司（以下简称“B 公司”）

Y 热电有限责任公司成立于 2004 年 × 月 × 日，股东为 B 公司、H 公司、J 公司、K 公司。2007 年 11 月 27 日，H 公司与 B 公司签订了一份资产转让协议，协议约定：H 公司将其所属的 1×35 兆瓦火电机组资产整体一次性转让给 B 公司，转让价为 8950 万元；资产转让后，B 公司完全拥有该机组资产所有权、经营等一切权利；协议生效后，B 公司向 H 公司分别于 2008 年 6 月 30 日前、

① 参见《上海市第二中级人民法院二审民事判决书》〔2014〕沪二中民四（商）终字第 1566 号。

② 参见《甘肃省兰州市中级人民法院一审民事判决书》〔2015〕兰民二初字第 23 号。

2008 年 12 月 31 日前支付 2600 万元，2009 年 6 月 30 日前付清余款。协议经双方签字盖章后生效。双方又签订了一份《H 公司股权转让协议》，协议约定：H 公司将其所持有的 Y 热电有限责任公司 18% 的股权转让给 B 公司，转让价格按实际出资额 836.64 万元，由 B 公司于 2008 年 6 月 30 日前向 H 公司一次性付清全部转让款项。协议达成后，由 H 公司及 B 公司委托代理人签名并分别加盖公章。上述两份协议签订后，B 公司分次向 H 公司支付资产转让协议款共 7379 万元，其余 1571 万元未付。

2014 年 7 月 28 日，H 公司致 B 公司《关于 H 公司对 B 公司债权款项账务转移处置的函》（以下简称《处置函》）：债权人 H 公司将其与债务人 B 公司约定的 18% 的股权转让款 836.64 万元权益以及机组资产出售余款 1571 万元，两项合计 2407.64 万元的债权转让给其母公司 A 公司，特函告债务人 B 公司，要求 B 公司积极筹措资金支付上述款项。但 B 公司收到该处置函后，未向 A 公司付款。2014 年 12 月 2 日，某律师事务所向 B 公司发出律师函，要求 B 公司在收到律师函之日起 5 个工作日向 A 公司支付余款及违约赔偿金。被告工作人员于 2014 年 12 月 2 日签收了该律师函。2015 年 2 月 5 日，H 公司向 Y 热电有限责任公司其余两个股东 J 公司、K 公司分别以邮寄方式送达了《股权（出资）转让通知书》，征询两股东是否对其出售给 B 公司的股权行使优先购买权，但该两个股东未予回复。

因多次催款未果，原告 A 公司向法院提起诉讼，要求被告 B 公司立即向原告 A 公司支付欠款 2407.64 万元以及相应逾期付款违约金。随后，被告 B 公司向受案法院提起反诉，称股权转让未实际履行，请求依法解除股权转让协议；并请求判决 A 公司返还 2007 年 12 月 31 日至 2008 年 7 月间 1×35 兆瓦火电机组资产收益 820 万元。

【判决要点】

1. 案涉合同合法有效，B 公司应承担违约责任

H 公司与 B 公司签订的两份转让协议是双方当事人的真实意思表示，且不违反国家法律、行政法规的规定，应为有效。关于 1×35 兆瓦火电机组转让协议，B 公司在履行资产转让协议过程中，未按双方约定支付全部资产转让款，应承担违约责任，并应支付因违约而占用资金的利息。

2. 案涉股权转让协议有效，B 公司反诉股权转让违约金及机组资产收益的主张不予支持

B 公司认为股权转让协议未实际履行，并举证证明 H 公司在该协议达成后一直以股东身份参加会议，据此要求解除该协议。经审理认为，根据《中华人民共和国公司法》(1993 年 12 月 29 日通过，1999 年 12 月 25 日、2004 年 8 月 28 日两次修正，2005 年 10 月 27 日修订，2013 年 12 月 28 日、2018 年 10 月 26 日再两次修正，以下简称《公司法》) 第七十一条第一款“有限责任公司的股东之间可以相互转让其全部或者部分股权”，H 公司与 B 公司签订股权转让协议后，经 H 公司催要未支付股权转让款，2014 年 7 月 28 日 H 公司将该份股权转让协议及上述《资产整体转让协议》项下的债权一并转让给了 A 公司，债权转让过程中，债权人 H 公司函告债务人 B 公司，B 公司予以了签收，该债权转让已经生效，A 公司再次催收，B 公司始终未对该份股权转让协议是否继续存续予以处理，因此该股权转让协议有效。现 A 公司依据《处置函》，将上述资产整体转让及股权转让过程中形成的债务一并予以起诉，并无不当。B 公司应当继续履行股权转让协议，并按协议约定支付股权转让款。股权转让协议早在 2007 年就已经签订，但因 B 公司迟延付款双方未办理移交及过户手续，结合 H 公司多次以股东身份参加股东会及 H 公司在起诉前仍在以股东身份向其余股东就其与 B 公司股权转让解决优先权问题进行磋商等因素，关于 B 公司股权转让的违约金主张，法院不予支持。

B 公司反诉要求 A 公司返还 2007 年 12 月 31 日至 2008 年 7 月间 1×35 兆瓦机组资产的收益问题，因资产转让协议未约定机组移交时间，双方当事人对交付的时间陈述不一致，B 公司也未提供有效证据证明。另外，A 公司针对 B 公司收益反诉是以诉讼时效抗辩，认为 B 公司自接收涉案机组至其反诉之日，从未向 A 公司提出过 2008 年 1—8 月该项机组的收益请求。据此，B 公司亦未就其向 A 公司主张过收益权举证予以证明，因此 B 公司的该项诉讼请求，法院不予支持。

【法律分析】

股权转让在股份有限公司与有限责任公司中都是特别重要的内容，本案涉及的是有限责任公司的股权转让问题。依据《公司法》第七十一条的规定，有

限责任公司股东之间可以相互转让全部或部分股权，股东向股东以外的人转让股权，应当经其他股东过半数同意。股东应就其股权转让事项书面通知其他股东征求同意，其他股东自接到书面通知之日起满三十日未答复的，视为同意转让。其他股东半数以上不同意转让的，不同意的股东应当购买该转让的股权；不购买的，视为同意转让。由于有限责任公司的人合性特征较为突出，所以在股权内部转让中并不存在过多地限制，而在对外转让中为了保障其他股东的利益以及公司的整体利益，就要对其作出限制，可视为其他股东有权选择他们认为合适的股东进入公司，若不同意他人进入，则行使优先购买权，以保障自身的利益不受侵害。

本案还涉及合同法中债权转让问题。《合同法》第七十九条、第八十条的规定，债权不存在依合同性质不得转让、当事人约定不得转让以及法律规定不得转让的情形时，是可以进行转让的。债权转让应当通知债务人，通知到达债务人时，债权转让对债务人生效。债权人转让权利的通知不得撤销，但经受让人同意的除外。对于债权转让来说，通知债务人是必经的程序，如果不通知债权人，即便是进行了债权转让也不会对债务人产生效力，债务人仍向原债权人履行义务有效。

案例 13　黄某与某电力工程有限公司、电力公司股权转让案[①]

【基本案情】

再审申请人（一审原告、二审上诉人）：黄某

黄某系 A 供电公司的退休职工。A 供电公司由原 A’县供电局改制改造而来。此次改制过程中，黄某作为该企业职工获得了 55600 股股份。后来 A’’电力工程公司（以下简称 A’’公司）向 S 省电力公司（以下简称“S 公司”）转让股权，黄某所持有的股份亦是转让股权中的一部分。黄某认为其所持有的股份属于合法私人财产，故向法院提起诉讼，要求确认 S 公司受让黄某股权的行为无效。

一审法院经审查认为黄某的起诉不属于该院受案范围，于 2014 年 4 月 21

① 参见《四川省高级人民法院再审民事裁定书》〔2014〕川民申字第 1779 号。

日作出民事裁定书，裁定对黄某的起诉不予受理。后黄某不服本裁定，向市中级人民法院提起上诉，市中级人民法院于2014年5月28日作出民事裁定书，驳回上诉，维持原裁定。2015年1月14日，黄某又以同一事由再次提起诉讼，依照《中华人民共和国民事诉讼法》第一百二十四条第（五）项之规定，该项诉讼请求属于重复起诉。

【判决要点】

1. 黄某所持股份属于国有资产

黄某系A供电公司的退休职工。2000年，在原A’县供电局改制过程中，黄某作为该企业职工获得了55600股股份。虽然黄某出资一部分，但整个股权份额、配股比例是该公司改制过程中按照相关政策确定的，因此，涉及的股权仍然属于国有资产。原裁定认定属于国有资产正确，黄某认为其股权不属于国有资产的理由不能成立。

2. 黄某认为不属于行政性划拨的理由不能成立

A’’公司向S公司转让股份是按照S省有关文件精神进行的，是对电力系统职工持股进行清退（以回购形式），此次清退属于国有资产主管部门对企业国有资产进行的行政性调整。因此，本案应属政府主管部门在对企业国有资产进行行政性调整、划转过程中发生的纠纷。

3. 黄某的起诉不属于法院的受案范围

按照最高人民法院《关于审理与企业改制相关的民事纠纷案件若干问题的规定》（2002年12月3日通过）第三条“政府主管部门在对企业国有资产进行行政性调整、划转过程中发生的纠纷，当事人向人民法院提起民事诉讼的，人民法院不予受理”的规定，本案不属于人民法院主管范围，黄某的起诉不符合法律规定的受理条件。黄某认为原裁定适用法律错误、本案应当受理的理由不能成立。故驳回黄某的再审申请。

【法律分析】

1. 民事诉讼的受案范围

《民事诉讼法》第一百一十九条第四项明确规定，属于人民法院受理民事诉讼的范围和受诉人民法院管辖，是法定的起诉条件之一。当事人起诉在原告适格，被告确定，有具体的诉讼请求、事实和理由的前提下，如果诉讼案由系非法定的法院受案范围，则法院会做出不予受理的裁定。本案涉及的是最高人民法院《关于审理与企业改制相关的民事纠纷案件若干问题的规定》中第三条的规定，即政府主管部门在对企业国有资产进行行政性调整、划转过程中发生的纠纷，当事人向人民法院提起民事诉讼的，人民法院不予受理。此为法律明确规定的。法院受案范围之外的情形，该类情形在法律中多有规定，在具体的案件中应当具体进行讨论。如在《中央企业公司制改制工作实施方案》中明确规定，2017 年底前，按照《中华人民共和国全民所有制工业企业法》登记、国务院国有资产监督管理委员会监管的中央企业（不含中央金融、文化企业），全部改制为按照《公司法》登记的有限责任公司或股份有限公司，加快形成有效制衡的公司法人治理结构和灵活高效的市场化经营机制。其中能源企业进行改制则成为市场化进程中常见的行为，该过程中不可避免会发生纠纷，而此时若涉及对国有资产进行行政性调整、划转则是国家政策的结果，不受法院管辖。

2. 一事不再理原则

一事不再理原则，是指判决或裁定已经生效的案件，除法律另有规定者外不得再起诉，也不得再受理的诉讼原则。所谓"一事"是指同一当事人，就同一法律关系而为同一的诉讼请求。因为这个同一事件已在法院受理中或者已被法院裁判，当然就不得再起诉，法院也不应再受理，避免作出相互矛盾的裁判，也避免当事人纠缠不清，造成讼累。该原则在《民事诉讼法》第一百二十四条之（五）中有明确表达，即对判决、裁定、调解书已经发生法律效力的案件，当事人又起诉的，告知原告申请再审，但人民法院准许撤诉的裁定除外。一事不再理有助于节约诉讼成本，同时也有助于维持法院判决的既判力，避免产生同一案件多次审理做出不同判决，影响司法的权威性。

案例 14　杨某、吴某与先某、黄某股权转让纠纷案[①]

【基本案情】

上诉人（原审原告）：杨某、吴某

---

① 参见《重庆市第三中级人民法院二审民事判决书》〔2018〕渝 03 民终 86 号。

被上诉人（原审被告）：先某、黄某

A燃气公司于2005年9月15日成立，其登记经营范围为燃气器具的销售、维修。A燃气公司在未取得燃气经营许可证的情况下从2006年起经营天然气销售业务。2011年A燃气公司提交资料，申请办理燃气经营许可证，但因不符合条件，主管部门未审核颁发许可证。2013年2月，A燃气公司原法人以250万元将A燃气公司的所有股权转让给王某和殷某。2015年9月22日，王某、殷某以205万元价格把持有的A燃气公司100%股权转让给先某和黄某两人。2016年1月21日，甲方先某、黄某与乙方杨某、吴某签订《公司整体转让合同书》，合同约定：甲方自愿将各自对公司的全部出资等整体转让给乙方，乙方整体受让甲方的股权等后由乙方绝对控股公司，公司整体转让价格合计108万元。后杨某、吴某依约支付转让价款，公司股东变更登记为吴某和杨某（公司法定代表人）。

2016年2月，A燃气公司管道发生泄漏事故，管理部门约谈杨某，要求停止一切经营活动，限期办理燃气经营许可证，加强对已安装管线的安全隐患排查和整改，否则将关停公司。2017年7月，A燃气公司及负责人因非法经营天然气被判处非法经营罪。

经查，该公司在之前申办然气经营许可证时就不符合条件。相关文件规定，用户数量在1万户以下的公司，注册资金不低于800万元。但至公司转让时，A燃气公司的注册资金仍不足800万元。故，杨某、吴某向法院提起诉讼，请求确认2016年1月21日签订的《公司整体转让合同书》无效，并请求判决先某、黄某返还其受让A燃气公司股权及资产的转让款108万元。

【判决要点】

1. 先某、黄某签订《公司整体转让合同书》时不存在欺诈行为

一审法院认为，签订转让合同时，杨某、吴某对于A燃气公司没有燃气经营许可证的事实是清楚的，转让合同明确载明燃气经营许可证未办理，对此先某、黄某不存在欺诈行为。转让合同载明的“许可证手续已上交完毕，只待办理下发”，只能视为告知许可证尚在办理之中的事实，而不能构成先某、黄某对办理许可证的保证承诺。杨某、吴某作为完全民事行为能力人，对于许可证颁发之前存在的风险应当是明知的。另外，作为此次转让交易的

介绍人，亦是原告方共同出资人之一的邱某也具备经营天然气销售的经验，对公司是否具备办理燃气经营许可证条件应当知晓，属自愿承担可能产生的风险，不存在先某、黄某恶意隐瞒真实情况而导致杨某、吴某作出错误的意思表示。故杨某、吴某认为先某、黄某在公司股权转让过程中存在恶意和欺诈行为的主张不成立。

二审法院也认定，合同书明确记载燃气经营证正在办理中，杨某、吴某在签订合同书时应当知悉这一事实，故先某、黄某并无欺诈行为。

2.《公司整体转让合同书》应是双方的真实意思表示，且无合同法规定的无效情形，双方应受其约束

杨某、吴某认为先某、黄某转让的 A 燃气公司非法经营燃气销售系非法企业，不能转让。该合同名为公司股权转让，实为天然气经营权转让，因该经营权未取得许可，转让应无效。经一审法院查明，A 燃气公司系合法成立的企业法人，有经工商登记的经营范围，即使企业因从事非法经营活动构成犯罪，不能否定其合法企业的法律地位，故转让合同的标的合法，并非法律、法规禁止转让的财产。就《公司整体转让合同书》而言，其转让的标的为 A 燃气公司的资产及股权，A 燃气公司没有燃气经营权，杨某、吴某对此明知，不存在名为公司转让实为燃气经营权（经营许可）转让而违反法律、法规禁止性规定的情形。综上，原告主张本案合同转让行为无效的诉讼请求不予支持。

二审法院认为：《公司整体转让合同书》对燃气经营许可证只在合同最后部分“其他约定”中有所提及，燃气经营许可证并非合同书的主要条款。从合同书的内容来看，该条款表述为“甲方公司燃气经营许可证，所有手续已上交，只待办理下发”，该条只是对燃气经营许可证办理现状的陈述，并无转让燃气经营许可证的意思表示，也未承诺必然取得燃气经营许可证，更未虚构已取得燃气经营许可证的事实。因此，《公司整体转让合同书》转让的应是 A 燃气公司的股权以及公司资产，并非燃气经营许可证。合同书应是双方的真实意思表示，杨某、吴某支付了股权转让款，取得了 A 燃气公司 100% 的股权，并对 A 燃气公司进行了经营管理，合同已经履行完毕，且无合同法规定的无效情形，双方应受其约束。故二审法院做出驳回上诉，维持原判的判决。

【法律分析】

2015年实施的《基础设施和公用事业特许经营管理办法》第九条规定，特许经营项目实施方案由县级以上政府行业主管部门或政府授权部门提出。可见特许经营项目由地方政府决定是否设定，政府将管道燃气业务授权企业经营，意在依靠市场力量提高管道燃气的经营效率，拥有特许经营权的公司才可进行燃气经营。燃气公司到底能否转让燃气经营权，现行立法并未明确禁止。虽然2004年《市政公用事业特许经营管理办法》规定燃气特许经营权不得“擅自”转让，但是并未完全禁止该项权利的转让。根据“法无禁止即自由”的原则，只要符合一定前提条件，特许经营权就可以转让。该前提条件应为特许经营权转让需经行政机关同意。2015年《基础设施和公用事业特许经营管理办法》规定实施机构通过市场竞争选择特许经营者，以行政立法的方式赋予政府机关对特许经营企业的决定权。假如受让人通过转让合同即可取得特许经营权，那么立法赋予行政机关的决定权力就形同虚设。因此，特许经营权转让必须经过特许经营实施机关的同意，未经同意的转让合同因违反法律强制性规定而无效。[①]

本案中首先涉及股权的转让问题。本案中，受让方接受了A燃气公司100%的股权，公司实际控制权转移。股权转让中涉及燃气经营权的转让，应当经过行政机关的同意，否则会对特许经营的确定以及对该地区的燃气供应都会产生影响。不过本案中还涉及不到燃气经营权合法转让的问题，因为当事公司还未实际取得燃气经营权，事实上一直处于非法经营的状态。在此情况下，法院传递出的审判原则是，虽然公司属于非法经营，但是由于股权转让双方意思表示真实，因此，应当认定转让合法有效。至于非法经营的问题，无论是转让方还是受让方各自均承担其他相应责任即可。单就民事中的转让问题来说，合法成立。

---

① 参见《燃气特许经营权能否转让或质押？》，载微信公众号“阳光时代法律观察”，https://mp.weixin.qq.com/s?__biz=MjM5ODk4NzQ2MQ%3D%3D&idx=1&mid=2651727806&sn=e5ee73e8a0b575dcd2d70de916711f5a，访问日期：2019年6月22日。

第三节　其他民商事纠纷

在能源行业常见的纠纷中，除上述纠纷类型外还包括其他的民事纠纷类型。其中主要是指侵权纠纷，即能源企业的建设行为、服务行为等存在过错导致给接受一方的用户财产上、人身上造成损害的行为，因此承担相应的损害赔偿责任。本节中列举了两例关于能源企业的行为对用户产生影响的案件，讨论能源行业中常见的民事侵权纠纷的类型与特点。

案例 15　李某与电力公司财产损害赔偿案 ①

【基本案情】

上诉人（原审原告）：李某（以下简称“原告”）

被上诉人（原审被告）：B 市电力公司（以下简称“被告”）

原告现居住于 B 市 M 区，小区西侧道路上空原架设有 X 线、Y 线共计 6 条 220 千伏电线。该工程于 2013 年 4 月开工，于 2014 年 5 月 15 日竣工验收并已投入运营。X 线、Y 线原 6 条电线变更为 96 条，电线桩变更为铁塔。按照国家标准（GB 50545-2010）《110kV ~ 750kV 架空输电线路设计规范》要求，220 千伏的输电线路经过居民区时，导线与地面的距离不应小于 7.5 米，边导线与建筑物之间的水平距离不应小于 2.5 米。该工程导线距离平地最低距离为 15 米，边导线距离原告房屋最近距离为 19.5 米。

在施工过程及完工后，包括原告在内的沿线小区居民对工程的安全性及环保提出质疑，向各机关投诉或进行信访。2014 年 4—6 月，经各小区居民代表选定，由相关专业机构对该线路周边的电场强度及磁场强度进行了检测，所测得数据均符合国家相应标准。上述四个小区居民曾起诉 B 市规划委员会要求撤销该工程的规划许可证，后于 2016 年 6 月 12 日被 B 市第一中级人民法院

① 参见《北京市第一中级人民法院二审民事判决书》〔2017〕京 01 民终 3339 号。

终审裁定驳回。2015 年 12 月 28 日，B 市环境保护局同意对该工程竣工环境保护验收。

一审原告认为高压线对其合法权益造成了侵害，遂向法院提起诉讼，请求判令拆除铁塔或将高压线埋入地下，赔偿各项损失 800000 元（自高压线塔建成日至判决前，包括房产贬值、因安全隐患造成出行不便、噪音及恶劣天气对休息和健康造成的影响、精神损失、因电磁干扰造成网络和手机通话时常中断的损失）。一审法院经审理，判决驳回原告的诉讼请求。原告不服一审判决，以一审法院认定事实不清、适用法律错误，以及程序违法等原因提起上诉。二审法院判决，驳回上诉、维持一审原判。

【判决要点】

1. 被告架设的输电线路并未妨碍原告的正常生活，高压输电线在运行时的环境影响对原告的生命、财产安全不具有现实危险，高压线及线塔不具有安全隐患

一审法院认为，无论在开工前的环境影响报告中依据理论计算而得的数值，还是经小区居民代表选定的监测中心所测得数值、抑或北京市环境保护局同意该工程环保验收所依据的实测数值，都远低于我国现行的强制性限值。故从目前的科学研究程度而言，该工程的长期运行不会对人体产生危害。从现行的法律制度而言，该工程的立项、规划、验收、环保均符合规定，故不会对原告的生命、财产安全构成威胁。再加之该工程具有重大社会公众利益，无论移除或改建都会造成重大社会财富浪费及不良社会影响，故原告要求拆除铁塔或将高压线埋入地下的请求无任何法律依据，法院不予支持。至于原告所主张的损害更多是对高压线设施安全的担忧及视觉效果变差后的心理压抑，但这种主观认知或感受非现行法律的保护范围。原告主张的房产贬值损失，首先，仍应强调被告的行为通过了各项审批，不具有违法性，主观上也没有过错，其不应承担赔偿责任；其次，原告所主张的房屋贬值，现被告所建高压线不妨碍原告对房屋的使用，故原告正常使用房屋的情况下不应得到交换价值的补偿，并且房屋的贬值金额具有不确定性，故其此项请求也不应得到支持。综上，判决驳回原告的诉讼请求。

二审法院认为，本案中，政府有关部门对该线路可能涉及的环保等影响公

众健康的因素都作出了严格的要求，最终B市环境保护局也进行了竣工环境保护验收。初步证明，该线路符合国家电力线路建设的各项要求。本案涉及争议的设施为交流输变电设施，交流输变电设施产生的电场属于工频电场，工频又称电力频率，其特点是频率低，我国工频为50赫兹。经专业机构测量得出，线路周边的电场强度与磁场强度都远低于国家标准。本案所涉高压输电线路设施的建造、投入使用，业经政府行政管理部门的审批许可，可以满足B市西北部地区的供热需求，提高能源的利用率，改善首都的大气环境质量，因而，不属于非法建造的设施设备。如上所述，本案争议的设施设备不构成对人身、财产权利的妨害或危险。同时，也没有证据证实该设施造成财物特别是涉案当事人房屋毁损的事实。因此，原告要求被告停止侵害、排除妨害、消除危险，将穿越小区的高压线移走或者埋入地下，并赔偿损失的请求，不予支持。

2. 本案中不存在程序违法的情形

就原告所提程序问题，法院认为，一审法院按照当事人不同的诉讼请求，将涉案小区业主的共同诉讼拆分成两类案件，不违反《民事诉讼法》的相关规定，不存在原告所述的程序违法及限制当事人的诉讼权和知情权问题。本案起诉前，各小区居民代表选定由B市M区发改委委托具有专业资质的第三方某环境监测中心对该线路周边的电场强度及磁场强度进行了监测，该检测保证了公众参与原则，应该作为评判依据，诉讼中没有再次检测的必要。法院在审理过程中有权就专业问题向专家进行咨询，并非一审法院将事实问题交由专家论证会确定，故本案无违反程序之处。

【法律分析】

《电力法》第五条规定，电力建设、生产、供应和使用应当依法保护环境，采用新技术，减少有害物质排放，防治污染和其他公害。国家鼓励和支持利用可再生能源和清洁能源发电。第十条规定，电力发展规划应当根据国民经济和社会发展的需要制定，并纳入国民经济和社会发展计划。电力发展规划，应当体现合理利用能源、电源与电网配套发展、提高经济效益和有利于环境保护的原则。由此可见，在电力建设、生产、供应、发展规划中都离不开环境保护的要求。《电力法》第十一条还规定，城市电网的建设与改造规划，应当纳入城市总体规划。城市人民政府应当按照规划，安排变电设施用地、输电线路走廊和电缆通道。任何单位和个人不得非法占用变电设施用地、输电线路走廊和电缆通道。城市中的电网建设是纳入城市规划中的，不得被随意侵占或改变用途。这更进一步说明电力建设中做好相应的建设规划是极其重要的前提条件。本案中被告各项行为均符合相应的国家标准，不存在对环境或周围居民的不良影响，因此对于原告的主张不予支持。

【案件点评】

本案涉及社会公共事业对于居民生活的影响问题。本案中建设电力线路是为了更方便居民的生活，通过加强基础设施方面的建设有助于城市的快速发展。而在此过程中，居住在附近的居民认为该建设行为对于他们的生活产生了不良的影响。居民积极行使权利维护自己的合法利益，是权利意识的表现。随着国民素质日益提高，依法治国理念日益普及，今后可能会有越来越多的居民对类似行为进行维权。因此，类似电网建设等能源领域中的建设行为更应当严格遵照法律、法规进行。在本案中，由于电力企业在所有程序中均没有违反规定，所以，法院依法判决居民的维权行为缺乏事实和法律根据，从而不予支持。

案例 16　崔某与某能源公司财产损害赔偿纠纷案[①]

【基本案情】

原告：崔某（以下简称“原告”）

被告：某能源有限公司（以下简称“被告”）

坐落于 T 区 S 路 Q 小区某楼的一处的房屋系原告所有。2013 年 2 月 3 日，被告供暖管网发生漏水事件，其下属 L 公司工作人员在抢修过程中因工作失误，造成下水井污水、粪便倒灌入原告屋内。事发后，被告委托保险公司多次到现场勘查理赔。原告认为理赔金额与其实际损失金额严重不符，故原告诉至法院请求判令：赔偿屋内浸泡财产损失 37716 元；理赔屋内受污染财产损失 43732 元；房屋装修 90000 元；精神损失赔偿 20000 元；租房补偿及赃物清理

---

① 参见《辽宁省鞍山市铁东区人民法院一审民事判决书》〔2013〕铁东民二初字第 260 号。

10000 元。此外，在诉讼期间内，经原告申请，某资产评估事务所对该房屋物品及装修损失进行评估，认定其屋内装修及物品损失为人民币 18817 元。

【判决要点】

公民的合法权益受法律保护。依照《中华人民共和国侵权责任法》（2009 年 12 月 26 日通过，以下简称《侵权责任法》）第六条之规定，行为人因过错侵害他人民事权益，应当承担侵权责任。本案中，因被告单位职工的行为致使原告房屋受损，对此被告应当承担相应的赔偿责任。法院支持原告主张的房屋财产损失、租金；不支持其主张的脏污清理费以及精神损害赔偿金。关于原告要求被告赔偿屋内浸泡财产损失、屋内受污染财产损失、房屋装修等，经资产评估报告书认定，原告房屋财产损失价值 18817 元，故对原告的该项请求本院支持 18817 元。关于原告要求被告赔偿租房补偿及脏污清理费的问题，因原告房屋是被粪便、污水所淹，被淹后确无法住人，外出租房符合常理。且原告提供租房协议及租金收条，故对于原告的租金本院支持 7800 元。对于脏污清理费，由于原告并未提供证据证明，故本院不予支持。关于原告要求被告赔偿精神损失赔偿 20000 元一节，于法无据，本院不予支持。关于原告要求被告赔偿 3000 元鉴定费一节，因原告确实发生了该笔费用，且提供相关票据，故本院予以支持。

【法律分析】

公民的合法权益受法律保护。依照《侵权责任法》第六条的规定，行为人因过错侵害他人民事权益，应当承担侵权责任。第三十四条规定，用人单位的工作人员因执行工作任务造成他人损害的，由用人单位承担侵权责任。劳务派遣期间，被派遣的工作人员因执行工作任务造成他人损害的，由接受劳务派遣的用工单位承担侵权责任；劳务派遣单位有过错的，承担相应的补充责任。即用人单位的工作人员在执行工作任务时致他人损害的，工作人员此时并非一个独立的责任承担主体，具体的损害责任由其任职的用人单位承担。本案中原告的损失是由被告公司的员工在工作中操作失误造成的，故由用人单位来进行损害赔偿是符合法律规定的。

【案件点评】

能源企业大多涉及生产和施工，实践中可能由于不合法合规的行为导致对第三人造成侵害。因此，能源行业对生产安全性要求很高，在相关的能源法律、法规中均对能源企业的建设施工、生产活动等行为做出了相应的规制。如依据2016年《中华人民共和国煤炭法》(1996年8月29日通过，2009年8月27日、2011年4月22日、2013年6月29日、2016年11月7日修正，以下简称《煤炭法》) 的规定，煤炭开采要取得法律、法规规定的安全生产许可证，不得采用可能危及相邻煤矿生产安全的决水、爆破、贯通巷道等危险方法。对于煤矿的工作人员，应当对其进行严格的安全生产制度培训。能源企业应当高度重视生产安全，以避免给相关人员造成不必要的损害，减少纠纷的发生，保护相关人的合法权益。

第三章　能源行业市场竞争纠纷

与其他领域相比，能源领域存在诸多特性：关乎国计民生，拥有电力、石油天然气管网等自然垄断性行业，拥有燃气、热力供应等公用事业等。就竞争纠纷而言，能源行业整个市场的反垄断竞争纠纷更具特殊性、多样性，不正当竞争行为中公用企业限制竞争行为也较为普遍。《中华人民共和国反垄断法》（2007 年 8 月 30 日通过，以下简称《反垄断法》）中规定的垄断行为包括：经营者达成垄断协议；经营者滥用市场支配地位；具有或者可能具有排除、限制竞争效果的经营者集中。《中华人民共和国反不正当竞争法》（1993 年 9 月 2 日通过，2017 年 11 月 4 日修订，以下简称《反不正当竞争法》）中规定的不正当竞争行为包括商业混淆、商业贿赂、引人误解的虚假宣传、侵犯商业秘密、低价倾销、不正当有奖销售、商业诋毁等行为。2017 年新《反不正当竞争法》回应了学界将涉及垄断内容剔除的呼吁，删除了公用企业限制竞争条款、低价倾销条款、搭售条款、串通招投标条款，实现了《反不正当竞争法》立法体例上的独立性。

《反垄断法》与《反不正当竞争法》分工不同，任务各有侧重。《反垄断法》关注的是竞争不足，主要解决市场中有无竞争的问题；而《反不正当竞争法》主要规制竞争过度，着力解决不公平竞争即如何竞争的问题。《反垄断法》关注的是经营者竞争机会的有无，而《反不正当竞争法》关注的则是经营者如何竞争。《反垄断法》面对市场中的垄断问题，主要由执法机关主动出击，适时干预；而《反不正当竞争法》以私力救济为主，以国家机关介入为补充。

笔者通过搜索大量能源领域相关案例，依照《反垄断法》《反不正当竞争法》等相关法律、法规，将能源行业市场竞争纠纷主要分为垄断协议纠纷、滥用市场支配地位纠纷、行政垄断纠纷以及不正当竞争纠纷四类。本章列举了四类市场竞争纠纷中的典型案例，探讨我国能源领域的市场竞争纠纷的相关法律问题。

第一节　垄断协议纠纷

我国《反垄断法》规定，垄断协议是指排除、限制竞争的协议、决定或者其他协同行为。垄断协议的内容包括：固定或者变更商品价格；限制商品的生产数量或者销售数量；分割销售市场或者原材料采购市场；限制购买新技术、新设备或者限制开发新技术、新产品；联合抵制交易；国务院反垄断执法机构认定的其他垄断协议。在能源领域，行业协会或具有市场支配地位的企业达成价格垄断协议的情况屡有发生，扰乱了行业的公平竞争。本节将通过以下两个案例，对垄断协议的认定标准、固定价格协议的构成要件及垄断协议的豁免情形在能源行业中的运用进行探讨和分析。

案例 17　某电力行业协会与发电企业涉嫌垄断案①

【基本案情】

2013 年 2 月，原国家电监会将山西列入大用户直购电试点省份，支持综改区建设。2013 年 8 月 28 日，《山西电力用户与发电企业直接交易实施意见（试行）》（按照国家能源局《关于当前开展电力用户与发电企业直接交易有关事项的通知》和省政府《关于印发山西省国家资源型经济转型综合配套改革试验实施方案（2013—2015 年）的通知》的文件精神制定）印发。省内现运行的单机容量 30 万千瓦及以上省调公用火力发电企业将与用电企业直接交易，定价

① 参见常宇豪：《山西电力价格垄断案关键法律问题研究（一）》，载北极星售电网，http://shoudian.bjx.com.cn/news/20181026/937014.shtml，访问日期：2019 年 6 月 22 日。

不再通过电网公司。在此背景下，部分火电企业报价低于成本价格恶意竞争，造成很多电力企业的亏损。2016 年 1 月 24 日，为遏制恶意竞争，山西省电力行业协会组织部分火电企业在太原市西山酒店组织召开了火电企业大用户直供座谈会。会上，9 家电力集团、15 家独立发电厂签字通过《山西省火电企业防止恶意竞争保障行业健康可持续发展公约》，并约定了 2016 年第二批直供电交易报价较上网标杆电价降幅不高于 0.02 元 / 千瓦时。

2016 年 1 月 29 日，全国 12358 价格监督平台和山西省政府有关部门接到举报。2016 年 4 月，山西省能源监管办对山西省电力行业协会和发电企业通报批评。2017 年 2 月，山西省价格检查与反垄断局首次转达国家发改委价格监督检查与反垄断局对行业协会及相关发电企业的处罚意见。2017 年 3 月 21 日，省反垄断局口头通知：认定行业协会违反了《反垄断法》第十三条的规定，拟对行业协会罚款 50 万元，对 51 家发电企业按第二批直供电量营业收入的 6% 罚款。2017 年 3 月，省发改委、省经信委、山西能监办和反垄断局听取行业协会申诉后，决定向国家反垄断局争取免责处理。

2017 年 3 月 29 日，国家发改委反垄断局会同山西省反垄断局通知山西省电力行业协会和省内八大发电集团领导约谈并认为：违法定性不变，对协会罚款 50 万元；但考虑到火电企业目前的困难，对发电企业罚款额度从 6% 下调至 2%，罚款大约 1.8 亿元。2017 年 5 月 18 日，依山西省电力行业协会及 18 个燃煤发电企业申请，在太原举行了行政处罚听证会。听证会上双方争议焦点，主要包括行业协会价格垄断协议认定、《反垄断法》第十五条第五款之适用、电力行业及有关国有企业《反垄断法》适用等关键法律问题。

2017 年 8 月 3 日，国家发改委作出最终行政处罚决定：对达成垄断协议发挥组织作用的某电力协会从重顶格罚款；对参与达成并实施垄断协议、积极配合调查、认真整改的涉案企业处上年度相关销售额 1% 的罚款，对 23 家涉案电力企业合计罚款 7288 万元。

【处罚要点】

某电力协会及相关企业的做法违反了《反垄断法》。国家发改委价监局做出处罚决定的直接依据是某电力协会组织各火电企业所共同签订的《山西省火电企业防止恶意竞争保障行业健康可持续发展公约》，约定各大发电集团及发电企业根据市场情况，按照成本加微利原则，测算大用户直供最低交易报价，由某电力协会加权平均后公布执行。《反垄断法》第十三条中规定，禁止具有竞争关系的经营者达成固定或变更商品价格的垄断协议。从公约的字面意思来看，基本符合《反垄断法》中垄断协议的构成要件。

某电力协会及相关企业的做法不符合《反垄断法》中的豁免规定。某电力协会提出，山西火电企业产能严重过剩、利用小时大幅度下滑达到了历史最低水平，其规定让利幅度的做法符合反垄断法相关豁免规定。虽然我国《反垄断法》第十五条规定的豁免情形中包括“因经济不景气，为缓解销售量严重下降或生产明显过剩的”情形，但是涉案协会及企业还要证明其协议不会严重限制相关市场的竞争，并能够使消费者分享由此产生的利益。

【法律分析】

1. 垄断协议达成的标准

我国《反垄断法》第四十六条第一款规定，经营者违反本法规定，达成并实施垄断协议的，由反垄断法执法机构责令停止违法行为，没收违法所得，并处上一年度销售额百分之一以上百分之十以下的罚款；尚未实施所达成的垄断协议的，可以处五十万元以下的罚款。该条款对垄断协议的处罚分为两个层次：其一针对“达成”的行为，其二针对“实施”的行为。可见，分清垄断协议的“达成”与“实施”对于处罚结果具有非常重要的意义。

针对垄断协议中达成与实施的判断标准，我国有学者专门进行了研究。孟雁北在《反垄断法》一书中指出，“垄断协议行为的行为人基于共同的限制竞争的目的必然会实施共同的行为，如果共同的行为没有实施，那么共同的目的也无法达到”，从而认为垄断协议中的达成与实施是相伴而生的。[①] 时建中在《反垄断法——法典释评与学理探源》一书中认为：“垄断协议尤其是价格卡特尔、市场分割卡特尔及数量卡特尔等对市场的秩序和消费者福利的损害是相当严重和不可逆转的，对其通常适用本身违法原则，所以即使

① 参见孟雁北：《反垄断法》，北京大学出版社2011年版，第83页。

尚未实施所达成的垄断协议也要承担相应的行政责任。”[①] 王先林在《竞争法学》一书中表示：“反垄断法不但要制止已发生的垄断行为，更要着眼于防患未然，在垄断行为发生损害市场竞争的后果之前就制止它。为此，只要有证据证明经营者达成了垄断协议。即使尚未实施，反垄断执法机构也有权根据其违法情节处以50万以下的罚款。”[②] 该学者认为要防患于未然，只要达成垄断协议，便予以处罚。有学者从构成要件上对垄断协议的达成与实施进行研究。王玉辉总结归纳了“实施必要说”和“实施不要说”：前者主张在罚款时必须对该协议是否实施进行认定，所以该学说的构成要件是垄断协议成立且根据协议实施了；后者主张罚款不以实施垄断协议内容的行为为要件，垄断协议的实施行为是指实施缔结合意的行为。该学者支持“实施必要说”，但也赞成对达成行为进行处罚。[③]

2. 固定价格协议的构成要件

2011年《反价格垄断规定》中规定，价格垄断协议是指在价格方面排除、限制竞争的协议、决定或者其他协同行为。认定其他协同行为，应当依据经营者的价格行为具有一致性、经营者进行过意思联络，同时还应考虑市场结构和市场变化等情况。价格垄断协议按照主体可以分为三类：第一，具有竞争关系的经营者达成价格垄断协议，其表现形式包括固定或者变更商品和服务的价格水平，固定或者变更价格变动幅度，固定或者变更对价格有影响的手续费、折扣或其他费用，使用约定价格作为与第三方交易的基础，约定采用据以计算价格的标准公式，约定未经参加其他经营者同意不得变更价格，通过其他方式变相固定或者变更价格等；第二，经营者与交易相对人达成的价格垄断协议，其表现形式包括固定向第三人转售商品的价格，限定向第三人转售商品的最低价格，国务院价格主管部门认定的其他价格垄断协议；第三，行业协会制定排除、限制价格竞争的规则、决定、通知等，组织

① 时建中编：《反垄断法——法典释评与学理探源》，中国人民大学出版社2008年，第430页。

② 王先林：《竞争法学》，中国人民大学出版社2009年，第257～258页。

③ 参见王玉辉：《垄断协议规制制度》，法律出版社2010年，第249～250页。

经营者达成本规定所禁止的价格垄断协议。另外，国家发改委价监局于 2017 年 7 月公告了《行业协会价格行为指南》，对行业协会在价格方面的行为哪些合法、哪些存在法律风险做出了明确的界定。该指南为进一步引导行业协会在促进行业健康发展，维护市场价格秩序和公平竞争等方面发挥了作用。

3.《反垄断法》的豁免情形

我国《反垄断法》第十五条规定："经营者能够证明所达成的协议属于下列情形之一的，不适用本法第十三条、第十四条的规定：（一）为改进技术、研究开发新产品的；（二）为提高产品质量、降低成本、增进效率，统一产品规格、标准或者实行专业化分工的；（三）为提高中小经营者经营效率，增强中小经营者竞争力的；（四）为实现节约能源、保护环境、救灾救助等社会公共利益的；（五）因经济不景气，为缓解销售量严重下降或者生产明显过剩的；（六）为保障对外贸易和对外经济合作中的正当利益的；（七）法律和国务院规定的其他情形。"属于前款第一项至第五项情形，经营者还应当证明所达成的协议不会严重限制相关市场的竞争，并且能够使消费者分享由此产生的利益。结合本案，企业不应将去产能理解为具有竞争关系的企业之间可以联合限价而不受《反垄断法》约束。

【案件点评】

本案被称为电力价格反垄断第一案。2002 年，国家正式启动电力体制改革。2013 年，山西省成为电力市场化改革的试点省份，开始大用户直供电交易。这被认为是全国电力市场化改革的重要突破口。因此，该案对电力改革、行业协会以及电力企业都带来不少警示。本案的根源在于，在电力体制改革实施的背景下，山西省电力交易过程中出现了恶意竞争，部分火电企业报价低于成本价格，造成了很多企业的亏损。为防止恶意竞争，某电力协会同发电企业制定了价格垄断协议。某电力协会及电力企业辩称，电力市场是非完全市场，不是《反垄断法》规定的完全自由市场，不受《反垄断法》规制。可见，某电力协会及电力企业并没有真正重视和理解《反垄断法》。本案也向行业协会和企业敲了一记警钟，在今后的经营过程中应结合《反垄断法》及相关法规不断提高对垄断行为的认识，创造公平竞争的环境。

案例 18　某石油油田天然气分公司和某石油天然气销售公司涉嫌垄断案[①]

【基本案情】

2016 年 8 月 29 日，某石油油田天然气分公司（以下简称“A 公司”）与某石油天然气销售分公司组织下游 13 家 CNG[②] 母站共同签署了《哈大齐 CNG 市场销售协议》，明确规定自 2016 年 9 月 1 日起 CNG 母站均按 2.25 元 / 立方米最低销售价格对外销售，并不得低于上述价格。此前，各母站根据市场情况自行确定向子站的转售价格，价格水平在 1.76 元 / 立方米到 2.30 元 / 立方米之间。2016 年 9 月 2 日，A 公司与 B 公司向 13 家 CNG 母站下发了《关于执行〈哈大齐 CNG 市场销售协议〉的补充通知》，要求严格按照约定的最低价格销售；对于拒不执行的，将不予供气。在 A 公司监督下，2016 年 9 月起，哈大齐地区 CNG 母站即按照 2.25 元 / 立方米最低限价对外销售。

《哈大齐 CNG 市场销售协议》签订后，A 公司与 B 公司要求 CNG 母站定期上报销售对象、销售气量、销售单价，跟踪最低销售限价执行情况。2017 年 4 月 19 日，向 CNG 母站发放了《母站客户调查表》和《母站客户调查问卷》，对《哈大齐 CNG 市场销售协议》签订后的“外销情况”“地板价执行情况”等进行了问卷调查，进一步跟踪监督限价执行情况。

为监督下游 CNG 母站价格执行情况，A 公司与 B 公司组成监督小组，监督最低价执行情况，对拒不执行的以削减计划、限气甚至停气相威胁。2018 年 1 月 26 日，发改委对两家天然气公司作出行政处罚决定：立即停止上述违法行为，对两家公司分别处以 3876 万元和 4530 万元的罚款。

【处罚要点】

A 公司和 B 公司的行为违反了《反垄断法》第十四条第（二）项的规定，属于达成并实施“限定向第三人转售商品的最低价格”垄断协议的违法行为，严重排除、限制了天然气产品的市场竞争，损害了终端客户和消费者的

---

① 参见《国家发展和改革委员会行政处罚决定书》发改办价监处罚〔2018〕1 号、2 号。

② CNG，Compressed Natural Gas，即压缩天然气，是指将天然气加压并以气态储存在容器中。

合法权益，破坏了公平竞争的市场环境。考虑到A公司在调查过程中能够积极配合，如实陈述相关事实，及时自查自纠，撤销了《哈大齐CNG市场销售协议》并进行全面整改，依据《反垄断法》第四十六条第一款、第四十九条规定，处理决定如下：责令A公司和B公司立即停止上述违法行为；对A公司和B公司分别处以2016年度CNG天然气销售收入6%的罚款，计3876万元和4530万元。

【法律分析】

关于纵向垄断协议，在《反垄断法》第十四条中做了列举性规定，即禁止经营者与交易相对人达成下列垄断协议：固定向第三人转售商品的价格；限定向第三人转售商品的最低价格；国务院反垄断执法机构认定的其他垄断协议。上述三类协议即属于纵向垄断协议。其特征为：（1）主体之间是互补关系，他们之间并不存在竞争，只是交易关系，即上游经营者与下游经营者。（2）一般通过经营者与交易相对人达成协议，要求交易相对人实施特定行为。（3）一般体现为明示的方式，并多附随于经营者和交易相对人的交易合同。本案中，A公司与B公司组织下游CNG母站共同签署了《哈大齐CNG市场销售协议》，要求严格按照约定的最低价格销售，对于拒不执行的，威胁停气，属于典型的纵向垄断协议。

【案件点评】

本案中，执法部门处罚的是纵向价格垄断协议行为，这在天然气行业中尚属首次。此次被处罚的是某石油旗下公司，而此前已有多起反垄断处罚案件的城镇管道燃气企业经常抱怨反垄断执法部门选择性执法。本案先由发改委立案查处，后来移交市场监管总局，体现了市场监管总局统一反垄断执法的职责。上述处罚决定2018年1月26日已由国家发改委做出，但并未公开。根据中共中央《深化党和国家机构改革方案》，国家发展改革委价格监督检查与反垄断执法职责整合到新组建的国家市场监督管理总局，因此由国家市场监督管理总局公布处罚决定。本次销售收入6%的处罚比例及处罚金额都比较高，这对相关企业来说具有相当的震慑力。

第二节　滥用市场支配地位纠纷

我国《反垄断法》规定，市场支配地位是指经营者在相关市场内具有能够控制商品价格、数量或者其他交易条件，或者能够阻碍、影响其他经营者进入相关市场能力的市场地位。滥用市场支配地位的行为包括：以不公平的高价销售商品或者以不公平的低价购买商品；没有正当理由，以低于成本的价格销售商品；没有正当理由，拒绝与交易相对人进行交易；没有正当理由，限定交易相对人只能与其进行交易或者只能与其指定的经营者进行交易；没有正当理由搭售商品，或者在交易时附加其他不合理的交易条件；没有正当理由，对条件相同的交易相对人在交易价格等交易条件上实行差别待遇；国务院反垄断执法机构认定的其他滥用市场支配地位的行为。在能源行业，不乏中石油、中石化等具有市场支配地位的企业，这些企业在行业竞争中很容易产生滥用其支配地位的行为。本节列举以下两个案例，探究滥用市场支配地位的构成要件、认定具体行为类型的判断标准以及国家为推进社会发展作出的政策要求与法律规定的矛盾。

案例 19　某生物能源股份有限公司诉某石化分公司垄断纠纷案[①]

【基本案情】

上诉人（原审原告）：某生物能源股份有限公司（以下简称“A 公司”）

被上诉人（原审被告）：某石化销售有限公司某石油分公司（以下简称“B 公司”）

被上诉人（原审被告）：某石化销售有限公司

A 公司成立于 2006 年 12 月，系采用地沟油加工生产生物柴油的企业。为了解决该公司产品的销售问题，2011 年 5 月 26 日，Y 省能源局向某石化销售

① 参见《云南省高级人民法院民事判决书》〔2017〕云民终 122 号。

有限公司、B 公司发函，请上述公司积极协助开展生物柴油试点销售，尽快将 A 公司生产的达标合格的生物柴油纳入其销售配送体系面向社会配送销售。同年 7 月 18 日，Y 省能源局给 Y 省成品油流通行业协会发函，请该协会协调协会中有一定实力的经营企业与 A 公司合作，试点销售其生产的生物柴油。

回收地沟油用于生产生物柴油是国家鼓励的项目。2012 年 3 月 29 日，Y 省人民政府办公厅为了落实《中华人民共和国可再生能源法》(2005 年 2 月 28 日通过，2009 年 12 月 26 日修改，以下简称《可再生能源法》)，向 B 公司、某石油云南销售分公司以及各州市人民政府等部门发出《关于做好地沟油制生物柴油工作的指导意见》，指出："(五) 明确地沟油制生物柴油的销售渠道和方向……地沟油制生物柴油企业应当将所生产的生物柴油全部销售给成品油销售企业，不得直接面向成品油终端市场销售""四、工作任务和目标……各成品油销售企业按照规定采购、混配、销售生物柴油"。

B 公司是 Y 省内最具实力的石油成品油销售企业。2013 年 9 月 3 日，A 公司委托律师去到 B 公司要求该公司于 2013 年 9 月 17 日之前将 A 公司生产的生物柴油纳入其销售体系，或者在此期限内派人与 A 公司协商销售生物柴油事宜。B 公司经公证保全购买了 A 公司生产的地沟油制生物柴油，送交机构进行检验，检验结果显示，A 公司的地沟油制生物柴油存在若干不符合国家标准的情况。

2014 年 1 月，A 公司向 K 市中级人民法院提起诉讼，要求某石化销售有限公司及 B 公司按照《反垄断法》和《可再生能源法》的规定将 A 公司生产的生物柴油纳入燃油销售体系，并承担其相应损失。2014 年 12 月 8 日，K 市中级人民法院对此案作出一审判决，判定被告违反《反垄断法》和《可再生能源法》，要求其限期将 A 公司生产的符合国家标准的生物柴油纳入其燃料销售体系；同时驳回原告其他诉讼请求。原、被告双方均不服，先后向 Y 省高级人民法院提出上诉。

2015 年 8 月，Y 省高级人民法院作出二审裁定，认为原一审判决认定基本事实不清，违反法定程序，裁定撤销原判，发回重审。K 市中级人民法院依法另行组成合议庭于 2016 年 6 月 15 日公开审理了该案件。法庭重审判决书认定 A 公司的诉讼请求没有事实依据，判决驳回 A 公司诉讼请求。2016 年 11 月

2 日，A 公司以判决存在事实认定错误、适用法律错误及程序错误为由提起上诉。2017 年 4 月 28 日，Y 省高级人民法院重审二审公开审理。2017 年 9 月 11 日，Y 省高级人民法院发出终审判决书。判决书表示，A 公司的请求均不能成立，应予驳回；原审判决认定事实清楚，适用法律正确，应予维持。

【判决要点】

1. 不宜用强制命令的方式让 B 公司在不考虑任何条件的前提下完成义务

《可再生能源法》第十六条第三款虽然规定石油销售企业应当按照国务院能源主管部门或者省级人民政府的规定，将符合国家标准的生物液体燃料纳入其燃料销售体系，B 公司作为石油销售企业，依法负有该项法定义务。但是，该项法定义务应当如何履行，《可再生能源法》并没有具体规定，还有待国务院能源主管部门或者 Y 省人民政府制定出台相关的针对地沟油制生物柴油销售的配套政策方能得以施行。但是，国务院能源主管部门和 Y 省人民政府至今并没有制定出台相关的针对地沟油制生物柴油销售的配套政策。Y 省人民政府办公厅于 2012 年 3 月 29 日向某石化销售有限公司、B 公司以及各州市人民政府等部门发出《关于做好地沟油制生物柴油工作的指导意见》，从效力上看，该指导意见首先在效力上并非省级人民政府的规定。从内容上看，该指导意见规制对象是地沟油制生物柴油企业而非石油成品油销售企业，没有对石油成品油销售企业的强制性规定，只是指出未来工作发展的方向。因此，在没有国务院能源主管部门或者省级人民政府以相关规定的形式对地沟油制生物柴油的销售主体、销售数量（或配额）、销售定价、销售方式、销售奖励和亏损补贴等等一系列问题都予以明确的情况下，对被告 B 公司作为石油成品油销售企业因《可再生能源法》第十六条第三款所担负的法定义务不宜用强制命令的方式在不考虑任何条件的前提下去完成，而是应当遵循社会主义市场经济规律，遵守公平和诚实信用原则，按照《合同法》的规定，经过相关市场主任协商一致达成交易。

2.B 公司不构成滥用市场支配地位中的拒绝交易行为

本案的相关市场应为 Y 省地沟油制生物柴油用作生物液体燃料时的销售市场，即 Y 省石油成品油销售市场。从双方提供的信息可以看出，B 公司在 Y 省石油成品油销售市场所占的份额达到二分之一。从市场结果标准来看，可以推定B公司在Y省成品石油销售市场具有市场支配地位。B公司在Y省石油成品油市场上占据相对经济优势地位。《反垄断法》并不禁止经营者取得市场支配地位，但《反垄断法》对经营者滥用市场支配地位，排除、限制竞争的行为予以严格禁止。

Y省能源局和Y省人民政府办公厅向某石油云南销售分公司和B公司发出的函及指导意见属于政府相关部门的行政行为，虽然可以起到倡导双方建立交易关系、传达A公司的交易愿望的作用，但是该行政行为不能视为A公司向B公司发出的交易请求，只有2013年9月3日的律师函可以作为A公司向B公司发出的交易请求。由于律师函当中并没有提出具体明确的交易条件，从合同法的角度看，此律师函只能算作要约邀请，不是要约。B公司对A公司发出的要约邀请未作回复，并不属于《反垄断法》第十七条第一款第（三）项规定的"没有正当理由，拒绝与交易相对人进行交易"的行为。双方未能建立交易关系，也不属于违反《反垄断法》上述条款的行为。在目前情况下，A公司与B公司之间在地沟油制生物柴油的销售问题上并不存在竞争关系，B公司的行为，也没有产生排除、限制竞争的效果。

【法律分析】

1. 相关市场的界定

保护竞争是反垄断法的直接目的，而特定企业及其产品之间的竞争需要发生在一定的市场范围内。因此，要认定企业是否占市场支配地位，首先需要界定经营者竞争的市场范围，即法律上所谓的"相关市场"。根据《反垄断法》第十二条第二款规定，本法所称相关市场，是指经营者在一定时期内就特定商品或者服务进行竞争的商品范围和地域范围。这说明，界定相关市场最重要的两个因素是：相关商品（含服务）市场和相关地域市场。在特定情况下，还要考虑相关时间和相关技术。《国务院反垄断委员会关于相关市场界定的指南》（国务院反垄断委员会第二次全体会议讨论通过，2009年5月24日发布）第三条对上述几个因素作了详细解释。理解该条款的关键词是商品之间的"替代关系"。一般而言，从需求者角度来看，在一种商品涨价时，另一种商品的可替代程度越高，两者的竞争关系就越强，就越可能属于同一相关市场。必要时，人民法院还要从供给者的角度，考虑潜在竞争者在某一商品涨价后，介入竞争提供紧密替代商品的难易程度。供给替代程度高的，在界定相关市场时就要予以考虑。

根据举证责任分配规则，原告应当界定被诉垄断行为所涉的相关市场，说明理由并提供相应证据。如果原告在起诉时对相关市场界定不明的，人民法院应当及时释明，要求其予以明确，此后再根据被告所作的相应答辩，整理和固定双方的争议焦点，在充分听取双方意见的基础上，正确界定相关市场。

2. 拒绝交易行为的认定

我国《反垄断法》中对拒绝交易的规定只有简单的一句话，目前也没有出台相关的实施细则。从司法实践上看，拒绝交易的司法判例不多见，尤其是本案这种拒绝购买的案例更是尚无先例。根据目前已有的司法判例以及行政执法文书，实施了拒绝交易的行为可以界定为购买者不能从该企业获得相关商品或服务或者出售者不能将相关商品或服务出售给该企业。[①] 本案中重审一审法院认定的逻辑是：没有发出要约，正式交易尚未开始；正式交易尚未开始，何谈拒绝交易？在这一逻辑下，拒绝交易事实认定的一个重要前提是进入交易的正式程序，即合同法范畴下的要约和承诺。反观《反垄断法》对拒绝交易行为的用意，在于防止和规制具有市场支配地位的市场主体滥用其支配地位，通过拒绝交易的方式排除、限制竞争。结合《反垄断法》的立法精神，只要双方未建立交易关系，拒绝交易的事实就应当成立，而不需要看是在要约邀请阶段还是在要约阶段。因此，笔者认为，只要在客观上交易没有成功，不管交易有无进入《合同法》规定的要约、承诺过程，都应被认

---

① 从江苏省高级人民法院审理的无锡市保城气瓶检验有限公司与无锡华润车用气有限公司拒绝交易纠纷案（一审案号〔2011〕锡知民初字第0031号，二审案号〔2012〕苏知民终字第0004号），顾芳与中国南方航空股份有限公司拒绝交易纠纷（二审案号〔2014〕粤高法民三终字第1141号）的判决书，以及全国首例滥用市场支配地位拒绝交易（重庆青阳药业有限公司涉嫌滥用市场支配地位拒绝交易案）反垄断行政执法处罚决定书（渝工商经处字〔2015〕15号）来看，交易没有进行即应当认定为拒绝交易事实成立。如渝工商经处字〔2015〕15号行政处罚决定书中提到，“在此期间，湘百合公司、国内其他多家别嘌醇制剂生产企业通过电话、信函等方式向当事人提出购买别嘌醇原料药的请求，均被当事人拒绝”。

定为拒绝交易的事实成立。

3. 拒绝交易是否有正当理由

在滥用市场支配地位行为的判定中，是否有正当理由甚为关键。《最高人民法院关于审理因垄断行为引发的民事纠纷案件应用法律若干问题的规定》（2012 年 1 月 30 日通过）第八条规定："被诉垄断行为属于反垄断法第十七条第一款规定的滥用市场支配地位的，原告应当对被告在相关市场内具有支配地位和其滥用市场支配地位承担举证责任。被告以其行为具有正当性为由进行抗辩的，应当承担举证责任。"按照上述司法解释的规定，被告以其行为具有正当性为由进行抗辩的，应当承担举证责任。但是，本案中法院重审二审判决书对于被告所举正当理由的认定值得商榷。[①]

4. 对《可再生能源法》中有关规定的看法

《可再生能源法》第十六条第三款虽然规定石油销售企业应当按照国务院能源主管部门或者省级人民政府的规定，将符合国家标准的生物液体燃料纳入其燃料销售体系。被告 B 公司作为石油销售企业，依法负有该项法定义务。但是，该项法定义务应当如何履行，可再生能源法并没有具体规定，还有待国务院能源主管部门或者 Y 省人民政府制定出台相关的针对地沟油制生物柴油销售的配套政策方能得以施行。但是，国务院能源主管部门和 Y 省人民政府至今并没有制定出台相关的针对地沟油制生物柴油销售的配套政策。因此，法院认为企业可以不予执行。笔者认为，当事人可以考虑采取提起行政诉讼的方式，要求相关主管部门出台相应的配套规定，使《可再生能源法》的相关法规得以实行。

【案件点评】

本案被媒体称为石油领域反垄断第一案。一审某石化败诉曾引发人们对于能源民企能够告倒"油老大"的惊叹。然而，两次重审均以原告败诉告终，又再次引发人们对于能源国企垄断地位根深蒂固、难以撼动的质疑。事

---

① 囿于篇幅，此处无法完全展开。请参见陈兴华：《推进能源替代的司法路径——从生物柴油民企诉中石化拒绝交易案谈起》，《郑州大学学报（哲学社会科学版）》2018 年第 1 期。

实上，抛开上述这些感性评判，单从法律适用的角度来看待本案，会发现当前的《反垄断法》《可再生能源法》在司法上都存在很多难点，法院的判决结果远不能反映事实的全部真相。如果单纯从生物质能源行业的发展上来看，本案生动地反映了生物质能源发展道路的艰难。一方面，按照法律规定，生物质燃料的市场出售必须通过传统化石能源销售企业的渠道，这势必会有“卡脖子”现象发生的可能性；另一方面，生物质燃料的生产企业自身管理、燃料质量，都存在着很多问题。从政府监管的角度来看，虽然《可再生能源法》有相关条款鼓励可再生能源生产、销售，但是到底如何落地？有关部门迟迟不制定相关具体政策，从而导致可再生能源推广受阻，算不算行政不作为？上述诸多问题，在推进替代能源发展的进程中，亟待深入研究。

案例 20 李某诉 S 省电力公司、X 市供电局垄断侵权案[①]

【基本案情】

原告：李某

被告：S 省电力公司

被告：X 市供电局

2013 年 4 月 17 日，X 市供电局在李某居住的小区内张贴公告，表示将为辖区内的居民免费更换智能电表。居民原先使用的老式电表将全部更换为 IC 卡智能电表，以确保用电安全、准确。次日，李某发现其原先使用的电表已经被更换。后经咨询，李某了解到此次更换电表后，供电方式将改为“用电人先付费后用电”的方式。李某认为，S 省电力公司交付给他的购电 IC 卡上标注的“表内剩余电费为零时电表自动断电，可插卡赊欠用电，赊欠电费超过 10 元后电能表自动断电”，变更了双方之间的民事权利义务关系。上述内容是 S 省电力公司预先拟定，并未与用电户协商，属于格式条款。根据我国合同法有关规定，供电人在用电人逾期不支付电费时，首先负有催告的义务。只有当催告后用电人在合理期限内仍不交付电费和违约金的，供电人才

---

① 参见《电费为零自动断电 更换智能电表被诉垄断》，载四川消费网，http://zxts.315sc.org/news.asp?id=136557，访问日期：2019 年 6 月 22 日。

能中止供电。对于用电人来讲，即使逾期未支付电费，仍享有连续不中断地用电的权利。当用电人欠费时，催告是供电人实施中止供电前的必经程序，属于法定义务，此时连续不中断地用电仍然是用电人的权利。在“(用电人)表内剩余电费为零”时，用电人尚未欠费。而电力公司规定“(用电人)表内剩余电费为零时电表自动断电”，实际是在用电人尚未欠费的情况下供电人也有权中止供电，这违反了合同法的上述规定。李某认为，S省电力公司是S省行政区域内从事电力销售的唯一合法经营者，在S省行政区域内电力销售市场上占有百分之百的份额，因而属于具有市场支配地位的经营者。于是，李某向副省级市中级人民法院起诉称S省电力公司实施上述行为滥用了其依法具有的市场支配地位，违反了我国反垄断法的相关规定，侵害了其合法权益。副省级市中级人民法院对此案作出一审判决，认定S省电力公司、X市供电局为李某更换智能电表的行为并不构成滥用市场支配地位，没有侵害李某的合法权益，依法驳回了李某的诉讼请求。

【判决要点】

1.S省电力公司、X市供电局没有侵害消费者利益

X市供电局在为李某更换智能电表前，在其小区张贴了公告，对用电人进行了多次科普知识的推广及智能化用电展开了社会宣传。李某对此并未提出异议，且以自己的行为积极配合供电局将原先使用的电能表予以更换。X市供电局为李某更换智能电能表既未收取任何费用来增加消费者的负担，也未给其造成任何损害。S省电力公司、X市供电局并未利用其在该地区供电市场的支配地位，强迫李某接受更换智能电能表，因此S省电力公司、X市供电局的行为并不属于我国反垄断法所禁止的滥用市场支配地位的行为。

2.更换电表行为具有正当性

S省电力公司、X市供电局规定“表内剩余电费为零时电表自动断电，可插卡赊欠用电，赊欠电费超过10元后电能表自动断电”，只是改变了人们传统的催告方式。这种方式既节约了人力成本，使社会得以进步，又没有给用电人造成实际损害，也提示用电人应当按照合同约定的方式尽快履行义务，避免纠纷的发生，进而使人们的生活质量不断地提高和改善，没有违反法律强制性规定。S省电力公司、X市供电局更换电表的行为是为了提高经

济运行效率，维护消费者利益和社会公共利益，促进社会主义市场经济健康发展，具有正当性。

【法律分析】

本案中，副省级市中级人民法院经审理认为，S 省电力公司与 X 市供电局分别是 S 省及 X 市地区从事电力销售的唯一合法经营者，应被依法认定为 S 省境内供电市场、X 市地区供电市场具有市场支配地位的经营者。市场支配地位本身并不违法，反垄断法并不禁止市场支配地位本身，而只是禁止支配地位滥用的行为。依据《反垄断法》第十七条的规定，因其更换智能电表并未收取任何费用也未造成消费者或相关市场的损害，所以，不属于以不公平的高价销售商品，也不存在其他滥用行为。

【案件点评】

更换智能电表是为了执行阶梯电价政策，起到“削峰填谷”的作用，即将一部分高峰期用电移到低谷时期。与老式电表相比，智能电表具有计量精度高、扣费智能、电价查询实时、抄表时间冻结、余额报警、信息远程传送等功能特性，能最大限度避免人为错误，还能有效防止窃电行为。对电力公司而言，可以省去人工抄表的成本，并减少窃电行为带来的损失。对政府而言，智能电表有助于用户节约用电，可以达到节能减碳的政策目标。对用户来说，可以节省电费开支。但是，实践中公众却一直对智能电表有质疑，如认为换了智能电表费用比以前增多、智能电表被调快了、智能电表本身的耗电量会转嫁给用户等。事实上，电费增长的原因是智能电表更为敏感，任何细小的电流都会让电表转动，可以督促用户养成随手断电的好习惯。至于智能电表本身耗电量会转嫁给用户的说法，智能电表具有低能耗的特性，并且其运行所消耗的电量由电力公司承担。

第三节　行政垄断纠纷

行政垄断是指行政机关或其授权的组织滥用行政权力，限制竞争的行为，主要表现为地区行政性市场垄断、部门垄断、行政强制交易等。本节将通过以下案例阐述行政垄断的构成要件、具体表现及其危害。

案例 21　某新能源有限公司诉某区人民政府行政垄断纠纷案[①]

【基本案情】

原告：某新能源有限公司（以下简称“A 公司”）

被告：N 市 J 区人民政府（以下简称“J 区政府”）

第三人：某再生资源开发有限公司（以下简称“B 公司”）

N 市发展和改革委员会于 2010 年 7 月 2 日对 10 家企业作出废弃食用油脂定点回收加工单位备案，其中包括某化工厂（隶属于 A 公司）和某废油脂回收处理中心（隶属于 B 公司）。J 区政府于 2012 年 11 月 23 日作出 396 号文，其第五部分“责任分工”中明确指定 B 公司实施全区餐厨废弃物收运处理。N 市 J 区城市管理局和 N 市 J 区商务局于 2014 年 3 月 20 日发出公函，要求落实 396 号文的规定，各生猪屠宰场点必须和 B 公司签订清运协议，否则将进行行政处罚。A 公司认为 396 号文导致其与其他企业之间的合作关系被强行终止了，侵害了自身的合法利益。2014 年 11 月 11 日 A 公司向 N 市人民政府申请复议，N 市人民政府于 2014 年 12 月 24 日作出行政复议决定，决定维持 396 号文。2015 年 1 月，A 公司向法院起诉请求撤销 J 区政府作出的 396 号文中“目前指定 B 公司实施”J 区餐厨废弃物收集、运输、处置的行政行为；确认 A 公司与 J 区食品公司回收生猪屠宰废弃物的业务合作关系合法；赔偿由此给 A 公司造成的所有经济损失 62.4 万元。

2015 年 5 月 18 日，法院经过审理，判决撤销 J 区政府 396 号《关于印发 J 区餐厨废弃物管理工作方案的通知》中确定“目前指定 B 公司实施”的行政行为，驳回 A 公司其他诉讼请求。

【判决要点】

1.A 公司与 396 号文具有法律上的利害关系，是适格的 A 公司

---

① 参见《江苏省南京市中级人民法院一审行政判决书》〔2015〕宁行初字第 16 号。

J 区政府提出 396 号文的表述不设立新的权利义务，也不影响 A 公司的权利，A 公司不具备起诉资格。经审查，396 号文是关于餐厨废弃物管理工作的相关规定，而 A 公司的经营范围包括废油脂回收、加工、销售。根据《江苏省餐厨废弃物管理办法》（2011 年 3 月 19 日通过）第二条第一款的规定，餐厨废弃物是指除居民日常生活以外的食品加工、餐饮服务、集体供餐等活动中产生的食物残余和废弃食用油脂等废弃物，因此 396 号文的规定涵盖了 A 公司的经营范围。本案被诉行政行为涉及具体的业务确定，已经直接与 A 公司的经营活动相关联，故法院认定 A 公司与被诉行政行为具有利害关系。根据《最高人民法院关于执行〈中华人民共和国行政诉讼法〉若干问题的解释》（1999 年 11 月 24 日通过）第十三条第（一）项的规定，J 区政府的行政行为影响了 A 公司的公平竞争权，A 公司对此可以提起行政诉讼。

2.J 区政府作出指定行为，主体不符合法律规定，违反法定程序

《江苏省餐厨废弃物管理办法》第五条第二款规定，市、县（市、区）人民政府市容环境卫生主管部门负责本行政区域内餐厨废弃物的监督管理工作。行政区域内餐厨废弃物处置行业的企业准入资格认定、违法行为查处、日常监督管理等工作内容属于市、县人民政府市容环境卫生主管部门的职权。区、县人民政府虽领导其所属的市容环境卫生主管部门，但不能取代市容环境卫生主管部门而直接作出涉及具体内容的决定。J 区政府在 396 号文中的指定，实际上肯定了 B 公司在 J 区开展餐厨废弃物业务的资格，构成实质上的行政许可。证据显示，N 市 J 区城市管理局和 N 市 J 区商务局作出的公函已经表明 J 区政府的指定行为事实上已经实施。根据《行政许可法》的相关规定，行政机关受理、审查、作出行政许可应当履行相应的行政程序，J 区政府在作出指定前，未履行任何行政程序，故被诉行政行为程序违法。

3.J 区政府采取指定的方式，限制了市场竞争

《江苏省餐厨废弃物管理办法》第十九条规定，市、县（市）人民政府市容环境卫生主管部门应当通过招标等公平竞争的方式作出餐厨废弃物收集、运输服务许可决定；第二十五条规定，市、县（市）人民政府市容环境卫生主管部门应当通过招标等公平竞争的方式作出餐厨废弃物处置许可决定。《反垄断法》第三十二条规定，行政机关和法律、法规授权的具有管理

公共事务职能的组织不得滥用行政权力，限定或者变相限定单位或者个人经营、购买、使用其指定的经营者提供的商品；第三十七条规定，行政机关不得滥用行政权力，制定含有排除、限制竞争内容的规定。本案中，J 区政府采取直接指定的方式，未通过招标等公平竞争的方式，排除了其他可能的市场参与者，构成通过行政权力限制市场竞争。

4.J 区政府未侵害 A 公司的合法权益，不承担赔偿责任

《江苏省餐厨废弃物管理办法》第二十二条规定，将餐厨废弃物运往行政区域外处置的，餐厨废弃物收集、运输企业应当报本地人民政府市容环境卫生主管部门备案。但 A 公司在 J 区没有相关餐厨废弃物处理场所，也未在 J 区市容环境卫生主管部门取得备案，尚不具备在 J 区从事餐厨废弃物处理的法定条件。J 区政府的指定行为虽然违法，但尚未实际损害 A 公司的合法权益。A 公司对于 62.4 万元赔偿的诉讼请求也未提交证据证实，法院对此不予支持。A 公司另要求确认 A 公司与 J 区食品公司回收生猪屠宰废弃物的业务合作关系合法，因该项诉讼请求不属于本案行政诉讼的审查范围，A 公司可以另寻救济途径，本案对此不再理涉。

【法律分析】

本案涉及的是一种典型的限制竞争行为。行政机关和法律、法规授权的具有管理公共事务职能的组织滥用行政权力，限定或者变相限定单位或者个人经营、购买、使用其指定的经营者提供的商品。行政垄断的一般表现为政府及其所属部门行政规定，销售外地商品必须搭售本地缺乏竞争力的产品；规定在辖区内只能以指定企业的商品为限；以明示或暗示要求购买者必须到与政府及其所属部门有挂靠关系的企业购买商品；明文规定在本行政辖区内不得销售外地商品，或对外地商品的销售数量范围进行限定；以各种行政手段对外地商品在辖区内销售实行公开的管、卡、压或变相阻止外地商品进入本地市场；限制阻碍本地区、本部门的信息、原材料、技术、自由流向外地、外部门，以防外地、外部门增强竞争优势；其他滥用行政权力限制公平竞争的行为。一方面，因为行政机关本身的权威性，公众对其发布的规定等大多都予以遵守，很少提出质疑；另一方面，当执法机关查到行政垄断行为时，通常只会督促相关行政机关自我纠正，其执法效果十分微弱。因此，与

滥用市场支配地位和达成垄断协议等行为相比，行政垄断行为违背商品生产经营者平等、自愿、等价有偿进行交易的市场经济的基本原则，会对市场秩序造成更加严重的危害。

本案中，A 公司是否有资格提起诉讼成为双方争议的焦点。《最高人民法院关于执行〈行政诉讼法〉若干问题的解释》第十二条规定，与具体行政行为有法律上利害关系的公民、法人或者其他组织对该行为不服的，可以依法提起行政诉讼。第十三条规定，有下列情形之一的，公民、法人或者其他组织可以依法提起行政诉讼：被诉的具体行政行为涉及其相邻权或者公平竞争权的；与被诉的行政复议决定有法律上利害关系或者在复议程序中被追加为第三人的；要求主管行政机关依法追究加害人法律责任的；与撤销或者变更具体行政行为有法律上利害关系的。本案中，J 区政府 396 号文指定 B 公司为该区域餐厨废弃物收集、运输、处置的唯一主体，侵害了 A 公司的公平竞争权。因此，法院认定 A 公司为本案的适格起诉主体。

【案件点评】

本案涉及行政垄断行为。《反垄断法》第三十二条规定，行政机关和法律、法规授权的具有管理公共事务职能的组织不得滥用行政权力，限定或者变相限定单位或者个人经营、购买、使用其指定的经营者提供的商品。2016 年 6 月 1 日，国务院发布《关于在市场体系建设中建立公平竞争审查制度的意见》，要求建立公平竞争审查制度，以规范政府有关行为，防止出台排除、限制竞争的政策措施，逐步清理废除妨碍全国统一市场和公平竞争的规定和做法。公平竞争审查制度的设立在对行政垄断的事前监督上起到了重要的作用。公平竞争审查制度规制的是行政权力及其实施者，针对的是由行政权力限制竞争而产生的行政垄断，涵盖权力机关制定政策、实施政策的阶段，将直指竞争政策实施过程中需要重点解决的行政垄断问题。[①]

---

① 参见赵名菊：《论公平竞争审查制度对反垄断的促进作用》，《河北企业》2018 年第 6 期。

第四节 不正当竞争纠纷

我国1993年《反不正当竞争法》规定的不正当竞争行为包括：市场混淆、商业贿赂、引人误解的虚假宣传、侵犯商业秘密、低价倾销、违反规定的有奖销售和商业诋毁。2017年新修订的《反不正当竞争法》，修订完善了商业混淆行为、商业贿赂行为、虚假宣传行为、不正当有奖销售、商业诋毁、侵犯商业秘密行为，新增了互联网条款。另外，为了与《反垄断法》相衔接，删除了公用企业限制竞争行为、搭售行为、低于成本销售行为以及行政垄断行为等规定，还删除了串通招标投标行为的规定。本节按照1993年《反不正当竞争法》的规定，列举了能源领域市场混淆、商业诋毁、虚假宣传、公用企业限制竞争、低价倾销、串通招投标、侵犯商业秘密及搭售等不正当竞争行为的典型案例。

案例22 XX翔业集团有限公司、XX兆翔智能科技有限公司诉XX兆翔能源科技有限公司仿冒行为不正当竞争纠纷案[①]

【基本案情】

原告：××翔业集团有限公司（以下简称“翔业公司”）

原告：××兆翔智能科技有限公司（以下简称“A兆翔公司”）

被告：××兆翔能源科技有限公司（以下简称“B兆翔公司”）

翔业公司成立于1994年12月8日。1996年12月7日，翔业公司取得第911885号“XIAGC及图”注册商标专用权，核定服务项目为第39类，有效期限经核准续展至2016年12月6日。2011年7月21日，翔业公司取得第8402166号“兆翔”注册商标，核定使用商品为第11类；同日取得第8389472

① 参见《福建省福州市中级人民法院一审民事判决书》〔2015〕榕民初字第511号。

号“兆翔科技”注册商标，核定使用商品为第 11 类。上述两个商标注册有效期限至 2021 年 7 月 20 日。2011 年 9 月 14 日，翔业公司取得第 8389404 号“兆翔科技”注册商标专用权，核定服务项目为第 37 类，有效期限至 2021 年 9 月 13 日。同年 9 月 28 日，翔业公司取得第 8415539 号“兆翔”注册商标专用权，核定服务项目为第 37 类，有效期限至 2021 年 9 月 27 日。2011 年 11 月，翔业公司“XIAGC 及图”商标被国家工商行政管理总局认定为中国驰名商标。2014 年 6 月 25 日，“翔业”被十届品牌实验室及其独立的评测委员会评为“2014 年中国 500 最具价值品牌”。A 兆翔公司成立于 1996 年 11 月 14 日，系翔业公司的全资子公司。

B 兆翔公司成立于 2012 年 3 月 15 日。2014 年 10 月 31 日，B 兆翔公司在 ×× 市某采购招标有限公司组织的“光伏发热发电项目改造”公开招标项目中被确定为该项目的中标供应商。另外，2011 年 8 月 12 日，A 兆翔公司与 T 机电设备工程公司（法定代表人陈某，即 B 兆翔公司法定代表人）签订《合作协议（×× 大学太阳能热泵设备）》，2011 年 12 月 21 日双方签订《合作协议（×× 工人文化宫热泵设备）》，2012 年 12 月 24 日双方签订《购销合同》，2013 年 7 月 25 日双方签订《合作协议（×× 文化宫泳池设备）》。

A 兆翔公司在与案外人 T 机电设备工程公司的业务合作中发现该公司法定代表人兼股东陈某在 ×× 地区成立了 B 兆翔公司。陈某公司名片在“×× 兆翔能源科技有限公司”名称前及名片背景上使用了与翔业公司“XIAGC 及图”商标高度相似的图形。并且被告 B 兆翔公司经营范围与涉案注册商标核定商品（服务）范围及 A 兆翔公司的经营范围相似。因此，翔业公司、A 兆翔公司将 B 兆翔公司诉至法院，请求判令：1. 被告擅自使用原告“XIAGC 及图”“兆翔”“兆翔科技”注册商标，构成商标侵权；被告将原告注册商标、企业字号作为被告名称使用，构成不正当竞争。2. 被告立即停止使用冠有“兆翔”“兆翔科技”字样的企业名称，并向有关商事登记机关申请变更企业名称。3. 被告立即停止使用与“XIAGC 及图”相似的图形标识。4. 被告给付原告赔偿金人民币 100 万元。5. 被告承担本案的诉讼费用。

2015 年 8 月 21 日法院作出判决：被告 B 兆翔公司于判决生效之日起立即停止使用含有“兆翔”“兆翔科技”文字的企业名称；被告 B 兆翔公司于判决

生效之日起十日内赔偿原告翔业公司、A 兆翔公司经济损失人民币 50000 元；驳回原告翔业公司、A 兆翔公司的其他诉讼请求。

【判决要点】

1. 原告诉讼请求中的被告侵害其案涉注册商标专用权的主张缺乏事实理由，应予驳回

根据 2002 年《最高人民法院关于审理商标民事纠纷案件适用法律若干问题的解释》（2002 年 10 月 12 日通过）第一条第（一）项之规定，将与他人注册商标相同或者相近似的文字作为企业的字号在相同或者类似商品上突出使用，容易使相关公众产生误认的，属于商标法（2001 年修订）第五十二条第（五）项规定的给他人注册商标专用权造成其他损害的行为。由此认定此种侵害商标权的行为，应当具备以下构成要件：一是使用了与他人注册商标相同或者相近似的文字；二是行为人将所使用的文字作为其企业的名称字号；三是将相关企业名称或字号在与商标权人注册商标所表示的相同或者类似商品上突出醒目地使用；四是造成了容易使相关公众产生误认的效果或者结果。本案中，B 兆翔公司虽使用了与原告翔业公司注册商标“兆翔”相同的文字作为企业名称字号，但原告未提交证据证明B兆翔公司将“兆翔”“兆翔科技”突出使用在相同或类似的商品上，并造成相关公众的误认。故原告关于 B 兆翔公司侵害其“兆翔”“兆翔科技”注册商标专用权的主张缺乏事实依据，本院不予支持。关于原告主张的 B 兆翔公司在其法定代表人名片上使用与“XIAGC 及图”近似的图标侵犯其商标专用权问题，因无法确认该名片的来源及真实性，而原告又无法提供其他证据证明 B 兆翔公司对“XIAGC 及图”近似图标的使用行为，故原告诉请的 B 兆翔公司侵害其“XIAGC 及图”注册商标专用权的主张缺乏事实理由，本院予以驳回。

2.B 兆翔公司行为构成对原告的不正当竞争行为，应承担相应的法律责任

根据我国《反不正当竞争法》第五条第（三）项的规定，擅自使用他人企业名称或姓名，引人误认为是他人的商品的，构成不正当竞争。《最高人民法院关于审理不正当竞争民事案件应用法律若干问题的解释》（2006 年 12 月 30 日通过）第六条规定：“具有一定的市场知名度、为相关公众所知悉的企业名称中的字号，可以认定为反不正当竞争法第五条第（三）项规定的

‘企业名称’。”第七条规定：“在中国境内进行商业使用，包括将知名商品特有的名称、包装、装潢或者企业名称、姓名用于商品、商品包装以及商品交易文书上，或者用于广告宣传、展览以及其他商业活动中，应当认定为反不正当竞争法第五条第（二）项、第（三）项规定的‘使用’。”本案中，2011年8月至2013年7月，原告A兆翔公司与案外人T机电设备工程公司在太阳能热泵设备工程等项目投标中存在多次合作关系。作为T机电设备工程公司法定代表人的陈某，应当知晓原告A兆翔公司的企业字号、“兆翔”注册商标等情况，但其仍然于2012年3月成立经营范围与原告A兆翔公司存在近似的B兆翔公司，并参加××市某采购招标有限公司组织的“光伏发热发电项目改造”项目的招投标。B兆翔公司的行为客观上容易使相关公众误认A兆翔公司与B兆翔公司之间具有特定的联系，扰乱公平竞争的市场秩序，主观上明显具有攀附他人商誉的意图，具有不正当竞争的故意，违反诚实信用原则和公认的商业道德，已构成对原告的不正当竞争行为，应承担相应的法律责任。

【法律分析】

1993年《反不正当竞争法》第五条规定，经营者不得采用下列不正当手段从事市场交易，损害竞争对手：假冒他人注册商标；擅自使用知名商标特有的名称、包装、装潢，造成和他人的知名商品相混淆，使购买者误认为使该知名商品；擅自使用他人的企业名称或姓名，引人误认为是他人的商品；在商品上伪造或冒用认证标志、名优标志等质量标志，伪造产地，对商品作引人误解的虚假表示。因此，认定不正当竞争中的假冒、仿冒行为，主体上要求是具有竞争关系的经营者，客观上要求实施了假冒、仿冒等不正当手段，结果上要求可能引起公众的误认，对被侵权经营者造成损害。在本案中，原告与B兆翔公司经营范围近似，且均参加了参加××市某采购招标有限公司组织的“光伏发热发电项目改造”项目的招投标，可以认定两公司之间具有竞争关系。同时，B兆翔公司使用A兆翔公司的企业字号、“兆翔”注册商标，容易使相关公众误认A兆翔公司与B兆翔公司之间具有特定的联系，因此B兆翔公司构成假冒、仿冒的不正当竞争行为。

新《反不正当竞争法》（2019年修订）第六条规定：经营者不得实施下

列混淆行为，引人误认为是他人商品或者与他人存在特定联系：擅自使用与他人有一定影响的商品名称、包装、装潢等相同或近似的标识；擅自使用他人有一定影响的企业名称（包括简称、字号等）、社会组织名称（包括简称等）、姓名（包括笔名、艺名、译名等）；擅自使用他人有一定影响的域名主体部分、网站名称、网页等；其他足以引人误认为是他人商品或者与他人存在特定联系的混淆行为。对比新旧《反不正当竞争法》混淆条款，可以发现新法中删除了假冒注册商标和虚假表示的规定，并且用“有一定影响的”替代了旧法中“知名商品”“知名度”相关要件。

首先，删除“假冒他人的注册商标”的内容，其立法本意应当是，不构成侵犯注册商标专用权的行为，将不再适用新《反不正当竞争法》，只适用《商标法》第五十七条、第六十条。其次，修改为“有一定影响的”表现了反不正当竞争法保护的是为相关公众所知悉的商业标识，而非知名商品。实务界有人认为，新《反不正当竞争法》在第六条予以保护的“有一定影响的”商品名称、包装、装潢、企业名称、社会组织名称、姓名、域名主体部分、网站名称、网页等商业标识，相当于《商标法》意义上的未注册驰名商标。或者说，未注册驰名商标也可以按照有一定影响的商品名称等商业标识得到新《反不正当竞争法》的保护。

【案件点评】

本案涉及假冒注册商标行为，是假冒仿冒行为中的一种。假冒注册商标的行为主要包括：（1）在同一种商品上使用与他人注册商标相同的商标；（2）在同一种商品上使用与他人注册商标相近似的商标；（3）在类似商品上使用与注册商标相同的商标；（4）在类似商品上使用与他人注册商标相近似的商标。对于假冒仿冒行为，在《反不正当竞争法》（2019年修订）中在第四章规定了经营者违反本法从事不正当竞争行为的，应当承担相应的民事责任、行政责任与刑事责任。同时，对于假冒注册商标行为在《刑法》第二百一十三条规定了假冒注册商标罪，未经注册商标所有人许可，在同一种商品上使用与其注册商标相同的商标，情节严重或特别严重的，会受到拘役、有期徒刑以及罚金的刑罚处罚。可见，实施假冒注册商标行为所要承担的法律责任较重，会触及刑法的规制。在能源企业日常经营活动中，对于知识产权的重视是提高自身竞争力以及避免陷入法律纠纷的重要举措。能源企业应当加强法律意识以及对知识产权的重视，提高自身竞争力。

案例 23 某新能源技术开发公司诉某机电公司商业诋毁不正当竞争案[①]

【基本案情】

原告：某新能源技术开发公司（以下简称"A 公司"）

被告：某机电公司（以下简称"B 公司"）

A 公司与 B 公司均为生产 ×× 音箱的生产厂家。在市场销售过程中，A 公司使用"狂人"注册商标，B 公司使用"润宝轻骑兵"注册商标，两公司的产品性能近似，且均在国内市场销售。自 1997 年 7 月起，A 公司在其产品的外包装上使用了"轻骑兵换代产品"的用语，被 B 公司诉至北京市海淀区人民法院。经法院调解，双方达成调解协议，约定 A 公司在经营活动中停止使用"轻骑兵换代产品"的用语、在《北京日报》上刊登声明向 B 公司赔礼道歉并赔偿经济损失。双方均签收了法院的调解书，A 公司亦依约履行了自己的义务。

此后，B 公司在其网站的主页上发布消息，称"润宝轻骑兵打假取得重大突破""狂人的无耻做法属于欺骗消费者"等；同时 B 公司还将 73 号案的起诉书、调解书制作成网页，使用超链接技术与上述主页相链接，时间为自 1998 年 10 月 20 日至 1999 年 1 月 10 日，共计 83 天。起诉书中含有未经法院认定的、体现 B 公司自身意志的如"B 公司生产的轻骑兵音箱为不合格产品"等内容。A 公司遂诉至北京市海淀区人民法院。

法院经过审理作出判决：自判决生效之日起，B 公司停止对 A 公司商业信誉和产品声誉的侵害；自判决生效之日起 10 日内，B 公司在其网站的主页上刊登声明，向 A 公司公开致歉，致歉内容须经合议庭审核，刊登的期限为 83 天，自刊登之日起计算；驳回 A 公司的其他诉讼请求。

---

① 参见《北京市普天新能源技术开发公司诉北京市中北高科机电公司不正当竞争纠纷案》，载豆丁网，https://www.docin.com/p-2100202843.html，访问日期：2019 年 6 月 22 日。

【判决要点】

1.B 公司行为构成商业诋毁行为

商业信誉和商品声誉是竞争者获得市场竞争优势的基本保证。企业法人在市场竞争中应遵守诚实信用原则，不得采用诋毁他人商业信誉和商品声誉的手段谋取竞争优势。本案 B 公司作为 A 公司的同行业经营者，在明知 A 公司已就其不正当竞争行为按双方约定承担了侵权责任的情况下，出于商业竞争目的，在其网站的主页上发布含有针对 A 公司的、带有贬义词汇的消息，并制作专门的网页，将该案的起诉书和调解书通过超链接技术与主页相链接，在网络空间进行传播。在此过程中，B 公司虽然未改变调解书、起诉书的原本内容，但因含有未经法庭认定的、体现其自身意志的如“B 公司生产的轻骑兵音箱为不合格产品”等内容，足以损害 A 公司的商业信誉和商品声誉。该行为有悖于商业道德和国家法律规定，已构成不正当竞争，故 B 公司应停止侵害，依法承担侵权责任。

2. 对于 A 公司未能提供证据的主张，法院不予支持

当事人对自己的主张有提供证据的义务，新闻机构和新闻记者亦有进行新闻报道、实施舆论监督的权利。A 公司诉称 B 公司向《北京青年报》《北京晨报》等提供了新闻线索，造成新闻单位对案件进行报道、评论，诋毁其商业信誉的后果，并要求 B 公司赔偿其经济损失 138 400 元。但 A 公司对“B 公司提供了新闻线索并影响了新闻单位、记者的意志；有关新闻单位进行新闻报道的过程中参与了 B 公司的市场竞争行为并从中获利；A 公司受到了 138 400 元的经济损失”的主张，并未举证证明，故对此本院不予支持。

【法律分析】

1. 商业诋毁行为的概念、表现形式等

商业诋毁行为是指经营者通过捏造、散布（公开）虚伪事实或虚假信息，对竞争对手的商业信誉和商品声誉进行贬低和诋毁，以削弱其市场竞争能力，为自己谋取竞争优势地位及不当利益的行为。商业诋毁的表现方式主要有：直接捏造、散布诋毁竞争对手的虚假信息，如通过发布声明性广告、公开信、召开新闻发布会等方式制造、散布损害被诋毁者的商业信誉、商品声誉的虚假信息；进行对比性宣传，即通过对自身的夸大、不实宣传，并对竞争对手点名诋

毁的行为；对尚未有结果的争议擅自发表结论性、误导性意见等。

2. 商业诋毁的构成要件

主体要件方面，商业诋毁要求是具有竞争关系的经营者。客观要件上，虚假事实是核心内容，并且需要有捏造以及散布的行为。在实务中，对虚假事实的理解，不仅要审查相关信息的真实性，还要审查如果信息真实但其宣传结果是否会使消费者对他人的商品产生一种虚假认识，由此来确定该宣传行为是否构成商业诋毁。分析商业诋毁是否成立，需要从主客观相统一的要件进行综合分析。竞争者实施了商业诋毁行为，本质目的还在于通过降低、损害竞争对手的商业信誉，来达到提高自身竞争力，抢占市场份额的愿望。损害后果，即损害竞争者商誉，削弱竞争对手市场竞争能力。

【案件点评】

良好的企业名誉能够直接提高企业的盈利能力。反之，较差的企业名誉会使得消费者忽视企业产品、服务本来可能较好的质量，对企业产生负面评价，从而导致该类企业失去相关的消费群体。本案中 B 公司商业诋毁行为明显是对 A 公司名誉的侵犯，同时也破坏了市场竞争秩序。

案例 24　H 公司等诉某电力能源工程技术有限公司虚假宣传不正当竞争案[①]

【基本案情】

原告：某丹麦公司（以下简称“H 公司”）

原告：某电力安装工程有限公司（以下简称“A 公司”）

被告：某电力能源工程技术有限公司（以下简称“B 公司”）

H 公司是 1992 年 1 月 10 日依据丹麦法律成立的公司，其拥有一项用于各种锅炉防空气泄漏的新密封技术——塑膜防漏技术（即 Isomembrane 技术）。1992 年，H 公司在丹麦注册了“Isomembrane”商标。1997 年 10 月 12 日，H 公司（委托人）与 T 公司（被委托人）签订了一份《关于 Isomembrane 技术贸易的独家代理授权协议书》，主要内容为：委托人授予被委托人在中国独家代

① 参见《北京市第二中级人民法院一审民事判决书》〔2007〕二中民初字第 4851 号。

理推广和销售委托人的专利产品。上述协议履行期间，T 公司于 2001 年 11 月 6 日被吊销了营业执照。之后，T 公司的法定代表人周某又成立了 B 公司。H 公司同意由该公司接替 T 公司与 H 公司继续履行上述协议，但双方未签订书面合同。2003 年末，由于 B 公司的法定代表人周某的去世，该公司的经营情况出现问题，未参加 2003 年度企业年检，于 2004 年 10 月 8 日被市工商行政管理局吊销了营业执照。2004 年 9 月 9 日 H 公司授予 A 公司为其在中国独家推广、销售和安装 Isomembrane 技术的公司，并向其出具了授权证书。

B 公司成立于 2004 年 1 月 7 日，成立后与 X 第一电厂、Y 发电厂等厂家签订了锅炉炉顶密封项目施工合同，在上述合同中使用了“决定采用丹麦 H 公司的专利（即 Isomembrane）技术”或“采用国外 Isomembrane 技术进行某工程”的宣传文字。

H 公司认为：因 T 公司和 B 公司均已被工商行政管理部门吊销了营业执照，故与上述两公司的合作也就结束了；B 公司非法地从 H 公司获得了有关塑膜防漏技术的技术文件和商业信息，从 2004 年 1 月起 B 公司在 18 家以上的发电厂中欺诈性地以其“是 H 公司在中国的唯一代理人、使用的是 H 公司塑膜防漏技术”进行虚假宣传，来招揽、实施工程项目，获得了高额利润回报，B 公司行为已经构成了不正当竞争。故向法院提起诉讼，请求法院判令 B 公司停止侵权行为并在《中国电力报》上向 H 公司赔礼道歉；B 公司向 H 公司赔偿损失人民币 505 万元；B 公司承担本案的诉讼费。

最终，法院经过审理，作出判决：B 公司立即停止涉案虚假宣传行为，即关于 B 公司是 H 公司拥有的 Isomembrane 塑膜防漏技术在中国的独家代理人或使用国外 Isomembrane 塑膜防漏技术等虚假广告宣传行为；B 公司于判决生效之日起三十日内，向 H 公司及 A 公司赔偿经济损失人民币 1192000 元；驳回 H 公司及 A 公司其他诉讼请求。

【判决要点】

1.H 公司是依法成立的外国公司，因国际公约受我国法律保护

H 公司是依据丹麦法律成立的公司。丹麦与我国同为《保护工业产权巴黎公约》及世界贸易组织成员方，因此，我国法律给予原告 H 公司制止不正当竞争的保护。

原告H公司于2002年、2006年在丹麦，2004年在美国注册的“Isomembrane”商标，可以证明H公司拥有一项以“Isomembrane”为标记的塑膜防漏技术。B公司虽对上述商标注册文件取得方式的合法性、该份文件的真实性均提出异议，但上述文件是经过丹麦外交部盖章和该部官员签字证明的、并经中国驻丹麦大使馆认证的，所以在被告没有提出相反证据的情况下，法院予以认定。

2.A公司具有作为本案第二原告的主体资格

原告A公司是依据中国法律成立的公司。虽然A公司没有向本院提交其与H公司签订的合同书文本，但其向本院提交了有关的授权书复印件。H公司也认可A公司取得了在中国独家代理实施H公司拥有的“Isomembrane”塑膜防漏技术的权利，所以法院对此事实予以认定。本案正是因为该技术的代理实施权而产生的纠纷，故A公司作为本案第二原告的主体资格有事实依据，法院予以确认。

3. 被告的行为构成不正当竞争，应当承担相应的法律责任

T公司于1997年10月12日与H公司签订过一份《关于Isomembrane技术贸易的独家代理授权协议书》，该协议书曾授予T公司在中国独家使用其拥有的“Isomembrane”塑膜防漏技术的权利，故T公司使用“Isomembrane”塑膜防漏技术具有合同依据。在T公司被吊销营业执照后，H公司认可B公司接替T公司继续履行合同，成为该项技术的独家使用人，故B公司的使用也有合法依据。

但H公司否认其曾授予B公司享有该项技术的权利，并主张其与B公司之间无任何交易关系。因T公司、B公司、H公司这三家公司之间均为独立的法人单位，互相没有债权、债务承继关系，故B公司如果主张其曾与H公司达成过书面或口头协议、成为H公司拥有的“Isomembrane”塑膜防漏技术在中国的独家使用人，B公司应承担举证责任。实际上B公司没有任何其他证据可以佐证B公司、T公司和H公司之间曾达成过口头协议的情况，B公司也没有任何证据证明自其成立时起，至H公司发函给B公司之日止，B公司与H公司之间存在交易关系、实际履行了H公司与T公司签订的《关于Isomembrane技术贸易的独家代理授权协议书》。然而现有证据表明B公

司在 2004 年却一直在以其是 H 公司拥有的“Isomembrane”塑膜防漏技术在中国的独家代理人的名义进行广告宣传，并一直无偿地使用该项技术，与多家电厂签约，承接工程，获取利润。在此情况下，不能认定 B 公司关于其是 H 公司拥有的“Isomembrane”塑膜防漏技术在中国的独家代理人的广告宣传具有合法依据。法院认为 B 公司的行为违背了我国《反不正当竞争法》所规定的平等、公平、诚实信用的原则，实施了虚假的宣传，损害了二原告的合法利益，已经构成了不正当竞争，应当承担相应的法律责任。至于赔偿损失问题，二原告虽然提出 B 公司的非法获利应不低于 505 万元，但二原告的计算方法依据不足，其所提 20% 的利润率也为二原告估算，故法院不予采纳。法院将根据 B 公司所实施的不正当竞争行为的性质、影响程度，参考 B 公司宣传材料中所列举的工程项目的数量、B 公司与 X 第一电厂等发电厂所签合同的施工价款、该类工程的一般市场利润率等因素予以酌定。另外，因二原告没有证据证明 B 公司有损害二原告商誉的行为，判令 B 公司停止虚假不实的广告宣传，足以制止其不正当竞争行为，故原告提出的要求 B 公司在报纸上公开致歉的请求，法院不予支持。

【法律分析】

1. 关于外国企业对反不正当竞争法的适用问题（国际公约）

《保护工业产权巴黎公约》于 1883 年 3 月 20 日在巴黎签订，1884 年 7 月 7 日生效。巴黎公约的调整对象即保护范围是工业产权，包括发明专利权、实用新型、工业品外观设计、商标权、服务标记、厂商名称、产地标记或原产地名称以及制止不正当竞争等。巴黎公约的基本目的是保证一成员国的工业产权在所有其他成员国都得到保护。1985 年 3 月 19 日中国成为该公约成员国。丹麦与我国同为《保护工业产权巴黎公约》成员国，因此，我国保护 H 公司的权利。

2. 虚假宣传行为的构成要件

根据 1993 年《反不正当竞争法》第九条规定，经营者不得利用广告或者其他方法，对商品的质量、制作成分、性能、用途、生产者、有效期限、产地等作引人误解的虚假宣传。广告的经营者不得在明知或者应知的情况下，代理、设计、制作、发布虚假广告。虚假宣传行为的主体指经营者，当然也包括广告经营者。上述主体在客观上对其商品或服务做虚假广告或以其他方式进行虚假宣传，达到了引人误解的程度，因而具有社会危害性。主观方面，广告经营者在明知或应知情况下，方对虚假广告负法律责任；而对于一般经营者并未明确规定其主观方面要达到明知或应知状态，则可认为其只要实施虚假宣传行为，便需要承担法律责任，不再考虑其主观因素。

3. 新旧法对比

新《反不正当竞争法》第八条规定："经营者不得对其商品的性能、功能、质量、销售状况、用户评价、曾获荣誉等作虚假或引人误解的商业宣传，欺骗、误导消费者。经营者不得通过组织虚假交易等方式，帮助其他经营者进行虚假或引人误解的商业宣传。"对比新旧《反不正当竞争法》中的虚假宣传条款可发现：（1）新法规定，虚假宣传行为是指除广告外的其他宣传行为，如企业宣讲等。广告这种宣传方式由《广告法》规制。（2）新法列举内容为"商品的性能、功能、质量、销售状况、用户评价、曾获荣誉"，这说明当今虚假宣传的常见多发情况有所变化。（3）由"引人误解"到"虚假或引人误解"。1993 年《反不正当竞争法》规定，法律禁止的不正当竞争行为是同时符合"引人误解"和"虚假"的宣传。新法修改为"虚假或引人误解的虚假宣传"，将"虚假"和"引人误解"并列为选择情形。（4）明确规定后果要件，即"欺骗、误导消费者"。（5）新法中增加了误导性宣传的帮助行为，即以组织虚假交易等方式，帮助其他经营者进行虚假或者引人误解的商业宣传。

【案件点评】

本案中，认定是否涉嫌虚假宣传的一个重要前提是认定当事人之间是否达成了口头协议。《合同法》第十条规定，当事人订立合同，有书面形式、口头形式和其他形式。法律、行政法规规定采用书面形式的，应当采用书面形式。当事人约定采用书面形式的，应当采用书面形式。可见口头协议是合同法中明确规定的合同形式之一。如果双方均认可口头协议，则其在法律上应认定为有效。如果一方违约，起诉方的举证能形成完整的证据链，则口头协议也具有法律效力。但是采取口头协议的当事方要注意证据的留存以证明口头协议有效，以避免产生不必要的纠纷。本案中，B 公司因为无法举出完整的证据链造成举证不能，承担了败诉后果。

案例 25　某新技术有限公司诉某供电公司限制竞争纠纷案[①]

【基本案情】

A 公司：某新技术有限公司（以下简称“A 公司”）

B 公司：某电力集团公司位于某地的供电公司（以下简称“B 公司”）

A 公司是一家从事智能系列仪表的研发生产与销售的企业。1999 年 7 月，A 公司经过 B 公司组织的招标选型，其电表进入了 P 市 C 区市场。但在 2002 年 11 月 18 日，B 公司下属的 C 区供电分公司以 P 市 C 区供电局的名义下发了“24 号文件”，文件名称为《关于农网改造工作中表计使用若干问题的通知》。在此文件中确定了对农网用表采购采用招投标的方式，确定了招标厂家，A 公司不在指定的名单中。2002 年 11 月，C 区供电分公司下属的三家供电所向 A 公司出具公函，声明其隶属于 C 区供电局。按照其要求，二期农网改造工程只能使用供电局指定的产品，不能向 A 公司购买产品。2003 年 5 月，包括上述 3 家供电所在内共 5 家供电所分别出具确认书，声明其从未有过在农网二期工程中继续使用 A 公司电表的意向。A 公司认为 B 公司下属的 C 区供电分公司以 P 市 C 区供电局的名义下发了“24 号文件”的行为属于典型的公用企业限制竞争行为，严重侵犯了其合法权益，故向法院提起诉讼，请求法院判令 B 公司停止不正当竞争行为，撤销“24 号文件”；赔偿 A 公司损失 2000 元。

经过审理，法院认定 C 区供电分公司下发“24 号文件”的行为限制了其他经营者的公平竞争的权利，已构成不正当竞争。但 A 公司提交的证据不能证明因 C 区供电分公司下发“24 号文件”的行为给其造成了实际经济损失。综上，法院判决 B 公司于判决生效之日起，立即停止其不正当竞争行为，驳回 A 公司的其他诉讼请求。

【判决要点】

1.B 公司属于公用企业，其下属公司下发文件的行为限制了其他经营者的

---

① 参见《北京市第一中级人民法院一审民事判决书》〔2003〕一中民初字第 2876 号。

公平竞争的权利，构成了不正当竞争

我国1993年《反不正当竞争法》第六条规定，公用企业或者其他依法具有独占地位的经营者，不得限定他人购买其指定的经营者的商品，以排挤其他经营者的公平竞争。这里所说的公用企业应该是指涉及公用事业的经营者，包括供水、供电、供热、供气、邮政、电讯、交通运输等行业的经营者。根据本案查明的事实，各乡电管站原属于乡人民政府领导下的集体管电组织，行政归属于乡政府领导，业务技术归供电局领导。但2001年11月底前，P市260个电管站均改制为隶属于供电公司的供电所。本案所涉及的B公司C区供电分公司隶属于B公司，不具有法人资格，其权利义务均由B公司承担，B公司属于《反不正当竞争法》第六条规定的公用企业。

农网二期改造所需电能表系由农民自行出资购买，故农民个人应是采购电能表的主体，其有权选择购买电能表。本案中，C区供电分公司下发“24号文件”，要求其所属各供电所购买指定厂家的产品，实际上是行使了农民购买电能表的权利。C区经委、农委系隶属于C区政府的职能部门，从性质上属于行政机关，其有权依照法律规定的权限，行使管理职能，但法律未授权其代表农民行使民事权利，C区经委、农委也没有得到任何合法的授权，因此C区经委、农委无权代表农民委托C区供电分公司为农民代购电能表。C区供电分公司以下发“24号文件”的形式限定他人购买其指定的经营者的商品，已构成了不正当竞争。因B公司C区供电分公司权利义务均由B公司承担，故B公司构成了不正当竞争。

2.B公司采取比价采购的方式确定中标企业是符合规定的，但行为有不妥之处

根据B公司提交的证据，此次比价采购在五家电表企业范围内进行了比价评估。该五家电表企业与P市供电局计量〔2002〕11号文确定的推荐目录有所不同。另外，专家进行比价评估后向C区供电分公司推荐的四家建议采购企业与这五家企业亦有不同。而C区供电分公司下发“24号文件”最终确定的中标电表企业又与专家推荐的企业有所不同。对上述种种不同之处，B公司没有提交证据予以证明。因此，B公司在采取比价采购的方式确定中标企业时，其行为亦有不妥之处。

【法律分析】

根据我国1993年《反不正当竞争法》第六条规定可以看出，公用企业限制竞争行为的认定条件是：（1）主体具有特定性，只能是公用企业或依法具有独占地位的企业，一般的经营者不可能实施此类限制竞争行为。公用企业是指涉及公用事业的经营者，包括供水、供电、供气、邮政、电信、交通运输等行业的经营者。（2）客观方面，享有独占地位的经营者往往限定用户、消费者只能购买和使用其指定的经营者的商品，而不得购买和使用其他经营者提供的符合技术标准要求的同类商品。（3）行为结果上，它违背了市场经济公平竞争的原则，排挤了其他经营者的公平竞争，同时该行为也限制了用户、消费者的自由选择权，损害了消费者和用户的合法权益。本案中，C区供电局属于公用企业，且下发的“24号文件”明确限令现与A公司有合作关系的五个供电所只能购买由其指定的厂家的表具，损害了A公司的权利。因此，构成公用企业限制竞争行为。

【案件点评】

本案是当年北京市人民法院适用1993年《反不正当竞争法》第六条规定的首例案件。本案件发生在2002年电力体制改革之前，因此，当时的电力企业名称与现在相比发生了很大变化。涉案的B公司限定他人购买指定电表的行为构成不正当竞争。另外，本案发生在2008年《反垄断法》颁布之前。根据《反垄断法》，本案涉及的行为可以归到滥用市场支配地位行为中。2017年《反不正当竞争法》修改，为了与《反垄断法》保持一致性，已经将第六条予以删除。

案例26　某供电公司就“预付电费”行为处罚决定书诉某市工商行政管理局案[①]

【基本案情】

原告：某供电公司（以下简称“A公司”）

---

① 参见《湖北省宜昌市西陵区人民法院一审行政判决书》〔2014〕鄂西陵行初字第00004号。

被告：某市工商行政管理局（以下简称“X 市工商局”）

A 公司是 X 市 S 县依法成立的唯一一家提供电力服务的企业，下设多个供电营业所。A 公司称其下属供电营业所实行报账制，不具备独立承担责任的能力。2003 年至 2013 年 7 月期间，A 公司及其下属供电营业所利用其在该区域内供用电关系中的优势地位，在专用变（即专用变电线路）、临时用电用户申请用电时，使用格式条款与用户订立《供用电合同》，向用电客户收取 2000 元至 20000 元不等的“预付电费”。该合同“电费结算方式”条款（即格式条款）约定：“对专用变、临时用电户，用电方应向供电方存出相当一个月用电量的预缴电费，用电终止时，供电方根据用电方缴清电费情况，将预缴电费金额如数返还。”截至 X 市工商局对其立案调查时止，A 公司及其下属供电营业所共计收取“预付电费”1109756.16 元（含已退还的 29751.57 元）。A 公司收取的“预付电费”，在用户用电过程中，既没抵扣电费，也未滚动结算，直至用户用电中止时才视情况予以退还，其实质为电费保证金。用户若不接受格式条款中关于交纳“预缴电费”的约定，则无法与之订立合同，获得所需的电力供应。

2013 年 6 月 24 日，X 市工商局接匿名举报，称 A 公司在办理供电业务中违背客户真实意愿强行收取 2000 元至 20000 元不等的“预付电费”，不交纳该项费用则拒绝签订供用电合同或中断供电。随后，X 市工商局即委派执法人员进行走访。同年 7 月 9 日，X 市工商局决定对此案进行立案查处。经过调查，X 市工商局于同年 9 月 16 日向 A 公司送达了行政处罚听证告知书，告知 A 公司，X 市工商局拟对其进行行政处罚的事实、理由及依据，并告知 A 公司依法享有陈述、申辩和要求听证的权利。A 公司收到该通知后，书面提交了陈述申辩意见，并提出了听证要求。同年 11 月 25 日，X 市工商局举行了听证。2014 年 1 月 20 日，X 市工商局以 A 公司滥用其优势地位，在给专用变、临时用电户正式送电之前，以收取“预付电费”的方式（未将此款项抵扣电费、滚动结算，而是长期无偿占有），强行收取用电保证金，否则拒绝提供供电服务的行为，违反了《反不正当竞争法》第六条的规定，并构成《关于禁止公用企业限制竞争行为的若干规定》第四条第（六）项所禁止的限制竞争行为为由，依据《反不正当竞争法》第二十三条和《关于禁止公用企业限制竞争行为的若干规定》第五条之规定，作出被诉16号行政处罚决定：责令A公司改正违法行为、并处罚款18万元的行政处罚。同年1月27日，X市工商局将该处罚决定书送达A公司。A公司不服，在法律规定的期间内提起行政诉讼。

法院经审查后认为X市工商局依法履行其职责，作出的被诉行政处罚决定认定事实清楚、适用法律正确、程序合法。经本院审判委员会讨论决定，判决维持X市工商局宜昌市工商行政管理局于2014年1月20日作出的行政处罚决定。

【判决要点】

1.X市工商局对A公司涉案行为进行查处有法定职责

根据《反不正当竞争法》第六条规定："公用企业或者其他依法具有独占地位的经营者，不得限定他人购买其指定的经营者的商品，以排挤其他经营者的公平竞争。"根据该条的规定，实施该条所指不正当竞争行为的主体有两种：一种是公用企业，另一种是其他依法具有独占地位的经营者。国家工商行政管理局为规制公用企业限制竞争的行为，根据《反不正当竞争法》制定的《关于禁止公用企业限制竞争行为的若干规定》第二条规定："本规定所称公用企业，是指涉及公用事业的经营者，包括供水、供电、供热、供气、邮政、电讯、交通运输等行业的经营者。"A公司是X市S县依法成立的唯一一家提供电力供应的企业，显然属于前述规定中所称公用企业。其在市场交易中实施限制竞争的行为应受《不正当竞争法》的调整。另1993年《反不正当竞争法》第三条第二款规定："县级以上地方人民政府工商行政管理部门对不正当竞争行为进行监督检查，法律、法规规定由其他部门监督检查的，依其规定。"而目前尚无其他法律、法规对供电企业实施限制竞争行为的监督检查机关作出由其他部门监督检查的规定。因此，X市工商局对A公司的涉案行为具有进行依法查处的法定职责。

2.X市工商局作出被诉行政处罚的证据充分

《关于禁止公用企业限制竞争行为的若干规定》第四条第（六）项规定，公用企业在市场交易中，不得"对不接受其不合理条件的用户、消费者拒绝、中断或者削减供应相关商品，或者滥收费用"。A公司以收取"预付电费"的方式强迫用户接受其不合理条件（即交纳电费保证金）；用户不交纳该项费用，就拒不提供供电服务的行为属实。A 公司作为 S 县唯一一家提供电力供应服务的企业，在经营过程中滥用其优势地位，在给用户正式送电之前，以收取付费购电款的方式（未将此款项抵顶电费、滚动结算，而是长期无偿占有），强行收取用电押金，否则拒绝提供供电服务。该行为构成公用企业限制竞争行为。同时查明，A 公司下属供电营业所不具备独立承担法律责任的能力，其在工作中所实施的与其业务相关的行为，应视为以 A 公司的名义作出，由 A 公司承担行为所产生的法律后果。X 市工商局作出被诉行政处罚决定认定事实清楚，证据充分。

3.X 市工商局作出被诉行政处罚决定适用法律及程序合法

由案中证据可证明，X 市工商局接到匿名举报后，于 2013 年 7 月 9 日决定对此案进行立案查处。遂后经过调查，于同年 9 月 16 日向 A 公司送达了行政处罚听证告知书，告知 A 公司，X 市工商局拟对其进行行政处罚的事实、理由及依据，A 公司依法享有陈述、申辩和要求听证的权利。A 公司书面提交了陈述申辩意见，并提出了听证要求。同年 11 月 25 日 X 市工商局举行了听证会。2014 年 1 月 20 日 X 市工商局作出被诉 16 号行政处罚决定，同年 1 月 27 日，X 市工商局将该处罚决定书送达 A 公司。上述程序符合《中华人民共和国行政处罚法》（1996 年 3 月 17 日通过，2009 年 8 月 27 日、2017 年 9 月 1 日修正）和《工商行政管理机关行政处罚程序规定》（2007 年 9 月 4 日公布，2011 年 12 月 12 日修改）的有关规定，程序合法。

【案件点评】

与前文案例 20 相比，从表面看二者均采取了“预付电费”的手段，但是案件处理结果却大不相同。案例 20 中，电力公司更换电表且改变供电方式是为了建设智能电网，减少成本，更加便民。同时，更换智能电表不收取任何费用，“预付电费”也是在日后用电过程中抵扣的。因此，这种行为没有侵害消费者的合法权益。而在本案中，A 公司以不缴纳“预付电费”拒绝签订合同、拒绝提供供电服务等手段迫使客户缴纳所谓的“预付电费”，且收取的“预付电费”在用电过程中既不抵扣，也不滚动结算，而是长期占有，直到用户销户退网时才视情况予以退还。这种行为损害了消费者的合法权益。根据公用企业限制竞争的认定条件，本案符合主体要件、客观要件以及结果要件，因此判定A公司符合公用企业限制竞争行为。

案例27 某化工有限公司与某石油天然气勘探开发总公司、某液碳有限责任公司低价倾销不正当竞争纠纷案[①]

【基本案情】

A公司：某化工有限公司（以下简称“A公司”）

被告：某石油天然气勘探开发总公司（以下简称“B公司”）

被告：某液碳有限责任公司（以下简称“C公司”）

A公司是一家以经营二氧化碳为主的企业。被告B公司主营石油、天然气地质普查、勘探、开采，矿产品勘探、开发、加工等业务。被告C公司成立于1996年12月11日，一般经营项目为天然二氧化碳的提纯、加工、销售，二氧化碳延伸产品的开发利用等。

2009年，A公司二氧化碳产品的销售价格为350元/吨（淡季），420元/吨（旺季）。C公司的审计报告表明2008年度、2009年度、2010年度二氧化碳商品单位制造成本分别为257.44元/吨、258.75元/吨、243.61元/吨，单位销售价格分别为317.57元/吨、312.06元/吨、265.94元/吨。另外，审计报告附件表明,2010年度其工业一级二氧化碳的销售单价为243.37元/吨。2008年度、2009年度、2010年度二氧化碳的销售量分别为44.86万吨、35.19万吨、27.5万吨。2010年，被告C公司曾以222.2元/吨、205.1元/吨、239.3元/吨的单价向不同主体销售工业一级二氧化碳共计1685.68吨。2011年，其分别以230.8元/吨和256.4元/吨的单价向无锡华东气体有限公司销售工业一级二氧化碳1532.59吨。

A公司认为B公司、C公司利用其拥有地下二氧化碳开采权和经营市场的优势，超量开采地下二氧化碳，超量销售二氧化碳，低价销售二氧化碳产品，向不具有生产经营条件和合法资格的矿场周边小厂提供二氧化碳原料气，造成二氧化碳市场混乱和无序竞争，给A公司等二氧化碳回收企业经营造成严重

---

① 参见《江苏省南京市中级人民法院民事判决书》〔2011〕宁知民三初字第215号。

损害。遂向法院提起诉讼，请求法院判令：制止两被告超量开采、无序经营、低价倾销二氧化碳的不正当竞争行为；两被告赔偿A公司经济损失1000万元；被告承担本案的诉讼费用。

法院向双方当事人释明，本案只对涉及《反不正当竞争法》所规范的低价倾销行为进行审理。A公司所指控的被告超量开采、超量销售、向不具有生产经营条件和合法资格的矿场周边小厂提供二氧化碳原料气等行为，不属于《反不正当竞争法》规范的范围，不予审理，A公司可寻求行政或其他途径的法律救济。法院经审理认为，被告行为属于降低生产经营成本、在市场竞争中获取合法利润，不存在低价倾销问题，判决驳回A公司的诉讼请求。

【判决要点】

1. 被告行为属于降低生产经营成本，在市场竞争中获得合法利润，不存在低价倾销

首先，A公司所指控的几笔低价交易零散发生于2010年和2011年间，时间上不具有持续性；交易对象也只有三家公司，交易范围不具有普遍性；发生于2010年的上述交易数量1600余吨，相对当年度被告C公司27.5万吨的销售总量来说，交易数量也很少，没有代表性。其次，被告C公司2010年度的工业一级二氧化碳的平均销售价格243.37元/吨，该年度二氧化碳商品的制造成本243.61元/吨，但在现行我国实行的普遍会计制度下，个别商品的销售价格与全部商品的综合成本，不具有可比性，也缺乏科学性。最后，被告C公司在近三年的经营中，因二氧化碳商品质量标准不同，销售时间不同，销售对象不同，分别以205.12元至786.32元不等的价格销售，其在自主经营中，根据市场供求状况合理自由定价，没有证据证明其对二氧化碳相关市场正常的经营秩序造成了扰乱，难以认定被告具有以价格为手段进行不正当竞争的动机和行为，得不出“被告具有以低价手段排挤竞争对手的目的”的结论。

2. 被告行为是正常的市场竞争行为，不具有不正当性

A公司利用回收的二氧化碳废气作为原料气，被告C公司利用采矿获得的天然二氧化碳气作为原料气，两者的原料来源不同，提纯等生产工艺不同，生产成本必然不同，销售价格也必然有所差异。从此角度分析，A

公司与被告在二氧化碳行业中的竞争优势并不完全相同。A 公司与被告作为经营者应当依据生产经营成本和市场供求状况，通过改进生产经营管理，降低生产经营成本，在市场竞争中获取合法利润。法律允许市场经营者发挥各自的成本优势、管理优势，进而转化为市场竞争优势，在市场竞争中立于不败之地。A 公司作为市场主体，应当对正常的市场竞争有充分认识，如其认为自身利益受到损害，并要获得民事救济，应证明竞争对手的行为具有不正当性。

【法律分析】

低价倾销是指经营者以排挤竞争对手为目的，以低于成本的价格销售商品。1993 年《反不正当竞争法》中规定了四种除外情形：销售鲜活商品；处理有效期限即将到期的商品或者其他积压的商品；季节性降价；因清偿债务、转产、歇业降价销售商品。低价倾销行为的行为主体是经营者，而且在绝大多数情况下，是大型企业或者在特定市场上具有经营优势地位的企业。行为表现形式是以低于成本价格销售商品，目的是排挤竞争对手，以便独占市场。认定低价倾销行为的关键点在于是否“以低于成本的价格”销售商品，且不属于法定除外情形。就本案审理情况来看，A 公司由于举证不能从而承担了败诉责任。2017 年《民事诉讼法》第六十五条第一款规定，当事人对自己提出的主张应当及时提供证据。本案中，A 公司有责任提供证据证明。但是现 A 公司提供的证据不能证明被告具有低价倾销的不正当竞争行为，应由 A 公司承担不利后果。

【案件点评】

为和《反垄断法》衔接，新《反不正当竞争法》删去了低价倾销条款。有关低价倾销行为的规定见《反垄断法》第十七条“禁止具有市场支配地位的经营者从事下列滥用市场支配地位的行为”，具体为“没有正当理由，以低于成本的价格销售商品”。《反垄断法》所称市场支配地位，是指经营者在相关市场内具有能够控制商品价格、数量或者其他交易条件，或者能够阻碍、影响其他经营者进入相关市场能力的市场地位。因此，《反垄断法》中的不公平低价行为构成条件为：低于成本价格销售；没有正当理由；实施低于成本价销售的是具有市场支配地位的企业。由此可见，在现在的《反不正当竞争法》这条删除后，适用《反垄断法》的规定话，普通企业不具备适用条件，必须是具有市场支配地位的企业低于成本价且无正当理由的情况下，才有可能认定为触犯《反垄断法》。

案例 28　某电力设备有限公司与其他电力设备有限公司、水利水电建设有限公司串通投标不正当竞争纠纷[①]

【基本案情】

原告：某电力设备有限公司（以下简称“甲公司”）

被告：某电力设备有限公司（以下简称“乙公司”）

被告：某水利水电建设有限公司（以下简称“丙公司”）

被告：某贸易有限责任公司（以下简称“丁公司”）

甲公司与三被告乙公司、丙公司（L 机电工程有限责任公司与 M 水利水电技术开发公司于 2012 年完成吸收合并，两公司的债权债务由合并后存续的 M 水利水电技术开发公司承继。M 水利水电技术开发公司于 2012 年 2 月 14 日更名为丙公司）、丁公司均是以销售机电设备为主的企业。2010 年 9 月，招标人 Y 电力股份有限公司发布 ×× 水电站项目招标公告，就 ×× 水电站项目进行公开招标。甲公司、丙公司、丁公司以及案外人自治区水电工程局在规定的时间内递交了投标文件。经过评标委员会评标，丁公司最终中标该项目。中标后，丁公司实际履行了该项目合同。丁公司在建设该项目中使用了 T 公司（与乙公司联系密切的公司）生产的吊物孔盖板。

甲公司认为丙公司和丁公司在乙公司操作下，串通投标。其理由是，丙公司与乙公司系多年的战略合作伙伴关系，两者实为关联企业。另外，丁公司是乙公司的代理商。丁公司属于贸易商，本身不具备生产吊物孔盖板的生产能力。丁公司中标 ×× 水电站项目后，根据乙公司的指定，吊物孔盖板由丙公司制造，贴乙公司的生产铭牌、商标。而且，在之前 2015 年 5 月在某光电厂一期 2×1000 兆瓦机组工程设备检修孔盖板项目中的投标项目中，他们也有串

① 参见《广西壮族自治区南宁市（地区）中级人民法院一审民事判决书》〔2016〕桂 01 民初 106 号。

通投标的情形。于是，甲公司向法院提起诉讼，请求法院判令：确认乙公司、丙公司、丁公司在 ×× 水电站项目招标中具有串通投标的不正当竞争行为；乙公司、丙公司、丁公司承担甲公司投标损失 1 万元，赔偿甲公司预期可得利益损失 659980 元。

经过审理，法院认为，甲公司提供的证据不足以认定三被告存在串通投标的行为。对于甲公司认为三被告存在串通投标不正当竞争行为的主张不予采信，遂判决驳回甲公司的诉讼请求。

【判决要点】

1. 甲公司无直接证据证明三被告通过意思联络形成了排挤甲公司公平竞争的共同故意

构成串通投标，必须以投标人存在共同主观过错为前提，即投标人通过意思联络形成的排挤其他投标人的公平竞争的共同主观故意，并且串通投标者的行为具有违法性。由于意思联络以及主观意图一般具有隐秘性，主张该事实的一方当事人往往难以提供直接证据证明投标人通过意思联络形成了排挤竞争对手公平竞争的共同故意。而客观行为是当事人主观思想的反映和实现方式，考察客观行为往往能够对主观思想作出合理的判断。因此，在无直接证据的情况下，如果当事人提供的间接证据能够形成合乎逻辑、真实完整、相互印证的证据链，仍应认定串通投标的事实。本案中，综合当事人提供的全部证据不能直接证明三被告通过意思联络形成了排挤甲公司公平竞争的共同故意。

2. 甲公司提供的证据不足以认定三被告存在串通投标的行为，三被告不构成串通投标

甲公司指控三被告违反《中华人民共和国招标投标法实施条例》（2011年11月30日通过，2017年3月1日、2018年3月19日、2019年3月2日修订，以下简称《招标投标法实施条例》）第三十九条“禁止投标人相互串通投标”第二款第（五）项“投标人之间为谋取中标或者排斥特定投标人而采取的其他联合行动”的规定，构成串通投标。其主张的逻辑依据在于：第一，T公司与乙公司具有股权投资关系，乙公司的行为代表T公司的行为；第二，T公司与丙公司之间存在技术合作关系，丙公司是T公司的代工工厂；第三，

T 公司、乙公司、丙公司宣传的业绩部分重叠（包括本案 ×× 水电站项目）；第四，丁公司是 T 公司的代理商，并被列为重要客户。

法院认为，甲公司提供的证据不足以认定三被告存在串通投标的行为：（1）乙公司与 T 公司分别为独立的法人，两者具有股权投资关系及宣传业绩部分重叠，不足以否定两者的相互独立地位，故，将乙公司与 T 公司视为同一主体依据不足。（2）在涉案 ×× 水电站项目招投标中，丙公司投标文件载明的投标使用设备为其自行生产的设备，而丁公司使用的设备则为 T 公司生产的设备，两者投标使用的设备不同。即使两者投标使用的设备由同一厂家生产，法律也并未对此作出禁止。以丙公司与 T 公司存在技术合作关系以及为T公司加工、制造设备，推导两者存在投标活动的联合行动，并不妥当。（3）串通投标的认定应针对具体的招投标活动，串通投标的行为必然体现在具体的招投标活动中。而甲公司并未能提供任何证据证明三被告在涉案 ×× 水电站项目招投标活动中，存在串通投标的具体表现。

此外，招投标制度的基本价值在于通过引入竞争缔约机制，使招标人以较低价格获得最优的商品或者服务。从涉案 ×× 水电站项目招投标情况看，丁公司经评标综合得分 91.67 分，甲公司综合得分 72.77 分，三门峡明珠公司得分 68.61 分，丁公司最终中标该项目。甲公司未中标 ×× 水电站项目，系其自身投标条件不符合中标要求。

【法律分析】

投标人之间的串通投标是指在招投标过程中投标人基于共同意思联络实施的以不正当竞争手段排挤其他投标人公平竞争的违法行为。1993 年《反不正当竞争法》第十五条规定：“投标者不得串通投标，抬高标价或者压低标价。投标者和招标者不得相互勾结，以排挤竞争对手的公平竞争。”《中华人民共和国招标投标法》（1999 年 8 月 30 日通过，2017 年 12 月 27 日修正，以下简称《招标投标法》）第三十二条第一款规定：“投标人不得相互串通投标报价，不得排挤其他投标人的公平竞争，损害招标人或者其他投标人的合法权益。”

2019 年《招标投标法实施条例》第四十一条中规定，招标人与投标人串通投标的情形包括：招标人在开标前开启投标文件并将有关信息泄露给其他投标人；招标人直接或者间接向投标人泄露标底、评标委员会成员等信息；招标人明示或者暗示投标人压低或者抬高投标报价；招标人授意投标人撤换、修改投标文件；招标人明示或者暗示投标人为特定投标人中标提供方便；招标人与投标人为谋求特定投标人中标而采取的其他串通行为。

投标人之间相互串通投标的情形在《招标投标法实施条例》第三十九条、第四十条中有相关规定，具体包括：投标人之间协商投标报价等投标文件的实质性内容；投标人之间约定中标人；投标人之间约定部分投标人放弃投标或者中标；属于同一集团、协会、商会等组织成员的投标人按照该组织要求协同投标；不同投标人的投标文件由同一单位或个人编制；不同投标人委托同一单位或个人办理投标事宜；不同投标人的投标文件载明的项目管理成员为同一人；不同投标人的投标文件异常一致或投标报价呈规律性差异；不同投标人的投标文件相互混装；不同投标人的投标保证金从同一单位或个人的账户转出；等等。认定构成串通投标不正当竞争行为应结合对招标目的的影响程度来判断，既不能操之过严，将轻微瑕疵行为均认定为不正当竞争，亦不可失之过宽，以免放纵投机、违规，使反不正当竞争法失去其应有的约束力。

【案件点评】

对于串通投标的认定一直是司法界的难题，因为能找到直接证明串通投标的证据非常难。一般来说，用来证明串通投标的证据都是间接证据，例如参与竞标的公司之间是股东的关系或者二者之间有重要的技术合作关系，或者公司之间是代理人与被代理人的关系等。总之，就是需要首先证明双方有明显的利害关系。有明显的利害关系还不足以证明串通投标，还要有以往的投标项目情况，同时此次竞标有明显利害关系的企业在过去的竞标中也出现过，从而形成一个间接证据。但往往这种间接证据存在证明力不足的可能，如本案判决所述，法院以缺乏直接证据、证明力不足为由，认为三被告在招投标活动中不存在串通投标行为。

案例 29　某防爆科技有限责任公司诉某能源科技发展有限公司不正当竞争纠纷案[①]

【基本案情】

原告：某防爆科技有限责任公司（以下简称“甲公司”）

被告：某能源科技发展有限公司（以下简称“乙公司”）

甲公司系从事生产新型防爆填料的企业。乙公司经营范围中亦包括防爆阻隔技术的开发内容。2012 年 7 月，经 D 省 B 市安全生产监督管理局（以下简称“安监局”）告知，甲公司了解到乙公司于 2012 年 7 月 4 日向安监局提交了阻隔防爆技术改造申请材料，申请在 B 市从事阻隔防爆改造业务。在该份材料中的产品介绍部分，乙公司使用了甲公司竖井施工过程、加油站改造现场、加油站改造案例、阻隔防爆演示的图片 4 张，在检验报告、检测报告部分使用了包括甲公司申请国家安全生产南阳防爆电气检测检验中心针对阻隔防爆超导散热用铝箔蜂窝产品所出具的《检验报告》、申请清华大学材料科学与工程系轻合金研究所针对阻隔防爆铝箔蜂窝产品所出具的《检验报告》各一份。在施工资质文件部分，乙公司使用了案外人 C 公司的企业法人营业执照复印件、安全生产许可证复印件、特种设备安装改造维修许可证（压力容器、压力管道各一）复印件等证件，指明其承揽业务的施工单位为 C 公司。

了解到上述情况后，甲公司认为乙公司未经许可擅自使用其检验报告等资料，在向安监部门申请特种行业经营的过程中虚构并隐瞒了相关情况，欲骗取特种行业的经营资格，遂请求滨州市安全生产监督管理局调查核实相关情况。经过该局的调查核实，乙公司在 D 省 B 市的阻隔防爆技术改造备案申请未获批准。2013 年 3 月 26 日，C 公司出具证明称：“我公司作为甲公司在 D 省境内的唯一指定施工单位，在 D 省的阻隔防爆技术改造业务仅与甲公司独家合作，从未与乙公司有过任何合作关系。”甲公司认为：在安监部门调查核实乙公司备案资料真实性的期间内，甲公司事实上无法在 B 市范围内同时申请阻隔防爆技术改造的备案，因而无法实际从事生产经营活动。乙公司的行为侵

---

① 参见《北京市石景山区人民法院一审民事判决书》〔2013〕石民初字第 00376 号。

害了其企业名称权、商业秘密，并构成虚假宣传，同时亦违背了公认的商业道德，有失诚信，已构成不正当竞争，给其造成相应的经济损失，故请求法院依法判令：乙公司停止以甲公司名义对外宣传，并销毁乙公司保存的所有甲公司的宣传资料；乙公司在相应媒体上向甲公司赔礼道歉，并到安监部门消除影响；乙公司赔偿甲公司经济损失50万元；案件受理费由乙公司承担。

法院经过审理，作出判决：乙公司立即停止使用甲公司检验报告、施工图片的行为，并将上述资料予以销毁；驳回甲公司其他诉讼请求。

【判决要点】

1. 乙公司行为构成不正当竞争

甲公司与乙公司均为从事阻隔防爆业务的公司，双方在业务上存在竞争关系，因此本案应适用反不正当竞争法予以调整。本案中，甲公司主张乙公司构成不正当竞争的主要依据在于乙公司向B市安监局提交的备案资料中的相关内容分别侵害了甲公司依法享有的企业名称权、商业秘密等合法权益，并构成虚假宣传，且其行为违背了公认的商业道德，构成不正当竞争。

2. 乙公司未侵犯甲公司的企业名称权，甲公司所主张的信息不符合商业秘密要件

关于企业名称部分，甲公司主张乙公司系通过在备案资料中使用了甲公司所拥有的检验报告，使行政主管部门认为乙公司的使用行为系合法取得了甲公司的授权，有可能误导相关公众。法院认为，根据《反不正当竞争法》的规定，经营者不得擅自使用他人企业名称，使人误认为是他人提供的商品或服务。乙公司虽然在备案资料中使用了甲公司的相关检验报告，但该报告中直观显示的依然为甲公司的名称，并未直接标注该检验报告为乙公司所有。乙公司使用的是甲公司的检验报告，与直接使用甲公司的企业名称显然不能混为一谈，据此法院对甲公司主张的乙公司擅自使用甲公司企业名称的行为不予认定。

关于商业秘密部分，甲公司虽然主张其施工方法、检验报告中的相关数据为技术秘密，但并未提交相应证据证明其对上述内容是否采取了相应的保密措施。根据最高人民法院《关于审理不正当竞争民事案件应用法律若干问题的解释》的规定，甲公司应对其主张的上述信息构成商业秘密负担举证责任。现甲

公司并未提交相应证据，据此法院认定甲公司所主张的信息不符合商业秘密的要件，对甲公司所述乙公司侵害了甲公司商业秘密的主张不予支持。

3. 对甲公司所述乙公司构成虚假宣传的主张不予支持

关于虚假宣传部分，乙公司在向 B 市安监局提交的备案资料中未经甲公司许可擅自使用了甲公司的检验报告，且在相应的案例宣传部分，使用了甲公司相应的加油站改造图片，该行为有可能使行政主管部门误认为上述施工技术、工程安全系由乙公司所拥有或实施。但鉴于乙公司在本案中的使用行为系利用甲公司的相关资料骗取特种行业的经营资格，其行为仅停留在行政机关审查阶段，尚未为社会公众所获悉，因此不足以产生对相关公众误导的后果，据此法院对甲公司所述乙公司构成虚假宣传的主张亦不予支持。至于乙公司在备案资料中将 C 公司作为施工企业的行为，法院认为，根据 C 公司的声明，乙公司的行为显然并未取得 C 公司的同意或授权，但鉴于该行为侵害的权利主体应为 C 公司，甲公司虽与 C 公司存在合作关系，但无权代替 C 公司做出相应的意思表示，据此法院认定甲公司与该行为缺乏关联，无权就乙公司实施的该行为主张权利。

【法律分析】

根据 1993 年《反不正当竞争法》，侵犯商业秘密行为是指以不正当手段，获取、披露、使用或允许他人使用权利人的商业秘密，给权利人造成重大损失的行为。行为要点包括：（1）确认商业秘密确实存在。（2）行为主体可以是经营者，也可以是其他人。（3）客观上实施了侵犯他人商业秘密的行为，方式包括盗窃、利诱、胁迫或不当披露、使用等。（4）已经或可能给权利人带来损害后果。

商业秘密的构成要素包括价值性和实用性、秘密性和保密性。甲公司需要证明其所有的技术、价值性和实用性方面，被称商业秘密的经营信息或技术信息需具有商业价值。秘密性是指该经营信息或技术信息处于不公开的状态。保密性是指为这些信息采取了必要的保密措施。本案中，甲公司因未提供足够信息证明价值性和实用性以及保密性，因此法院未支持甲公司主张。

【案件点评】

商业秘密条款是 2017 年《反不正当竞争法》修改的重点。新法删除了商业秘密“具有实用性”的内容，同时将“能为权利人带来经济利益”替换为“具有商业价值”，商业价值并不仅仅局限于经济利益，无论是现实的利益还是潜在的利益，如果能为权利人带来竞争优势，都可以认定为具有商业价值。可见新法更侧重于保护权利人的商业价值及其体现出的市场竞争优势，扩大了商业秘密保护的范围。在侵犯商业秘密的行为方面，新法细化了侵犯商业秘密的具体行为，将“利诱”替换为“贿赂”，同时增加了“欺诈”。对商业秘密第三人明知应知的情况相对细化为明知或者应知是商业秘密的前员工、单位或个人实施前款所列违法行为，在执法中就更具体，在司法审判中更明确。

近年来，随着市场竞争的激烈，企业起诉到法院的商业秘密纠纷案件一直呈上升趋势。商业秘密举证责任认定是司法实践中重难点。最高人民法院《关于审理不正当竞争民事案件应用法律若干问题的解释》第十四条规定：“当事人指称他人侵犯商业秘密的，应当对其拥有商业秘密符合法定条件，对方当事人的信息与其商业秘密相同或者实质相同以及对方当事人采取不正当手段的事实负举证责任。其中，商业秘密符合法定条件的证据，包括商业秘密的载体、具体内容、商业价值和对该项商业秘密所采取的具体保密措施等。”上述司法解释规定明确了权利人主张商业秘密维权的举证责任，也指明了侵犯商业秘密具备三个成立要件。2019 年 4 月，刚刚“大修”过的《反不正当竞争法》再次迎来修改，商业秘密再次成为焦点。这次修改专门增加了商业秘密的举证条款，针对以往商业秘密侵权案件中甲公司举证困难的情况，规定：“在侵犯商业秘密的民事审判程序中，商业秘密权利人提供初步证据，证明其已经对所主张的商业秘密采取保密措施，且合理表明商业秘密被侵犯，涉嫌侵权人应当证明权利人所主张的商业秘密不属于本法规定的商业秘密。商业秘密权利人提供初步证据合理表明商业秘密被侵犯，且提供以下证据之一的，涉嫌侵权人应当证明其不存在侵犯商业秘密的行为：（一）有证据表明涉嫌侵权人有渠道或者机会获取商业秘密，且其使用的信息与该商业秘密实质上相同；（二）有证据表明商业秘密已经被涉嫌侵权人披露、使用或者有被披露、使用的风险；（三）有其他证据表明商业秘密被涉嫌侵权人侵犯。”

案例 30　陈某与 C 县某燃气有限公司不正当竞争纠纷[①]

【基本案情】

上诉人（原审原告）：陈某

被上诉人（原审被告）：C 县某燃气有限公司（以下简称“A 公司”）

陈某于 2014 年 6 月 11 日经 C 县工商行政管理局核准设立 C 县某燃气设备经营部，核准的经营范围包括零售燃气炉、燃气热水器、电热水器、燃气锅炉等。2014 年 6 月 18 日，G 电器有限公司与陈某签订了 Auron 欧能燃气壁挂炉经销商协议书。协议约定，G 电器有限公司授权陈某为“欧能”牌燃气壁挂炉在大城地区的经销商，有效期限自 2014 年 6 月 18 日至 2015 年 6 月 18 日。合同还约定了其他条款。陈某销售给用户燃气炉价格为 4000 元或 4050 元。

A 公司成立于 2008 年 1 月 18 日，核准的经营范围包括天然气供应、炉具、采暖炉及配件销售、工程安装施工。2014 年 12 月 23 日，A 公司与 K 热能科技有限公司签订了壁挂炉销售合同。A 公司购买 K 热能科技有限公司壁挂炉 300 台及相关配件。合同还约定了其他条款。经勘验，A 公司一楼销售大厅在合同签约窗口处张贴价格一览表。内容摘要为：采暖、做饭一体，总费用 12000 元，其中采暖炉 3800 元及其他相关项目价格；单一采暖炉安装收费 8000 元，其中采暖炉 3800 元及其他相关项目价格；单一燃气灶用户安装收费 4000 元。陈某与 A 公司没有天然气供气合同关系，亦没有委托销售燃气炉合同关系。

陈某认为 A 公司在经营燃气具销售市场上具有绝对主导地位。陈某与 A 公司多次协商，该公司对陈某所售燃气炉不予供气并不给接通燃气，造成陈某所经营的燃气具无法正常销售，所销售出去的燃气具因不能开通燃气而不能正常使用。该公司的强制搭售行为严重损害了陈某的合法权益，其滥用市场支配地位搭售商品，影响了正常的燃气器具的销售市场秩序。限制和垄断的不正当竞争行为给陈某的经营和销售造成巨大损失。陈某向法院起诉请求判令：A 公司赔偿因其垄断经营与不正当竞争行为给陈某造成的营业损失 32500 元；A 公

① 参见《河北省高级人民法院二审民事判决书》〔2015〕冀民三终字第 78 号。

司立即停止对陈某所销售的燃气炉不予通气、不卖给冬季取暖用气的不法行为并给予书面保证；诉讼费用由A公司承担。

经过审理，一审法院作出判决：陈某明确主张A公司的行为系不正当竞争行为，故，陈某主张A公司滥用市场支配地位，法院不予审查；A公司不存在搭售商品的行为。

陈某不服一审判决，认为原审判决认定存在事实认定和法律适用的错误，遂提出上诉，请求二审法院撤销原审判决，依法改判支持其诉讼请求或发回重审。二审法院经过审查后作出判决：原审认定部分事实和适用法律错误，应予以纠正。陈某的主要上诉理由成立，应予以支持。判决如下：撤销一审民事判决；A公司立即停止对陈某所销售的燃气具不予通气、不卖给冬季取暖用气的行为；A公司于判决生效之日起十日内赔偿陈某经济损失32500元；驳回陈某的其他诉讼请求。

【判决要点】

1. 一审法院观点：A公司不构成搭售商品行为

我国《反垄断法》第十七条规定，禁止具有市场支配地位的经营者从事下列滥用市场支配地位的行为……（五）没有正当理由搭售商品，或者在交易时附加其他不合理的交易条件。《反垄断法》规定的搭售行为是具有市场支配地位的经营者，将其在特定市场的竞争优势不公平的延伸或强加于被搭售的产品的市场，从而限制甚至排除被搭售商品市场的公平竞争。我国1993年《反不正当竞争法》第十二条规定，经营者销售商品，不得违背购买者的意愿搭售商品或者附加其他不合理的条件。与《反垄断法》规定的搭售比较，《反不正当竞争法》规定的搭售，一是并不要求实施搭售或者附加行为的经营者必须具有市场支配地位，二是特别强调了不得违背购买者的意愿。陈某明确主张A公司的行为系不正当竞争行为，故，陈某主张A公司滥用市场支配地位，一审法院不予审查。

《反不正当竞争法》第十二条规定的搭售的实质是，购买一种商品必须以购买另一种商品为条件，也即在销售一种商品时捆绑销售其他商品。陈某与A公司均是合法销售燃气具的经营者，双方应无异议。从本案现有证据分析，陈某与A公司没有天然气供气合同关系，亦没有委托销售燃气具合同关系。陈某与A公司并不是经营者与购买者的关系，即陈某不是购买者。退一步讲，即使陈某是购买者，从现有证据分析，A公司经营范围内有销售燃气具、工程安装的项目，且收费项目经过物价部门的核准，因此，A公司销售燃气具是核准的经营范围内的合法经营。A公司亦不存在与购买者提供燃气的同时，违背购买者的意愿捆绑销售燃气具的行为。综上，A公司不存在搭售商品的行为。

2. 二审法院观点：A公司行为构成不正当竞争

本案中，A公司认可其为当地唯一经营管道燃气供应的公司，因此，在管道燃气方面，A公司属于公用企业且在该市场具有独占地位。其在销售天然气的同时，以供气紧张时不给外购燃气具供气为限定条件，限定消费者购买A公司自己销售的燃气具，该行为违反了1993年《反不正当竞争法》第六条“公用企业或者其他依法具有独占地位的经营者，不得限定他人购买其指定的经营者的商品，以排挤其他经营者的公平竞争”的规定，对于其他销售燃气具的经营者构成不正当竞争。

因此，原审认定该行为不是搭售行为从而不构成不正当竞争行为属于认定事实错误。同时作为同业经营者的陈某是本案不正当竞争纠纷的适格主体，有权提起本案诉讼。原审认定的关于A公司销售燃气具是在核准的经营范围内合法经营的事实，不能成为A公司限制其他经营者正当竞争的理由。A公司的上述不正当竞争行为侵害了经营者陈某的合法权益，应当承担停止该不正当竞争行为并赔偿损失等民事责任。

【法律分析】

《反垄断法》与《反不正当竞争法》中关于搭售行为的认定差别。《反垄断法》规定的是具有滥用市场支配地位的经营者没有正当理由搭售商品，或者在交易时附加其他不合理的交易条件。1993年《反不正当竞争法》规定，经营者销售商品，不得违背购买者的意愿搭售商品或者附加其他不合理的条件。二者相比，最重要的差别是，《反垄断法》要求的经营者必须具有市场支配地位。在本案一审中，陈某始终坚持主张“A公司的行为是一种不正当竞争行为，违反了反不正当竞争法的规定”，且指明具体是“搭售行为”，因此一审法院认为应按照《反不正当竞争法》的规定认定是否存在搭售行为。最终，一审法院认为本案中A公司未违背购买者的意愿搭售也未附加其他不合理的条件，因此没有构成《反不正当竞争法》中搭售行为。二审法院则适用了《反不正当竞争法》第六条“公用企业或者其他依法具有独占地位的经营者，不得限定他人购买其指定的经营者的商品，以排挤其他经营者的公平竞争”的规定，认定A公司存在限制交易的不正当竞争行为。

新《反不正当竞争法》取消了“搭售”条款。立法者认为，在现实经济生活中，有一些小规模的经济活动，销售什么、怎么去销售的问题，如果不违反法律、不侵犯消费者的合法权益，应尊重企业的自主经营权。如果侵犯了消费者合法权益，可以依照《消费者权益保护法》进行权利救济。如果是具有市场支配地位的经营者进行搭售，涉嫌违反《反垄断法》，也可适用《反垄断法》进行规制。

【案件点评】

虽然，本案按照《反垄断法》的相关规定，A公司很可能被判定存在搭售行为。但是陈某坚持主张A公司的行为是一种不正当竞争行为，并且限定在搭售行为。依照“不告不理”的原则，法院只能依照当事人提出的案件事实、理由和诉讼请求进行审理和判决，不能随意变更。因此，法院仅对该行为是否违反了《反不正当竞争法》的相关规定进行审理。法院审理民事纠纷的范围由当事人确定，法院无权变更、撤销当事人的诉讼请求。案件在审理中，法院只能按照当事人提出的诉讼事实和主张进行审理，对超过当事人诉讼主张的部分不得主动审理。同时，本案也充分反映了《反不正当竞争法》和《反垄断法》并存期间在法律适用、司法实践中的问题。

第四章　能源行业知识产权纠纷

企业知识产权贯穿于企业的产品研发、技术创新、市场营销、市场竞争的全过程。面对科学技术的进步和经济全球化，企业间的竞争越来越激烈，而知识产权体现了一个企业的核心竞争力，因此各企业在促进自身技术创新的同时，也面临着越来越多的知识产权纠纷。自 2008 年《国家知识产权战略纲要的通知》颁布之后，我国相继修订了《中华人民共和国专利法》(1984 年 3 月 12 日通过，1992 年 9 月 4 日、2000 年 8 月 25 日、2008 年 12 月 27 日修正，以下简称《专利法》)、《中华人民共和国商标法》(1982 年 8 月 23 日通过,1993 年 2 月 22 日、2001 年 10 月 27 日、2013 年 8 月 30 日、2019 年 4 月 23 日修正，以下简称《商标法》)、《中华人民共和国著作权法》(1990 年 9 月 7 日通过，2001 年 10 月 27 日、2010 年 2 月 26 日修正，以下简称《著作权法》) 和《中华人民共和国反不正当竞争法》等法律、法规、文件，这些法律、法规在制度层面为企业的知识产权权益保护提供了法律保障。

在能源行业，知识产权也占据越来越重要的地位。比如电力装备作为技术密集型行业，根据国家相关战略规划，电力装备自主化率到 2020 年将达 90%。[①] 新能源行业属于新兴知识产权密集型行业，也需要法律对其知识产权权益的支持和保护。但是能源行业知识产权保护现状整体上问题颇多，知识产权侵权现象普遍、内容复杂多样、能源行业的特殊性以及部分法官对于知识产权相关专业知识不够了解等等，都增加了企业知识产权维

① 参见朱妍:《电力装备企业专利频遭侵权》,《中国能源报》2018 年 7 月 23 日第 1 版。

权的难度。本章将通过部分能源行业的商标权、专利权纠纷案例，了解并探讨我国目前能源行业知识产权纠纷相关法律、法规的适用。

第一节 商标权纠纷

在各行各业，拥有著名商标的大企业往往更能得到消费者的青睐。因能源商品本身的特殊性，能源行业中这一现象更为突出。因此，常常有一些企业利用其他企业的商标知名度搭便车，以吸引更多消费者，也存在着侵权与否界限模糊的情况。本节将通过以下四个案例，探究能源行业竞争中商标权侵权中驰名商标的认定、注册商标与非注册商标的法律地位、企业名称与商标的关系等法律问题。

案例 31 某太阳能工业有限公司诉某电器有限公司商标侵权纠纷案[①]

【基本案情】

原告：×× 太阳能工业有限公司（以下简称“甲公司”）

被告：×× 电器有限公司（以下简称“乙公司”）

甲公司系太阳能热水器的生产企业，该企业于 1995 年经国家工商行政管理局核准在第 11 类“沐浴用装置”商品上注册了图形与汉语拼音“TIANPU”相组合的图形商标。有关商标档案显示其中文名称为“天普”，外文名称为“TIANPU”。该商标于 2003 年 3 月 26 日被 B 市工商行政管理局评为“2002 年度 B 市著名商标”。2001 年先后甲公司在第 11 类“太阳能热水器、太阳能集热器、太阳灶、炉子、空气调节器、电暖器、电热水器、电加热丝、沐浴用设备”等商品上申请注册了“晒天普”“天普园”“天普星”“天普阳光”等文字商标。

---

① 参见《山东省青岛市中级人民法院一审民事判决书》〔2005〕青民三初字第 986 号。

乙公司于2004年4月27日经工商机构登记成立，其经营范围为太阳能热水器售后服务，其代理销售的太阳能热水器为H太阳能工业有限公司生产的“鑫诺诚”牌太阳能热水器。2004年8月28日，乙公司在《富尔广场》上发布的广告照片上的太阳能热水器的水箱部位以明显的方式贴有“天普电器”字样，制作的“××天普电器有限公司鑫诺诚TD系列中央热水器”宣传彩页中太阳能热水器照片的水箱部位也具有同样标识。

甲公司于2004年11月3日在《供求世界》上发布“郑重声明”一份，称“最近发现在胶南市场有不法分子借用天普名义，打着‘天普电器’品牌进行销售假冒伪劣产品”。另外，甲公司于2000年3月9日与青岛某市某装饰开发中心签订《甲公司设立销售中心合同书》一份，后者合同经办人即为乙公司的法定代表人。甲公司认为，乙公司自2004年2月27日成立以来超出经营范围，未经其同意擅自使用其知名商品近似的名称，知名商品的特有的包装、装潢，生产“天普电器”牌太阳能热水器，造成和甲公司“天普”牌太阳能热水器相混淆，使购买者误认为是甲公司的知名商品“天普”牌太阳能热水器，在青岛某市造成恶劣影响。虽然甲公司以声明的方式在当地报纸、电视台多次澄清，但仍无法消除影响。相当多消费者至今仍误认为“天普电器”是甲公司生产的另一个品牌，或误认为“天普电器”和甲公司有一定关系。因此，甲公司请求法院判令：认定甲公司的“天普”商标为驰名商标；乙公司立即停止侵害甲公司的驰名商标，赔偿由此给甲公司造成的损失人民币100000元；乙公司承担甲公司为制止乙公司侵权所发生的必要费用人民币36000元；乙公司承担本案诉讼费。案件在审理过程中，甲公司对第一项诉讼请求明确为：请求认定为驰名商标的“天普”汉字商标是未注册的商标。

经过审理，法院认为甲公司没有将“天普”汉字作为未注册商标进行使用，法院不再对“天普”两个汉字是否为驰名商标进行审查。由于甲公司不能证明其所主张的“天普”汉字为未注册的驰名商标，因此甲公司不能依此禁止他人在相同或类似商品上使用“天普”汉字，故甲公司主张乙公司使用“天普电器”构成对“天普”未注册驰名商标侵权的诉讼主张不能成立。故法院判决驳回甲公司的诉讼请求。

【判决要点】

1. 认定乙公司构成侵权的前提是先认定“天普”汉字为未注册驰名商标

依照《商标法》的规定，经我国国家商标局核准注册的商标享有商标的专用权，而未注册的商标并不享有商标专用权。但是，如果一个未在我国注册的商标能够构成《商标法》所称的驰名商标，那么该未注册驰名商标的所有人享有禁止他人在相同或类似商品、服务类别上复制、摹仿或翻译该商标的权利。因此本案中，甲公司应当首先举证证明“天普”两个汉字为其未注册的驰名商标。如果不能证明，则乙公司行为不构成对甲公司所主张的“天普”汉字未注册商标的侵犯。因此，“天普”两个汉字是否为甲公司的未注册驰名商标是本案审理的焦点问题。

2. 甲公司未将“天普”两个汉字作为商标使用

首先，甲公司的企业名称为“XX天普太阳能工业有限公司”。“天普”两个汉字构成甲公司企业名称的主要部分。甲公司在其产品或者对外宣传使用企业名称或企业名称的主要部分不能认为是将“天普”两个汉字作为未注册商标使用。其次，根据本院查明的事实，甲公司于1995年注册了图形与汉语拼音“TIANPU”相组合的图形商标。该图形商标在以中文文字表述时也被称为“天普”牌，并且甲公司称其在产品上也一直使用该商标。法院认为，对一个图形商标以中文或其他文字方式表述并不能使该中文名称本身成为一个未注册商标，而只能是该注册图形商标的表述方式。最后，甲公司虽然提供了其天普牌太阳能热水器被B市质量技术监督局评定为名牌产品、中国农村能源行业协会认定为行业著名品牌，以及有关中介机构对“天普”牌商标的调查报告。但是，这些证据所指的“天普”牌，可能是对甲公司注册商标的评价，也可能是对甲公司所主张的未注册商标“天普”汉字的评价。为此，甲公司如果要证明上述机构的评价是针对其主张的“天普”汉字未注册商标的评价，在甲公司已经注册了图形加拼音的图形商标并使用的情况下，甲公司应当提供其将“天普”汉字作为未注册商标所使用的证明。

但是，在本案的审理过程中，甲公司并没有提供其将“天普”汉字单独作为未注册商标、而不是作为企业名称的简称或注册商标的中文表述方式在产品进行使用的证据。因此，法院无法认定甲公司将“天普”汉字作为未注册商标进行使用。

【法律分析】

1. 未注册商标和注册商标

本案的一个焦点其实是“天普”两个汉字到底应不应该被保护。法院认为，甲公司虽然注册了一个包含图形和汉字拼音“TIANPU”的商标，但是甲公司未能证明将“天普”两个汉字用做未注册商标使用，因此不能被认定为未注册商标。未注册商标与注册商标的法律地位不同，主要表现在以下几个方面：首先，注册商标所有人可以排除他人在同一种商品或类似商品上注册相同或近似的商标；而未注册商标使用人则无权排除他人在同一种商品或类似商品上注册相同或近似的商标，若其不申请注册，就可能被他人抢先注册，并被禁止继续使用该商标；但同时存在商标在先使用权的情形。其次，注册商标所有人享有商标专用权，当注册商标被他人假冒使用、构成商标侵权，商标权人可以请求非法使用人承担法律责任；而未注册商标使用人无权禁止他人使用，在先使用人无权对第三人的使用援引《商标法》请求诉讼保护。再次，在核定使用的商品上使用核准注册的商标，是商标所有人的权利。商标权人行使这些权利，不涉及他人商标专用权的问题；而未注册商标的使用一旦造成与他人的注册商标相混同，就易构成商标侵权，应当承担相应的法律责任。

未注册商标在寻求司法保护时，第一种途径便是证明自己为驰名商标，即对于使用该商标的市场份额、销售领域、利税、宣传或者促销活动的方式、持续时间、程度、资金投入和地域范围、市场声誉等应承担举证责任。第二种途径则是可以在先使用权进行抗辩。

2. 未注册驰名商标的认定问题

《商标法》第十三条第二款规定，就相同或者类似商品申请注册的商标是复制、摹仿或者翻译他人未在中国注册的驰名商标，容易导致混淆的，不予注册并禁止使用。第十四条规定，驰名商标应当根据当事人的请求，作为处理涉及商标案件需要认定的事实进行认定。认定驰名商标应当考虑下列因素：（一）相关公众对该商标的知晓程度；（二）该商标使用的持续时间；（三）该商标的任何宣传工作的持续时间、程度和地理范围；（四）该商标作为驰名商标受保护的记录；（五）该商标驰名的其他因素。

3. 企业名称和商标的问题

本案还涉及一个企业名称和商标的问题。按照法院的意见，应该是说“天普”两个汉字属于企业名称的问题，不是商标。所以，不能以《商标法》来保护。企业名称与商标的区别是：首先，商标由文字、图形或其他组合构成，是区别不同商品或者服务来源的标志；企业名称由行政区划、字号、行业或经营特点、组织形式构成，是区别不同市场主体的标志，也是区别不同企业的主要标志。其次，商标是用于产品或服务的名称，企业名称就是单独的企业称谓。最后，商标的使用更加灵活，商标可以转让或者许可他人使用，企业名称不能单独转让，也不允许他人使用。随着企业越来越多，同类产品竞争激烈，消费者反而更容易将注意力集中到产品上，而不再关心生产者是谁。所以消费者往往只会记住商标，而不是生产商。

商标权受商标法律、法规保护，而企业名称权受企业名称登记管理法律、法规以及《反不正当竞争法》的保护。因此，上述案件中，甲公司在其产品或者对外宣传使用企业名称或企业名称的主要部分不能认为是将“天普”两个汉字作为未注册商标使用。

【案件点评】

本案没有受《商标法》的保护，但是以《反不正当竞争法》来起诉的话，应当能得到支持。《商标法》是知识产权法的重要组成部分，其立法侧重于对商标权人私权的保护。《反不正当竞争法》作为经济法市场规制领域的重要内容，以社会公共利益为本位，侧重于市场竞争的公平、有序。在知识产权的保护中，反不正当竞争法与商标法是一般规定与特别规定的关系。在一些具体案件中，能通过商标法进行规制的，应优先适用商标法的规定；但如果商标法无法提供保护，而又有权利遭受侵害且需要保护时，则可根据情况适用反不正当竞争法予以补充保护。在本案中，甲公司应当以不正当竞争行为为诉由提起诉讼，用《反不正当竞争法》来进行权利救济。

案例 32　清华大学诉某新能源有限公司侵害商标权纠纷案[①]

【基本案情】

上诉人（一审原告）：清华大学

被上诉人（一审被告）：某新能源有限公司（以下简称“A 公司”）

被上诉人（一审被告）：骆某

1998 年 11 月 21 日，清华大学向国家工商行政管理局商标局申请注册了“清華”商标，核定使用服务项目第 41 类，包括学校（教育）、教育、函授课程、教育信息、培训、组织和安排学术讨论会、收费图书馆、书籍出版、录像带制作、组织文化教育展览。2010 年 4 月 14 日，A 公司向国家工商行政管理局商标局申请注册了“清华”商标，核定使用商品（第 11 类），包括电炊具、微波炉（厨房用具）、冷却设备和装置、水龙头、消毒设备、暖器、热水器、灯。2013 年 6 月 19 日，清华大学公证购买了 A 公司生产、被告骆某销售的“清华王牌升级版 3D 空气能中央热水机”产品一件，该产品及外包装上均有“清华”的标识。产品中的《热泵保修卡》右侧显示“清华太阳能集团有限公司（监制）”及 A 公司名称、地址及网址等信息，下方显示“清华太阳能集团有限公司”“清華企業”等字样或标识。被诉侵权产品主机包装箱上贴有带“清华企业”字样的包装带。

清华大学认为 A 公司生产的空气能中央热水机上标注了“清华”标识，实质上就是 A 公司的注册商标与“清华王牌及 J、Y、QHWP”的组合作为商标性使用，再加上 A 公司在经营过程中对“清华太阳能集团有限公司”“清華企業”等字样的使用情况，很容易使相关公众误认为标有被诉标识的商品来源于清华大学或其关联企业，或 A 公司在经营活动中使用“清华”二字得到了清华大学的许可，或 A 公司与清华大学之间存在参股控股、关联企业等特定联系。A 公司使用被诉标识的行为容易使相关公众误以为其与清华大学具有相当程度的联系，从而不当利用了清华大学驰名商标的声誉，损害了清华大学的利益。清华大学认为 A 公司使用被诉标识、骆某销售被诉侵权产品侵害其驰名注册商标专用权，遂诉至法院，请求判令 A 公司、骆某立即停止侵权行为；

---

① 参见《广东省高级人民法院二审民事判决书》〔2016〕粤民终 1734 号。

在《人民日报》首页就其侵权行为刊登不少于7个工作日的道歉声明；向清华大学赔偿经济损失70万元及合理费用7.8万元。

一审法院经过审理后认为，清华大学主张A公司、骆某擅自将本案“清华”名称、“清华”商标作为被诉侵权产品的标识侵犯了清华大学的“清華”注册商标专用权，没有事实和法律依据，故对清华大学的诉讼请求不予支持。二审法院经审理后认为，一审判决认定事实部分不清，适用法律存在错误。上诉人清华大学的上诉请求和理由部分成立，法院对该部分予以支持。判决结果为：撤销一审民事判决；A公司于判决发生法律效力之日起立即停止侵害清华大学第1225974号注册商标权的行为；骆某于判决发生法律效力之日起立即停止侵害清华大学第1225974号注册商标权的销售行为；A公司于判决发生法律效力之日起十日内赔偿清华大学经济损失及制止侵权行为所支付的合理开支共计人民币50万元。

【判决要点】

一审法院认为：

1. 原告主张“清華”商标为驰名商标依据不足

清华大学主张“清華”商标为驰名商标，但仅提供了该商标作为驰名商标受保护的记录。根据《商标法》第十四条及《最高人民法院关于审理涉及驰名商标保护的民事纠纷案件应用法律若干问题的解释》(2009年4月22日通过)第五条、第七条、第八条的相关规定，A公司、骆某对本案“清華”商标是驰名商标事实提出异议，而清华大学对于使用该商标的市场份额、销售领域、利税、宣传或者促销活动的方式、持续时间、程度、资金投入和地域范围、市场声誉等应承担举证责任，但清华大学并没有提交相应的证据予以证实该商标近几年的市场份额、地域、宣传情况等事实。故清华大学主张本案“清华”商标为驰名商标依据不足，一审法院不予支持。

2.A公司生产的被诉侵权产品标注有“清华”的标识没有侵害“清華”商标的专用权

A公司生产的空气能中央热水机上标注了“清华”标识，实质上是A公司的注册商标“清華”与“清华王牌及J、Y、QHWP”的组合作为商标性使用。清华大学的“清華”商标核定使用服务项目为第41类，其主要从事“学校（教育）、教育、培训”等服务，但A公司注册商标“清华”核定使用商品为第11类，即是用在热水器等商品上的商标。两者在产品性质、功能等方面存在较大差异，分属不同的经济领域，从事的行业相距甚远。因此，相关公众一般不会认为标有争议“清华”标识的被诉侵权产品系清华大学生产或与之存在某种联系，不致损害清华大学的利益。因此，A公司生产的被诉侵权产品上使用“清华”标识的行为没有侵害清华大学本案“清華”注册商标的专用权。

二审法院认为：

1. 原告清华大学的第1225974号“清華”商标为驰名商标

根据《商标法》（2001年修正）第十四条规定，认定驰名商标应当考虑下列因素：相关公众对该商标的知晓程度；该商标使用的持续时间；该商标的任何宣传工作的持续时间、程度和地理范围；该商标作为驰名商标受保护的记录；该商标驰名的其他因素。《最高人民法院关于审理涉及驰名商标保护的民事纠纷案件应用法律若干问题的解释》第四条规定，人民法院认定商标是否驰名，应当以证明其驰名的事实为依据，综合考虑商标法第十四条规定的各项因素，但是根据案件具体情况无需考虑该条规定的全部因素即足以认定商标驰名的情形除外。第八条规定，对于在中国境内为社会公众广为知晓的商标，原告已提供其商标驰名的基本证据，或者被告不持异议的，人民法院对该商标驰名的事实予以认定。

本案中，清华大学请求认定其第1225974号“清華”商标为驰名商标，并提交了“清华智慧”等商标异议裁定书、“清华洞”等商标不予注册的决定、民事判决书、行政处罚决定书等清华商标作为驰名商标受保护的相关记录及清华大学校庆资料等证据。法院认为，清华大学系一所有着逾百年历史、国内外知名的综合性大学，“清華”商标在学校、教育服务领域构成中国境内为社会公众广为知晓的商标。本案中清华大学已提供其第1225974号“清華”商标驰名的基本证据，且根据《最高人民法院关于适用〈中国人民共和国民事诉讼法〉的解释》（2014年12月18日通过）第九十三条关于当事人无须对众所周知的事实举证证明的规定，清华大学在中国境内已拥有众所周知的知名度。故二审法院对第1225974号“清華”商标驰名的事实予以认定。一审法院认为清华大学未提交相应的证据证明该商标近几年的市场份额、地域、宣传情况等，进而对本案“清華”商标驰名的事实不予认定不当，二审法院对此予以纠正。

2.A 公司、骆某构成商标侵权

根据《商标法》第十三条第二款规定，就不相同或者不相类似商品申请注册的商标是复制、摹仿或者翻译他人已经在中国注册的驰名商标，误导公众，致使该驰名商标注册人的利益可能受到损害的，不予注册并禁止使用。《最高人民法院关于审理涉及驰名商标保护的民事纠纷案件应用法律若干问题的解释》第九条第二款规定，足以使相关公众认为被诉商标与驰名商标具有相当程度的联系，而减弱驰名商标的显著性、贬低驰名商标的市场声誉，或者不正当利用驰名商标的市场声誉的，属于“误导公众，致使该驰名商标注册人的利益可能受到损害”。第十条规定，原告请求禁止被告在不相类似商品上使用与原告驰名的注册商标相同或者近似的商标或者企业名称的，人民法院应当根据案件具体情况，综合考虑以下因素后作出裁判：该驰名商标的显著程度；该驰名商标在使用被诉商标或者企业名称的商品的相关公众中的知晓程度；使用驰名商标的商品与使用被诉商标或者企业名称的商品之间的关联程度；其他相关因素。

本案中，A 公司在其生产、销售的空气能热水器产品及其包装箱上使用“清华”标识，并在其公司网站对被诉侵权产品进行宣传、推广。空气能热水器属于第 11 类商品，而清华大学第 1225974 号“清華”注册商标核准服务项目为第 41 类，包括学校（教育）、教育、函授课程等，两者属不相同、不相类似的商品或服务。将被诉标识与本案清华大学注册商标相比，被诉“清华”标识在组成要素上包括 A 公司的“清华”注册商标、“J、Y、QHWP”及“清华王牌”。对于习惯使用中文的中国相关公众来说，被诉“清华”标识中的“清华王牌”相对于图形、字母而言更容易引起注意，也更便于呼叫和记忆，故“清华王牌”是被诉标识的核心部分。

进一步分析，“清华王牌”由“清华”和“王牌”组成，其中“清华”二字与本案注册商标的文字内容完全相同，仅在文字形态上存在简体与繁体的差别，该繁简体差异不足以产生实质有效的区分效果，而“王牌”含评价之义，相较于“清华”而言识别性不强。因此，被诉标识的核心识别部分基本完整包含了本案注册商标，被诉标识与本案注册商标构成近似。

清华大学主张其第1225974号“清華”注册商标驰名并对其进行跨类保护。驰名商标的跨类保护应以“误导公众，致使该驰名商标注册人的利益可能受到损害”为要件。清华大学作为一所众所周知的综合性大学，其对理工科领域的人才培养及科研贡献尤为突出，拥有多项国家级科研项目，获得多项国家技术发明奖并申请专利，旗下设有同方股份有限公司等企业。“清华”作为清华大学的简称，在“学校（教育）、教育、培训”等服务领域为一般公众广为知晓且享有极高声誉。学校、教育、培训服务与使用被诉标识的空气能热水器分属不同领域，两者在商品或服务性质、消费对象等方面虽然存在差异，但基于清华大学具有众所周知的知名度及其在理工科领域享有的极高声誉，并结合A公司在经营过程中对“清华太阳能集团有限公司”“清華企業”等字样的使用情况等综合考虑，相关公众容易误认为标有被诉标识的商品来源于清华大学或其关联企业，或A公司在经营活动中使用“清华”二字得到了清华大学的许可，或A公司与清华大学之间存在参股控股、关联企业等特定联系。

概言之，A公司使用被诉标识的行为容易使相关公众误以为其与清华大学具有相当程度的联系，从而不当利用了清华大学驰名商标的声誉，损害了清华大学的利益。清华大学主张A公司使用被诉“清华”标识、骆某销售被诉侵权产品侵害其驰名注册商标专用权理据充分，二审法院予以支持。A公司、骆某关于被诉标识与本案商标区别明显，被诉侵权产品与本案商标核定使用服务不相同、不相类似，其使用行为不会造成消费者混淆误认的不侵权抗辩不成立，二审法院不予支持。

3. 关于民事侵权责任的问题

根据《侵权责任法》第十五条的规定，承担侵权责任的方式主要有停止侵害、赔偿损失等。2001年《商标法》第五十六条规定，侵犯商标专用权的赔偿数额，为侵权人在侵权期间因侵权所获得的利益，或者被侵权人在被侵权期间因被侵权所受到的损失，包括被侵权人为制止侵权行为所支付的合理开支。前款所称侵权人因侵权所得利益或者被侵权人因被侵权所受损失难以确定的，由人民法院根据侵权行为的情节判决给予五十万元以下的赔偿。销售不知道是侵犯注册商标专用权的商品，能证明该商品是自己合法取得的并说明提供者的，不承担赔偿责任。A公司在其产品和网站上使用被诉“清华”标识，骆某销售被诉侵权产品，均构成商标侵权，依法应承担相应的民事责任。清华大学诉请A公司、骆某停止上述侵权行为，于法有据，应予支持。关于清华大学诉请A公司、骆某就其侵权行为在《人民日报》首页刊登道歉声明的问题，法院认为，侵权案件中适用的侵权责任方式应当与权利所受到的损害相适应，虽然《民法通则》第一百二十条、第一百三十四条、《侵权责任法》第十五条均规定了可以适用赔礼道歉、消除影响、恢复名誉作为承担民事责任的一种方式，但就法人而言，赔礼道歉只适用于法人的名称权、名誉权、荣誉权受到侵害的情形。本案中，A公司、骆某的侵权行为是对清华大学注册商标专用权的侵害，鉴于现有证据尚不足以证明A公司、骆某的侵权行为已对清华大学的相关声誉造成贬损，也即未涉及清华大学人格权利的损害，因此二审法院不予支持清华大学的该项诉讼请求。

关于清华大学诉请A公司、骆某赔偿其经济损失人民币70万元及合理维权费用7.8万元的问题。A公司在被诉侵权期间生产、销售的空气能热水器产品有“清华王牌”和“帝康”两个品牌，本案现有证据无法证明A公司因侵权所获得的利益或者清华大学因被侵权所受到的损失，故二审法院综合各种因素，酌定A公司赔偿清华大学经济损失及制止侵权行为所支付的合理开支共计人民币50万元。

关于骆某应否承担赔偿责任的问题，本案被诉侵权产品是骆某从A公司合法购得后进行销售，本案现有证据不足以证明骆某明知其销售的是侵权产品，根据2001年《商标法》第五十六条第三款之规定，骆某无须承担赔偿责任。

【法律分析】

1. 驰名商标的认定标准

本案一审和二审在此问题是呈现了截然相反的不同结果，原因就在于对驰名商标认定标准的理解不同。一审法院提出，被告应就使用该商标的市场份额、销售领域、利税、宣传或者促销活动的方式、持续时间、程度、资金投入和地域范围、市场声誉等承担举证责任；而二审法院则运用了《最高人民法院关于适用〈中华人民共和国民事诉讼法〉的解释》第九十三条关于当事人无须对众所周知的事实举证证明的规定，认为清华大学在中国境内已拥有众所周知的知名度，从而对第 1225974 号“清華”商标驰名的事实予以了认定。

2. 驰名商标的跨类保护问题

商标作为标识，可以区分商品的来源。与普通商标相比，驰名商标被混淆的可能性更大。同时，混淆行为对驰名商标所承载的商誉影响也更大。为了打击混淆驰名商标的侵权行为，同时保护驰名商标权利人的商誉，法律适当地扩大了对驰名商标的保护范围，即驰名商标的专用权不限于对同类商品，也制约着不相同或者不相类似的商品。根据《关于在审理侵犯商标权等民事纠纷案件中认定和保护驰名商标应用法律若干问题的解释》第九条，人民法院禁止被告在不相同或者不相类似商品上使用与原告已注册的驰名商标相同或近似的商标的，应当考虑该驰名商标的显著性、在被控侵权商品的相关公众中的知晓程度，以及相关商品的关联程度等情形。

【案件点评】

本案反映了太阳能热水器行业在发展过程中的问题。在行业发展初期，太阳能常规产品准入门槛低，为了国家颁布的利好政策，大家蜂拥而上。其中就不乏一些浑水摸鱼的企业。随着家电下乡、惠民补贴等政策实施，农村市场逐渐被过度消费，需求进入停滞期。通过多年发展，太阳能热水器行业实现了完全市场竞争，出现了很多不正当竞争现象。除了本案中涉及的侵犯他人商标权的情况外，还有产品质量不合格、低价竞标等现象。为了整个太阳能热水器行业的健康发展，企业应该从安全、品质、用户舒适度等各方面进行升级，严把质量关，提高企业自身的竞争力。

另外，本案出现了同案不同判的情况。“同案”指的是两个案件在法律关系、构成要件上相同。“不同判”是指在实践中，不同法院或同一法院，针对同类法律关系或法律问题，适用法律不同或适用法律相同但采用标准不同而作出不同裁判结果。“同案不同判”产生的主要原因有：法律、法规没有明确规定，法院针对审判实践中作出司法解释，但这些解释可能具有滞后性，先前的判例与之后的判例出现不同的裁判结果；不同法律规范之间有冲突，我国还没有形成一个系统的法律共同体；法官对法律规范的理解不同，选择的法律、法规不同或审判思路不同，会造成不同的结果。针对“同案不同判”问题，一方面应该建立法院案例指导制度，对相同的案件提供参考依据，同时提高法官的业务水平，开展相应的法律、法规学习课程；另一方面，国家应出台更加细致的司法解释，顺应实践需求，同时建设较为系统的法律体系，减少法律规范之间的冲突。

案例 33　某能源集团有限公司诉某能源股份有限公司侵犯企业字号权纠纷案[①]

【基本案情】

原告：某能源集团有限公司（以下简称“甲公司”）

被告：某能源股份有限公司（以下简称“乙公司”）

甲公司是山东省属国有独资公司，2010 年底在济南注册成立，注册资本 100 亿元，下辖 6 个矿业集团、2 个区域公司、2 个物流公司、1 个财务公司、1 个重型机械装备公司和技术研发、信息中心等直属机构。其早在 2013 年 6 月 21 日就注册了“山东能源”文字 + 拼音 + 图形商标，注册有效期为 2013 年 6 月 21 日至 2023 年 6 月 20 日。乙公司 2009 年在济南注册成立，注册资本 1000 万元，是一家民营企业。自然人于某持股 98.3%。该公司在新三板挂牌，主营业务是通过自有加气站进行车用天然气销售。

乙公司表示，为避免与已挂牌公司和上市公司重复，使用了“山东能源”四个字作为证券简称。甲公司认为，乙公司使用“山东能源”作为在全国股转系统的企业简称并宣传、使用的行为，已侵犯该集团商标权、侵犯了企业字号权，且极易引起消费者对两家公司的混淆。甲公司请求法院判令乙公司立即停

① 参见《泰维能源将变更证券简称“山东能源”字号权之争落定》，载企查查，https://www.qichacha.com/postnews_39bc471d52b9ad8c20d0364e5c920d7b.html，访问日期：2019 年 6 月 22 日。

止侵害商标权及不正当竞争行为，立即在全国股转系统变更“山东能源”的简称，并赔偿因侵权行为致集团支出的维权费用15.2万元。

一审法院判决乙公司变更证券简称，并赔偿甲公司维权费用9万元。二审法院山东省高级人民法院于2017年4月14日开庭审理此案。二审法院发出〔2017〕鲁民终528号调解书，确认双方于6月21日签订的和解协议内容，协议约定公司于和解协议签订之日起50日内向全国股转系统提出申请变更“山东能源”的证券简称，争取60日内最迟90日内完成证券简称变更。公司在前述期间内完成名称实际变更后，甲公司放弃本案一审判决所判令的维权合理费用9万元等。

【法律分析】

法律对企业名称权的保护在《反不正当竞争法》中有明确规定。按照1993年《反不正当竞争法》第五条第（三）项规定，擅自使用他人的企业名称或者姓名，引人误认为是他人的商品的，属于经营者采取不正当手段从事市场交易，损害竞争对手的行为。最高人民法院《关于审理商标民事纠纷案件适用法律若干问题的解释》第一条第（一）项规定，企业字号与他人注册商标相同或者相近似，并在相同或类似商品上突出使用、易使相关公众产生误认的，属于《商标法》第五十二条第（五）项所规定的“给他人注册商标专用权造成其他损害的”行为。

企业名称的保护遵循分辖区保护原则。根据《企业名称登记管理规定》的规定，在登记主管机关辖区内不得与已注册登记的同行业企业名称相同或近似。企业名称权的保护范围不能简单地以“登记主管机关辖区内”为判断标准，应以登记地和营业地为基础，结合企业的营业范围等因素综合考虑。此外，关于字号和企业名称的关系，最高人民法院《关于审理不正当竞争民事案件应用法律若干问题的解释》第六条规定：“具有一定的市场知名度、为相关公众所知悉的企业名称中的字号，可以认定为反不正当竞争法第五条第（三）项规定的‘企业名称’。”从该司法解释可以看出，字号保护的条件是字号具有市场知名度并为相关公众所知。

【案件点评】

企业名称权是企业重要的无形资产。在激烈的市场竞争中，个别企业故意将自己的企业名称与知名企业的名称混同，搭知名企业的便车，以攀附知名企业的声誉，进而损害他人权益，这势必造成市场的混淆，甚至对知名企业造成商誉损害。对于这种现象，我国《商标法》及《反不正当竞争法》都对企业的名称权作出相应保护，一般需要被侵权企业承担举证责任，证明自身企业名称的市场知名度及相关公众知悉度等相关情况，法官据此判断是否因企业名称混同损害了被侵权企业的利益，从而进行保护。

根据最高人民法院《关于审理不正当竞争民事案件应用法律若干问题的解释》规定，企业登记主管机关依法登记注册的企业名称，以及在中国境内进行商业使用的外国（地区）企业名称，应当认定为《反不正当竞争法》第五条第（三）项规定的“企业名称”；具有一定的市场知名度、为相关公众所知悉的企业名称中的字号，可以认为为《反不正当竞争法》第五条第（三）项规定的“企业名称”。可见，企业名称包括企业登记主管机关依法登记注册的企业名称，还包括具有一定的市场知名度、为相关社会公众所知悉的企业名称中的字号。但是，实践中，关于企业简称或者缩略语等特定称谓仍未纳入该司法解释明确保护之列。根据目前的司法判例，可受保护的企业简称应满足以下三个要件：第一，通过真实、积极的使用，该企业简称已为特定地域内的相关公众所认可；第二，该企业简称具有一定的市场知名度，与该企业建立起了稳定的联系；第三，他人在后擅自使用该企业简称，足以使特定地域内的相关公众对在后使用者和在先企业之间发生市场主体上的混淆。

案例 34　中石油天然气股份有限公司河南新乡销售分公司诉某高速服务有限公司侵害商标权纠纷案[①]

【基本案情】

原告：中石油天然气股份有限公司河南新乡销售分公司（以下简称“X公司”）

---

① 参见《河南省新乡市中级人民法院一审民事判决书》〔2016〕豫 07 民初 178 号。

被告：某高速服务有限公司（以下简称“Y 公司”）

“中国石油”商标是中国石油天然气集团公司、中国石油天然气股份有限公司（以下将上述两个企业统一简称为“中石油”）依法注册享有专用权的注册商标，商标专用权范围包括车辆加油站、车辆润滑油等多个服务项目，未经 X 公司或者 X 公司上级公司依法授权许可，任何单位和个人不得擅自使用。2016 年 6 月 13 日，中石油出具授权委托书，授权中国石油天然气股份有限公司河南销售分公司在河南区域内使用上述商标，并授权其在河南区域内对未经许可使用该商标的第三方提出侵权诉讼。在该协议第三天转委托中载明“受托人对委托范围事项可以转委托其管理的经营单位处理”。2016 年 6 月 20 日，中国石油天然气股份有限公司河南销售分公司与本案 X 公司在内的多家销售分公司签订授权委托书，委托受托人处理未经许可使用与案涉商标及标志相同或者类似的第三方的商标侵权行为提出侵权之诉。

Y 公司经营的位于新乡市的马村加油站、临河加油站，与 X 公司及其上级公司之间不存在任何隶属关系和油品进货渠道关系。X 公司发现 Y 公司未经其许可在其经营场所使用与其商标相同或近似的标识，X 公司工作人员以普通消费者的身份进入该加油站进行消费，并取得了河南增值税普通发票一张，并对该加油站外观现状进行拍摄，照片显示，Y 公司使用的图文标志与 X 公司的注册商标近似。X 公司认为 Y 公司未经 X 公司及其上级公司授权，自成立以来在其经营场所长期使用案涉商标及图案，误导社会公众，让人误以为其加油站是 X 公司的经营站点，损害了 X 公司及其上级公司的商标专用权。中石油多次督促责令其停止侵权行为，但 Y 公司拒不纠正，仍然继续使用该商标。因此，X 公司将 Y 公司诉至法院，请求法院确认 Y 公司的行为侵犯了其商标专用权，也侵犯了 X 公司的经营利益。

法院经过审理，确认 Y 公司侵犯了 X 公司的商标专用权，判决 Y 公司立即停止使用“中国石油”注册商标专用权的行为，并赔偿 X 公司的经济损失 3 万元。

【判决要点】

法院审理认为，中石油作为商标的注册人，拥有涉案商标的注册商标专用权。X 公司享有涉案商标专用权的合法授权。Y 公司京珠高速公司未经商标注册人以及商标授权使用人同意，擅自在其经营的加油站使用与X公司注册商标近似的标识，极易使消费者产生混淆或误认。其行为侵犯了注册商标人的商标专用权，亦侵犯了X公司在授权范围内的经营利益。因此，Y公司应当停止侵权行为并赔偿X公司的经济损失。在赔偿数额的确定上，鉴于X公司因被侵权所受到的实际损失及Y公司因侵权所获得的利益均难以确定，综合考虑Y公司所经营加油站的地理位置、经营规模、经营状况等情况，结合Y公司侵权行为的性质、时间、后果等因素，法院酌情确定赔偿数额3万元。

【法律分析】

2013年《商标法》第五十七条列举了侵犯注册商标专用权的行为：未经商标注册人的许可，在同一种商品上使用与其注册商标相同的商标的；未经商标注册人的许可，在同一种商品上使用与其注册商标近似的商标，或者在类似商品上使用与其注册商标相同或者近似的商标，容易导致混淆的；销售侵犯注册商标专用权的商品的；伪造、擅自制造他人注册商标标识或者销售伪造、擅自制造的注册商标标识的；未经商标注册人同意，更换其注册商标并将该更换商标的商品又投入市场的；故意为侵犯他人商标专用权行为提供便利条件，帮助他人实施侵犯商标专用权行为的；给他人的注册商标专用权造成其他损害的。上述Y公司的行为符合第五十七条规定的第二项行为。

【案件点评】

在我国成品油市场中，中石化和中石油两家占据市场份额非常之高。作为值得信赖的国企，消费者对于这两家企业的油品品质更加信任。随着社会加油站的不断增多，侵犯两家企业商标权、盗用名称等侵权行为屡屡发生。存在侵权行为加油站的共性是，未经中石油、中石化公司授权许可，擅自在加油站的罩棚、柱子、加油机等设施及员工工作服上使用近似或相同于“中国石化”“中国石油”等注册商标标识，目的在于误导公众，使一般消费者误认为其为中石化、中石油的加油站，吸引更多消费者，从而谋取不正当利益。商标侵权行为不仅损害了商标权人的合法权益，也严重扰乱了成品油市场的经营秩序。当然，这其中也不乏社会加油站生存空间受到挤压，“不得已而为之”的因素在，但这不能成为侵权的借口和理由。为了建设真正良性的成品油市场环境，在打击各类侵权行为的同时，也应持续推进石油体制市场化改革，促成成品油市场的公平、有序竞争。

第二节　专利权纠纷

案例35　某能源科技有限公司与某新能源股份有限公司侵害发明专利权纠纷[①]

【基本案情】

原告：南京光威能源科技有限公司（以下简称“甲公司”）

被告：浙江煜腾新能源股份有限公司（以下简称“乙公司”）

赵某于2008年11月10日向国家知识产权局申请了涉案专利，2010年8月11日获得授权。该专利涉及太阳能利用技术，系一种利用板式微热管技术的板式太阳能集热器及集热系统以及加工工艺，共有7项权利要求。其中，权利要求1、5、7为独立权利要求，分别保护了一种板式太阳能集热器、一种太阳能集热系统及板式太阳能集热器的加工工艺，其余为从属权利要求。2014年3月12日，T能源科技公司从赵某处受让取得涉案专利。2014年12月23日，甲公司与T能源科技公司签订专利实施许可合同，双方约定：从2015年1月1日起至2019年12月31日止，甲公司独占性拥有涉案专利在中华人民共和国境内的独占性实施权。

甲公司诉称乙公司未经许可实施了侵犯其发明专利权的行为。首先，乙公司通过其官方网站及阿里巴巴网、慧聪网对被控侵权产品“平板太阳能集热器及热水器”等进行了宣传、报道，对其工程案例进行了列举，构成许诺销售、销售被控侵权产品的行为。其次，甲公司经实地调查发现，乙公司持有用于制造被控侵权产品的专用设备和模具，并在其工厂内大量制造、组装和存储被控

① 参见《上海知识产权法院一审民事判决书》〔2017〕沪73民初312号。

侵权产品，构成制造被控侵权产品的行为。关于侵权赔偿数额的认定，根据乙公司 2016 年和 2014 年的审计报告，其在 2012 年至 2015 年度通过侵权行为销售所得分别为 1392231.51 元、33374607.51 元、39677121.16 元、45719358.78 元。可见，乙公司制造、许诺销售、销售的被控侵权产品价格较高、产销量较大，侵权获利巨大。故甲公司甲公司提出诉讼请求：判令乙公司立即停止制造、使用、许诺销售、销售侵权产品；乙公司赔偿甲公司经济损失 50 万元以及甲公司为调查、制止侵权行为所支出的合理费用 20 万元，共计 70 万元。

法院审理后认为，被控侵权产品落入涉案专利权的保护范围；乙公司侵犯了甲公司的专利独占性实施权，应该给予赔偿。

【判决要点】

1. 甲公司是本案适格甲公司

首先，甲公司出示了涉案《专利权实施许可合同》原件，在无相反证据的情况下，法院可以认定涉案《专利权实施许可合同》的真实性。法律并未规定专利实施许可合同需以备案作为生效要件。甲公司与涉案专利权人签订的专利权实施许可合同虽未经备案，但不影响合同的效力。其次，依据我国《专利法》第六十条并参照《最高人民法院关于对诉前停止侵犯专利权行为适用法律问题的若干规定》（2001 年 6 月 5 日通过）第一条之规定，专利独占性实施许可的被授权人作为授权专利的利害关系人，有权单独以自己的名义起诉侵权人。因此，甲公司作为涉案专利的独占实施许可的被许可人，有权单独以自己的名义向法院针对被控侵权行为提起诉讼，是本案的适格甲公司。

2. 被控侵权产品能够落入涉案专利权的保护范围

乙公司认为，被控侵权产品的技术方案与涉案专利本质上属于两种不同的技术方案。具体而言，涉案专利的技术方案是，板式太阳能集热器一端插置于储水箱中，并与储水箱中的出水进行热量交换以制备热水，另一端暴露在外以吸收太阳的辐射能。因此，涉案专利属于储水式结构，对储水器中的水进行加热，使得储水器中的水温升高，当需要使用热水时，直接从储水器中放出热水即可。而被控侵权产品中，超导热管不与储水箱连接，超导热管有一处为弯的，进水管和出水管为连接在一起的一整根水管，该水管嵌在超导热管的弯的位置处并与超导热管接触进行热传导，被控侵权产品属于即开即用式加热方式。

根据我国《专利法》第五十九条规定，发明或者实用新型专利权的保护范围以其权利要求的内容为准。本案中，对外输出热能的具体方式未记载在涉案专利权利要求1中，不能用来限制涉案专利权利要求1的保护范围。因此，乙公司关于二者为不同技术方案的抗辩不能成立，被控侵权产品能够落入涉案专利权的保护范围。

3. 乙公司应承担的责任及本案的损害赔偿金额计算问题

我国《专利法》第六十五条规定，权利人的损失、侵权人获得的利益和专利许可使用费均难以确定的，人民法院可以根据专利权的类型、侵权行为的性质和情节等因素，确定给予一万元以上一百万元以下的赔偿。产权保护特别是知识产权保护是塑造良好营商环境的重要方面，加大知识产权侵权违法行为惩治力度，让侵权者付出沉重代价，是我国当前的司法政策。加大知识产权损害赔偿的力度、提高损害赔偿的金额，有利于打造公平而富有活力的市场氛围与营商环境，降低社会综合治理成本。就本案而言，综合考虑如下因素：（1）涉案专利为发明专利，创造性较高。（2）乙公司曾与甲公司合作，为甲公司生产加工专利产品，应明知涉案专利的存在。乙公司在明知涉案专利的情况下实施被控侵权行为，主观恶意明显。（3）乙公司生产的被控侵权产品构成相同侵权。（4）乙公司实施侵权的时间较长。（5）乙公司未能向法院提供财务账簿以查明侵权范围和侵权获利。结合在案证据，甲公司主张的赔偿额在法定赔偿的范围之内，并无明显不合理之处，法院予以支持。

【法律分析】

1. 专利权侵权诉讼甲公司主体资格问题

诉讼主体资格是专利案件中非常重要的问题，尤其是在专利权的所有人与实际实施人分离的情况下，确定诉讼主体资格十分重要。根据我国《专利法》第六十条的规定，未经专利权人许可，实施其专利，即侵犯其专利权，引起纠纷的，由当事人协商解决；不愿协商或者协商不成的，专利权人或者利害关系人可以向人民法院起诉，也可以请求管理专利工作的部门处理。关于利害关系人的范围，在《最高人民法院关于对诉前停止侵犯专利权行为适用法律问题的若干规定》中有明确规定，包括专利实施许可合同的被许可人、专利财产权利的合法继承人等。其中，专利实施许可合同被许可人中，独占实施许可合同的被许可人可以单独向人民法院提出申请；排他实施许可合同的被许可人在专利权人不申请的情况下，可以提出申请。因此，在进行专利侵权诉讼时，要确定自身是否具备诉讼主体资格。尤其是在获得他人授权的情况下，首先要保证实施许可合同依法有效。如果是独占性被许可人，可以自己的名义提起诉讼。如果是排他性被许可人，则需要及时通知专利权人，要求其及时制止侵权行为；如果其在收到通知之后不作为，则可以自己的名义提起诉讼，并向法院及有关行政机关进行说明。如果只是普通的被许可人，由于不具备单独提起诉讼的资格，这时一方面要及时通知专利权人提起诉讼，另一方要及时固定证据，主动出击，同时配合专利权人的诉讼活动。

2.《专利权实施许可合同》不备案不影响合同的效力

《中华人民共和国专利法实施细则》(2001 年 6 月 15 日通过，2002 年 12 月 28 日、2010 年 1 月 9 日修订，以下简称《专利法实施细则》) 第十四条规定，专利权人与他人订立的专利实施许可合同，应当自合同生效之日起 3 个月内向国务院专利行政部门备案。本条规定中，“合同生效之日起”本身即说明合同已经生效了，3 个月内向国务院专利行政部门备案不能理解为是合同生效的要件。

3. 发明或者实用新型专利权的保护范围问题

作为专利权客体的发明创造是无形的知识形态的智力劳动成果，因此，不能依发明创造本身来确定专利权的保护范围。实践中，专利产品与申请专利保护的范围往往有不一致的情况，因此，也不能依专利产品来确定专利权得到的保护范围。我国《专利权》第五十九条规定，发明或者实用新型专利权的保护范围以其权利要求的内容为准，说明书与附图可以用于解释权利要求。外观设计专利权的保护范围以表示在图片或照片中的该产品的外观设计为准，简要说明可以用于解释图片或者照片所表示的该产品的外观设计。《专利法实施细则》第十九条规定，权利要求书应当记载发明或者实用新型的技术特征。

在认定专利权保护范围时，首先是以权利要求书的内容为准。这里“为准”是指以权利要求书记载的技术特征参数实质内容为必要，并在此前提下，说明书和附图可以用于解释权利要求书。权利要求记载的内容是确定发明或者实用新型专利权保护范围的直接依据，说明书和附图处于从属地位。一项技术构思尽管在说明书或者附图中有所体现，但是，如果在权利要求书中没有记载，则不在专利权的保护范围之内。与此同时仍然应当注意的是，权利要求书是知识发明或者实用新型说明书所记载的必要构成事项的简要表述，还是应当参考说明书及附图，了解其目的、效果和作用，以确定权利要求的确切内容。

确认专利权保护范围的基本原则有三种代表性的做法：一是“周边限定制”，即专利权的保护范围完全由权利要求记载的内容来确定，并且要求只能根据权利要求书用词的字面意义严格、忠实地进行解释，以界定发明和实用新型专利的保护范围；二是“中心限定制”，即专利的保护范围由专利的说明书和附图来确定，权利要求的作用仅仅是供专利局和公众来判断其发明创造的新颖性和创造性，在确定专利权的保护范围时可以通过说明书和附图较为自由地对权利要求做出扩大解释；三是“折中制”，既要避免采用“周边限定”原则，即专利的保护范围与权利要求文字记载的保护范围完全一致，说明书及附图只能用于澄清权利要求中某些含糊不清之处，又要避免采用“中心限定”原则，即权利要求只确定一个总的发明核心，保护范围可以扩展到技术专家根据说明书与附图认为属于专利权人要求保护的范围。折中解释处于上述两个极端解释原则的中间，可以把对专利权人的合理正当的保护与对公众的法律稳定性及其合理利益结合起来，因而受到很多学者和实务人士的认可。

【案件点评】

专利保护范围是由经过说明书正确解释的权利要求书的内容确定的。首先，当权利要求中的必要技术特征不易理解时，可以根据说明书记载的内容给其以清楚的解释。其次，当权利要求的保护范围较大时，可以根据说明书对权利要求做出适当的缩小解释，从而使权利得到说明书的支持，否则将可能损害公众利益。此外，当权利要求的保护范围较小或者不确切时，同样可以根据说明书对专利权要求做出适当的解释。在实践中，有些专利文件将明显的非必要的附加技术写入专利独立权利要求中，使独立权利要求的保护范围过小，此时就应当根据说明书的解释，省略专利独立要求中的附加技术特征。能源领域实践中，由于一些能源产品市场尚不成熟，相关从业人员对能源专利申请并不熟悉，这就可能造成专利文件的书写不规范、不科学等一系列问题。此时更应当从智力成果的目的效果和作用入手，通过对权利要求书做出合理解释的方式解决相关问题。

案例 36　某电力股份有限公司与某化工有限公司专利纠纷[①]

【基本案情】

上诉人（一审被告）：某化工有限公司（以下简称“A 公司”）

被上诉人（一审原告）：某电力股份有限公司（以下简称“B 公司”）

B 公司于 2013 年 10 月 29 日向国家知识产权局专利申请了涉案专利，2016 年获得授权。涉案专利为“辅助伞套”，主要用于变电站、输电线路等设施的绝缘子表面，可防止雨水、冰雪、雾霾等侵害，确保电力系统稳定运行、防止停电等情况发生。专利权利要求 1 记载：一种辅助伞套，包覆在绝缘子外，所述绝缘子包括杆体和自杆体向外延伸的若干伞裙，所述辅助伞套的内表面形成收容腔，所述收容腔至少收容单片所述伞裙，所述伞裙整体地收容在所述收容腔内；所述收容腔的形状与所述收容腔包覆的所述绝缘子对应部位的外表面形状相一致，所述辅助伞套沿径向上设置有不重叠的开口，用于打开所述收容腔将所述伞裙纳入所述收容腔内，所述开口边缘设置有黏结区，所述辅助伞套通过涂有黏结剂的黏结条在所述黏结区将所述开口两边黏结起来。

A 公司成立于 2001 年 12 月 15 日，经营范围包括有机硅、有机氟、氟硅系列产品、防污闪涂料、防腐蚀涂料、耐热防火涂料、复合绝缘子、工厂复合化绝缘子、相间间隔棒、辅助伞裙、自融自粘绝缘包覆带、绝缘护套及装置、碳纤维复合芯导线、复合绝缘横担及杆塔、电力金具研发、生产、销售及施工

---

① 参见《广东省高级人民法院二审民事判决书》〔2018〕粤民终 1583 号。

等。B 公司诉称 A 公司生产、销售 B 公司的授权专利权的产品，遂在某公证处公证员的监督下，对涉诉产品进行保全证据公证。B 公司向一审法院提起诉讼，请求判令 A 公司立即停止制造、销售、许诺销售侵害 B 公司的专利权产品行为，销毁制造侵权产品的专用模具，并赔偿 B 公司经济损失 100 万元及为制止侵权所支出的合理费用 22.281 万元。

后在庭审中将被诉侵权产品与涉案专利权比对，B 公司认为：被诉侵权产品具有涉案专利权利要求 1 全部技术特征，落入涉案专利权的保护范围。A 公司确认被诉侵权产品为其制造并销售，并认为：（1）被诉侵权产品是辅助伞裙，辅助伞裙是行业的通用名称，在行业内叫增爬伞裙，跟 B 公司提出的辅助伞套不是同一类产品；（2）被诉侵权产品仅是部分套在绝缘子伞裙外，被诉侵权产品不包含杆体，被诉侵权产品仅是套装在伞裙边缘，被诉侵权产品没有包覆杆体；（3）关于收容腔，被诉侵权产品需要套在伞裙边缘，必须要有槽，被诉侵权产品有收容腔，并没有把全部收容腔套装在内，仅套在边缘，跟 B 公司专利并不相同；（4）收容腔包覆的所述绝缘子对应全部的部分外表面形状跟 B 公司专利的并不一致，A 公司只是有绝缘子伞裙的一部分；（5）确认辅助伞套有开口，这是工业常识，必须要有的开口，否则无法套上；（6）B 公司专利用于打开收容腔将所述伞裙纳入所述收容腔内，而被诉侵权产品只是套在伞裙边缘上；（7）开口边缘粘贴区是有的，这是该行业里必须要有的。

一审法院经过审理，认定 A 公司实施了制造、销售被诉侵权产品行为，并承担相应的法律责任，停止侵权，并一次性赔偿 B 公司经济损失和合理费用共计 30 万元。A 公司不服一审判决，认为被诉侵权产品不落入涉案专利权的保护范围，被诉侵权产品实施的是现有技术，一审法院认定事实错误，并且确定的损害赔偿金额无事实与法律依据，故请求二审法院撤销一审判决，依法改判驳回 B 公司的全部诉讼请求。二审法院审理后认定上诉人 A 公司的上诉请求不能成立，一审判决认定事实清楚，适用法律正确。判决：驳回上诉，维持原判。

【裁判要点】

1. 被诉侵权产品落入涉案专利权的保护范围

B 公司确定以涉案专利权利要求 1 为权利保护范围。经勘验被诉侵权产品实物，被诉侵权产品包括被诉侵权产品内表面形成收容腔，收容腔可收容单片伞裙，伞裙可整体收容在收容腔内，收容腔的形状与绝缘子的形状相一致，被诉侵权产品径向设置有不重叠的开口便于打开将伞裙纳入收容腔，该开口边缘设置有黏结区，可以通过使用黏结剂将开口两边黏结起来。至于A公司关于被诉侵权产品套装在绝缘子伞裙边而并非包覆绝缘子的主张，经勘验，被诉侵权产品两端分别设置有套筒部，套筒部的设计必然与杆体配合，被诉侵权产品的容纳强必然会包覆绝缘子而非套装在绝缘子伞裙边，A公司的该项主张没有事实依据。综上，经比对，被诉侵权产品所采用的技术方案包含涉案专利权利要求1所记载的全部技术特征，被诉侵权产品落入涉案专利权的保护范围。

2. 被诉侵权产品实施的也并非现有技术

我国《专利法》第二十三条规定，现有技术是指申请日以前在国内外为公众所知的技术。第六十二条规定，在专利侵权纠纷中，被控侵权人有证据证明其实施的技术或者设计属于现有技术或者现有设计的，不构成侵犯专利权。本案中，A公司提出现有技术抗辩，并提交了名称为“复合绝缘防护裙”的实用新型专利作为证据。经比对，由于现有技术证据并未披露该防护裙存在“收容腔至少收容单片伞裙”“伞裙整体地收容在收容腔内”等技术特征，因此，被诉侵权产品落入本案专利保护范围的全部技术特征并未被该现有技术披露，被诉侵权产品使用的并非现有技术。

【法律分析】

2010年《最高人民法院关于审理侵犯专利权纠纷案件应用法律若干问题的解释》（2009年12月21日通过）第七条规定了专利侵权判定的全面覆盖原则，即判断被诉侵权技术是否落入专利权的保护范围，应当审查权利人主张的权利要求所记载的全部技术特征：一方面，被诉侵权技术方案包含与权利要求记载的全部技术特征相同或者等同的技术特征的，认定其落入专利权的保护范围；另一方面，被诉侵权技术方案的技术特征与权利要求记载的全部技术特征相比，缺少权利要求记载的一个以上的技术特征，或者有一个以上技术特征不相同也不等同，认定其没有落入专利权的保护范围。需要注意的是，判断被诉侵权技术是否落入专利权的保护范围时，进行比对的是被指控侵权技术与权利要求中记载的技术，而不是被控侵权技术与专利产品的技术。

【案件点评】

中国能源装备网统计显示，装备制造业近年来的年均增速高达28%，远远高于GDP的增速，也高于整个制造业的增速。装备制造业的支柱产业地位越来越突出，对经济增长的拉动作用越来越强。随着装备制造业的快速发展，相关问题也随之出现。作为新技术层出不穷的行业，能源装备行业的专利与实用新型的侵权纠纷也日渐增多。只有进一步增强对能源装备行业知识产权的保护，形成行之有效的全流程保护机制，才能进一步促进能源产业的发展。这就要求行业内部达成共识，形成一套具有本行业鲜明特色的自律保护机制。同时，在全社会加强对知识产权保护的宣传，形成“全民保护”的舆论环境。

案例37 某A公司与某新能源科技有限公司侵害实用新型专利权纠纷①

【基本案情】

上诉人（一审被告）：某新能源科技有限公司（以下简称“甲公司”）

被上诉人（一审原告）：某住所地为法兰西共和国阿尔克市的公司（以下简称“A公司”）

A公司于2006年12月9日向中华人民共和国国家知识产权局申请名称为“壶盖”的实用新型专利，于2007年12月19日获得授权公告。甲公司是2009年3月17日成立的有限责任公司，主要经营范围是太阳能热水器及太阳能电池的研发（不含生产）。涉案专利是名称为“壶盖”的实用新型专利。甲公司未经许可，大量生产、许诺销售A公司享有实用新型专利权的产品，并在2015年第117届广州中国进出口商品交易会展览馆内进行展示。A公司认为其严重侵犯了自己的专利权，遂提起诉讼，要求甲公司立即停止侵犯专利权的行为，包括立即停止生产、许诺销售侵权产品，并销毁用于生产侵权产品的模具，赔偿A公司的经济损失及合理支出共计人民币100000元。

被告甲公司辩称，其不是本案适格被告。甲公司通过李某等中间人将广交

① 参见《广东省高级人民法院二审民事判决书》〔2016〕粤民终1205号。

会的展柜转租给了C进出口有限公司，应当追加C进出口有限公司为本案被告。本案公证书存在严重瑕疵。公证机构在南京市，取证地点在广州市，超出了公证机构的执业区域范围，且公证书只有一名公证员签名盖章，违反了应当由两名公证员进行公证的规定。被诉侵权产品与本案专利存在显著差异，不构成侵权。

一审法院经过审理后判决：甲公司立即停止许诺销售侵害A公司实用新型专利权的产品，并赔偿A公司经济损失及为制止侵权行为支付的合理费用共人民币40000元。甲公司不服一审判决，认为一审法院认定事实不清、适用法律错误，甲公司没有实施销售或者许诺销售的行为，不应该承担侵权赔偿责任。遂向广东省高级人民法院提起上诉，请求撤销一审判决，或者依法改判。二审法院经过审理后认定一审认定事实清楚，适用法律正确。判决：驳回上诉，维持原判。

【判决要点】

1. 一审法院观点：被告甲公司行为构成侵权，应当承当相应的法律责任

A公司是本案专利的专利权人，本案专利目前处于有效状态，应受法律保护。除法律另有规定的以外，任何单位和个人未经专利权人许可，不得为生产经营目的制造、使用、销售、许诺销售、进口其专利产品。甲公司抗辩称公证过程存有瑕疵。一审法院认为，申请人住所地在南京市，有权申请住所地公证机关办理公证事宜，公证书记载有两名公证人员监督申请人的代理人取证，整个公证过程真实合法，对公证书内容予以采信。从公证书所附照片显示，被诉侵权产品所在的展位名称是“××新能源科技有限公司”，即被诉侵权产品是以甲公司名义对外参展。即使证人所述证言内容真实，涉案展位几经转租交由厦门一家企业对外参展，但此亦为承租人与出租人之间内部关系，不足以对抗权利人对名义参展人的主张。被诉侵权产品以甲公司名义展出，甲公司存在许诺销售被诉侵权产品的行为，应当承担停止侵权以及赔偿损失的民事责任。关于赔偿数额，由于A公司因甲公司许诺销售被诉侵权产品导致的实际损失、甲公司的侵权获利及涉案专利许可使用费均难以确定，一审法院考虑：（1）侵权产品是壶盖，是成套产品的一部分，其价值只占成套产品价值的一部分；（2）甲公司仅存

在许诺销售侵权产品的行为，没有制造和销售行为；（3）甲公司在展销会上公开展示侵权产品，影响范围较大；（4）甲公司是有限责任公司，注册资本是人民币 500 万元，经营规模较大；（5）A 公司为本案支付了公证费、律师费等维权必要费用，一审法院在合理范围内予以支持；（6）确定甲公司赔偿 A 公司经济损失及维权合理开支共计人民币 40000 元。

2. 二审法院观点：上述公证行为符合法律规定，甲公司构成许诺销售侵权行为

关于公证书的效力问题。《中华人民共和国公证法》（2005 年 8 月 28 日通过，2015 年 4 月 24 日、2017 年 9 月 1 日修正，以下简称《公证法》）第三十二条规定，公证书应当按照国务院司法行政部门规定的格式制作，由公证员签名或者加盖签名章并加盖公证机构印章。本案中，根据 A 公司提交的〔2015〕宁钟证经内字第 1992 号公证书的记载，两名公证人员侯某、余某于 2015 年 4 月 23 日到拍摄现场进行监督，并非甲公司主张的仅有一名公证人员，且该公证书的出具加盖有公证员侯某的签名章和江苏省南京市钟山公证处的印章，故上述公证行为符合法律的相关规定，应作为本案证据使用。

关于甲公司的责任认定问题。《专利法》第十一条第二款规定："外观设计专利权被授予后，任何单位或者个人未经专利权人许可，都不得实施其专利，即不得为生产经营目的制造、许诺销售、销售、进口其外观设计专利产品。"本案中，根据一审法院查明的事实，被诉侵权产品所在展位名称是"×× 新能源科技有限公司"。对一般消费者而言，被诉侵权产品是以甲公司的名义展示的产品。况且，即便甲公司所主张的转租事实确实存在，但甲公司作为广交会的承租方，在自己不使用展位而另行转租的情况下，亦应尽到合理注意和审查义务，防止其展位对外展示侵害他人知识产权的产品的情形发生。从诚实信用原则和保障市场交易安全的角度考量，甲公司作为名义上的参展人，其与案外人之间的租赁法律关系，不足以对抗本案权利人的主张。因此，被诉侵权产品以甲公司的名义展示，一审法院认定甲公司构成许诺销售侵权行为并应承担相应的民事责任并无不当，本院予以维持。

【法律分析】

1. 专利侵权

根据《专利法》第十一条规定，发明和实用新型专利权被授予后，除本法另有规定的以外，任何单位或者个人未经专利权人许可，都不得实施其专利，即不得为生产经营目的制造、使用、许诺销售、销售、进口其专利产品，或者使用其专利方法以及使用、许诺销售、销售、进口依照该专利方法直接获得的产品。外观设计专利权被授予后，任何单位或者个人未经专利权人许可，都不得实施其专利，即不得为生产经营目的制造、许诺销售、销售、进口其外观设计专利产品。本案中，甲公司未经许可，大量生产、许诺销售A公司享有实用新型专利权的产品，构成专利侵权。

2. 专利间接侵权

本案不存在专利间接侵权，但由于其与案涉转租展位的情形具有一定的关联性，因此需要我们加以了解和区分。所谓专利间接侵权，是指行为人的行为并不构成直接侵权，但是存在帮助、教唆直接侵权人的行为，主观上有帮助、教唆的故意，而直接侵权人最终实施了侵权行为。专利间接侵权理论基础来源于侵权责任法相关理论。《侵权责任法》该法第九条规定："教唆、帮助他人实施侵权行为的，应当与行为人承担连带责任。"在《最高人民法院关于审理侵犯专利权纠纷案件应用法律若干问题的解释（二）》（2016年1月25日通过）对专利间接侵权做了具体的规定。该解释的第二十一条规定："明知有关产品系专门用于实施专利的材料、设备、零部件、中间物等，未经专利权人许可，为生产经营目的将该产品提供给他人实施了侵犯专利权的行为，权利人主张该提供者的行为属于侵权责任法第九条规定的帮助他人实施侵权行为的，人民法院应予支持。明知有关产品、方法被授予专利权，未经专利权人许可，为生产经营目的积极诱导他人实施了侵犯专利权的行为，权利人主张该诱导者的行为属于侵权责任法第九条规定的教唆他人实施侵权行为的，人民法院应予支持。"专利间接侵权分为帮助型间接侵权和教唆型间接侵权。判定是否构成专利间接侵权，需要符合以下构成要件：（1）故意性，即明知涉案专利的存在，且明知提供的产品是为实施专利侵权所用。（2）专门性，这里不仅包括用于实施专利的材料、设备、零部件、中间物，还包括用于制造产品或使用产品的工具。（3）从属性，即以他人实施了直接侵权为前提。

【案件点评】

本案例提醒企业关注会展转租展位而涉嫌侵犯知识产权的问题。虽然没有法律明确规定展商无权转租其展位给第三方，但目前各大展会基本都会以参展合同条款的方式对此加以限制。另外，涉及展会的知识产权纠纷处理，除了依据《专利法》《商标法》《著作权法》等法律、法规外，作为展会的组织方其自身还应该制定《涉嫌侵犯知识产权的投诉及处理办法》《涉嫌侵犯知识产权的投诉及处理办法实施细则》等规则作为处理知识产权纠纷的依据。所有发生在展会现场的知识产权纠纷，主办方负有直接和重要的责任。

案例 38　某特种材料有限公司与某化工有限公司、某市知识产权局专利行政纠纷案[①]

【基本案情】

再审申请人（一审原告、二审上诉人）：某特种材料有限公司（以下简称“A 公司”）

被申请人（一审被告、二审被上诉人）：Y 市知识产权局（以下简称“Y 市知产局”）

被申请人（一审第三人、二审被上诉人）：某化工有限公司（以下简称“B 公司”）

涉案专利是名称为“内煤外热式煤物质分解设备”实用新型专利权，A 公司于 2010 年 10 月 26 日申请，2011 年 5 月 11 日获得授权。该专利的权利要求内容为：一种内煤外热式煤物质分解设备，包括一个密封窑体，其特征在于，所述窑体内设置煤物质推进分解管道，所述煤物质推进分解管道设置进煤口、出煤口和分解气收集管，所述煤物质推进分解管道与窑体内壁之间设置热交换仓，所述热交换仓与高温气体加热机构连通，所述热交换仓设置加热气

① 参见《最高人民法院再审行政判决书》〔2017〕最高法行再 84 号。

导出管。2013 年底，A 公司发现 B 公司正在使用的“煤炭分质转化利用设备”涉嫌侵犯其拥有的“内煤外热式煤物质分解设备”专利。在其他技术特征完全对应的情况下，B 公司的“夹套”和“回转窑体”两项技术特征与涉案专利的“密封窑体”和“煤物质推进分解管道”相同或等同，遂向 Y 市知产局提出行政调处请求，要求 B 公司停止专利侵权行为。

2015 年 9 月 1 日，Y 市知产局作出《专利侵权纠纷案件处理决定书》(以下简称“被诉行政决定”)，认为被诉侵权设备未落入专利权的保护范围，不构成对涉案专利权的侵犯，驳回 A 公司要求 B 公司停止专利侵权行为的请求。A 公司不服该行政决定，向 S 省 X 市中级人民法院提起诉讼。一审法院认为，被诉行政决定认定事实清楚、证据确凿，适用法律正确，程序合法，于 2015 年 11 月 30 日作出行政判决，驳回 A 公司的诉讼请求。一审案件受理费 50 元，由 A 公司负担。A 公司不服一审判决，向 S 省高级人民法院提起上诉。二审法院查明的事实与一审判决认定的事实一致，于 2016 年 6 月 6 日作出行政判决，驳回上诉，维持原判。二审案件受理费 50 元，由 A 公司负担。A 公司不服二审判决，提起再审。再审法院作出宣告：撤销一、二审行政判决；撤销 Y 市知产局《专利侵权纠纷案件处理决定》；责令 Y 市知产局重新作出行政决定。

【判决要点】

1.Y 市知产局的行政处理决定违反法定程序

Y 市知产局在处理涉案专利侵权纠纷时，合议组成员艾某在已经被明确变更为冯某的情况下，却又在被诉行政决定书上署名，实质上等于“审理者未裁决、裁决者未审理”。Y 市知产局在该问题上的错误本身即构成对法定程序的重大且明显违反。

本案的被诉行政行为是 Y 市知产局对于专利侵权纠纷的行政处理。该行政处理系以 Y 市知产局的名义作出，并由五人合议组具体实施。行政执法人员具备相应的执法资格，原则上，作出被诉行政决定的 Y 市知产局合议组应由该局具有专利行政执法资格的工作人员组成。然而，Y 市知产局在本案中并未提交调配执法人员苟某参与涉案纠纷处理的任何正式公文。在本案中，Y 市知产局虽主张在口头审理时将苟某的具体身份以及参与合议组的理由告知过当事人，但其提交的证据并不能证明该项主张。需要特别指出的是，合议组成员艾某变更为冯某后又在被诉行政决定书上署名，已经构成对法定程序的严重违反，不受行政相对人主观认知的影响，也不因行政相对人不持异议而改变。

2. 被诉行政决定关于涉案专利密封窑体的解释存在错误

依据《专利法》第五十九条的规定，发明或者实用新型专利权的保护范围以其权利要求的内容为准，说明书及附图可以用于解释权利要求的内容。可见，权利要求的内容是划定专利权保护范围的唯一标准，说明书、附图只是用于解释权利要求的内容。因此，在运用说明书和附图解释权利要求时，不能将说明书对具体实施例的具体描述读入权利要求。否则，会不合理地限缩专利权的保护范围。涉案专利权利要求 1 并未限定密封窑体和煤物质推进分解管道是否回转，而涉案专利说明书第 0021 段是专利技术方案的一种具体实施方式，不应当将此段描述的回转窑体限定权利要求 1 的密封窑体。亦即，被诉侵权设备的窑体是否回转并不影响专利侵权的判断。被诉行政决定考虑了该无关因素。

被诉行政决定认为，为提高热利用效率和热解效率，涉案专利的密封窑体要求热交换仓是一个连续空间，而被诉侵权设备为了设备制造的便利和热解过程的安全，其热交换仓由三个夹套与窑体之间构成三个不连续空间，两者的结构、效果和目的不同。但是，被诉侵权设备的窑体被三个夹套分段包裹，并与之分别形成三个密封的热交换空间，其主要功能是对管道内的煤料进行加热，此亦是涉案专利所要实现的技术功能。虽然相对于涉案专利一体式的加热空腔，被诉侵权设备的三段式加热空腔在加热效果上有一定差异，但各方当事人均确认“被诉侵权设备的煤管道总长约 35 米，两个夹套之间的空隙约为 2 米”。一般而言，煤管道上十分之一左右的空隙应当不会导致煤管道整体的加热功能和效果产生实质性变化。对此，B 公司并未举证证明其设备的热交换效率明显低于涉案专利技术方案。至于被诉行政决定和 B 公司主张的被诉侵权设备提高热解过程的安全性问题，亦无相关证据在案佐证。因此，被诉行政决定对于涉案专利密封窑体的解释，存在错误。

【法律分析】

1. 知识产权管理部门的设立和职能

我国目前知识产权管理部门由国家知识产权局和地方知识产权局构成。2018 年 3 月，根据第十三届全国人民代表大会第一次会议批准的国务院机构改革方案，国家知识产权局的职责、国家工商行政管理总局的商标管理职责、国家质量监督检验检疫总局的原产地地理标志管理职责整合，重新组建国家知识产权局，由国家市场监督管理总局管理。其主要职责是，负责保护知识产权工作，推动知识产权保护体系建设，负责商标、专利、原产地地理标志的注册登记和行政裁决，指导商标、专利执法工作等。其中，涉及知识产权纠纷处理方面的职能有承担商标评审、专利复审和无效等行政裁决工作，承担指导地方知识产权争议处理、维权援助和纠纷调处工作等。

根据《专利法》第六十条，专利权侵权纠纷如果当事人不愿协商或者协商不成的，当事人可以提起诉讼也可以请专利管理部门处理。专利管理部门认定侵权行为成立的，可以责令侵权人立即停止侵权行为。当事人不服的，可以自收到处理通知之日起十五日内向人民法院提起行政诉讼。侵权人期满不起诉又不停止侵权行为的，专利管理部门可以申请人民法院强制执行。进行处理的专利管理部门应当事人的请求，可以就侵犯专利权的赔偿数额进行调解；调解不成的，当事人可以依照《民事诉讼法》向人民法院起诉。

2. 知识产权行政诉讼纠纷案件审理

本案涉及专利行政执法中程序违法的认定和处理。对于专利侵权的判断处理，事关专利权权利边界的划定，事关当事人的重大切身利益，事关科技创新和经济社会发展，需要严格、规范的纠纷解决程序予以保障。最高人民法院在本案中明确，已经被明确变更的合议组成员又在被诉行政决定书上署名，实质上等于“审理者未裁决、裁决者未审理”，构成对法定程序的严重违反。原则上，作出被诉行政决定的合议组应由该行政机关具有专利行政执法资格的工作人员组成。即使异地调配执法人员，也应当履行正式、完备的公文手续。本案判决有力规范和促进了行政机关依法行政，彰显知识产权司法保护的主导作用，是充分贯彻《关于加强知识产权审判领域改革创新若干问题的意见》（2018 年 2 月 27 日发布）提出的“加强对知识产权行政行为的司法审查”的典型案例，对于推动知识产权领域法治建设和优化科技创新法治环境具有重要意义。

【案件点评】

在实践中，专利管理部门与民事主体之间的专利行政纠纷案件大多是因为当事人对专利行政机关所作出的决定不服而引起的争议。在审判此类案件中，需要注意的是：首先，案件审理范围应以行政决定范围为限的原则——超越了职责权限范围只会导致市场秩序更加混乱，不利于良好市场秩序的形成。其次，要坚持对具体行政行为合法性进行审查的原则，既要保护公民、法人和其他组织的合法权益，又要维护和监督行政机关依法行使职权。另外，行政机关为了实现公共利益行使国家权力，需要依法行政。它们既是国家行政机关，又以当事人的身份参加诉讼，因此要坚持保障当事人诉讼权利平衡的原则。

案例 39　某电子有限公司与某科技实业有限公司侵害实用新型专利权纠纷案①

【基本案情】

上诉人（原审原告）：某电子有限公司（以下简称“甲公司”）

被上诉人（原审被告）：某科技实业有限公司（以下简称“乙公司”）

2009 年 6 月 5 日，原告甲公司向国家知识产权局申请了“电池充电器输出保护电路”的实用新型专利，2010 年 5 月 5 日获得授权。该专利共有 6 个权利要求。被告乙公司成立于 2005 年 4 月 14 日，公司类型为有限公司（自然人控股），注册资本为 5000 万元人民币，经营范围为电子产品、机电产品生产、销售与技术咨询、服务。

甲公司诉称乙公司为同行业竞争厂家，未经同意在多种型号产品上使用甲公司的专利技术，并大规模向全国多家大型电动车生产厂家销售侵权产品，严重侵犯了甲公司的专利权，要求乙公司立即停止生产、销售、许诺销售被诉产品，赔偿经济损失及为制止侵权所支出的合理费用共计 100 万元人民币。被告

---

① 参见《江苏省高级人民法院二审民事判决书》〔2016〕苏民终 168 号。

乙公司认为，其在被诉产品中使用的是专利号为ZL20092003.7的实用新型专利技术，且在该专利技术的基础上还做了改进，运用的是现有成熟技术。除此之外，甲公司的涉案专利是公知技术，应当是无效专利。因此，乙公司的被诉行为不侵犯甲公司的涉案专利权，请求驳回甲公司的诉讼请求。

经审理，一审法院认为被诉产品为落入涉案专利权的保护范围，甲公司要求被告乙公司停止侵权并赔偿损失的诉讼请求不能成立，故判决驳回原告甲公司诉讼请求。甲公司不服，提起上诉。甲公司认为一审法院机械适用全面覆盖原则，认定被诉产品未落入涉案专利保护范围，属认定事实错误，适用法律不当，遂请求撤销一审判决，依法改判支持其一审全部诉讼请求。二审法院经审理，认定被诉产品在正常使用时落入涉案专利权的保护范围，符合认定专利间接侵权的法律规定；乙公司提出的现有技术抗辩成立。故认定甲公司上诉理由部分成立，但由于乙公司提出的现有技术抗辩成立，故甲公司关于乙公司构成间接侵权的上诉主张不予支持。最后判决驳回上诉，维持原判。

【判决要点】

1. 一审法院观点：被诉产品未落入涉案专利权的保护范围

在适用全面覆盖原则进行专利侵权判定时，应当以专利权利要求记载的技术方案的全部技术特征，包括前序部分和特征部分写明的技术特征，与被控侵权产品的技术特征进行对比。经侵权对比，被诉产品是充电器，不包括蓄电池。根据涉案专利权利要求1中关于“一种电池充电器输出保护电路，包括蓄电池和充电器，还包括有电池启动电路和输出开关电路”的表述，“蓄电池”相对于其他部件而言具有相对独立的构造，属于涉案专利权利要求1前序部分写明的必要技术特征。同时，专利复审委员会在涉案专利的无效宣告请求审查决定中明确指出，虽然在电路领域中，可控硅通常和二极管、电阻、电容等元器件构成开关电路用于控制电路的通断，但是涉案专利中使用可控硅利用电容和触发二极管的组合连接，并和其他电路模块如电池启动电路、电池、充电器等配合共同工作，目前尚无证据证明其属于公知常识。由此可知，使用可控硅利用电容和触发二极管的组合连接，并和包括电池在内的其他电路模块配合共同工作是专利复审委员会认为涉案专利具备创造性的重要原因。因此，甲公司不能在申请专利时强调了“蓄电池”的存在，而在侵权对比时淡化“蓄电池”的概念，随意将专利权利要求中的必要技术特征予以忽略，由此扩大专利权的保护范围。综上，甲公司关于被诉产品落入涉案专利权保护范围的主张没有事实和法律依据，不予支持。被诉产品缺少涉案专利权利要求记载的“蓄电池”这一技术特征，其未落入涉案专利权的保护范围。鉴于被诉产品未落入涉案专利权的保护范围，甲公司要求乙公司停止侵权并赔偿损失的诉讼请求，亦不能成立，不予支持；乙公司提出的现有技术抗辩等主张是否成立亦不再理涉。

2. 二审法院观点：被诉产品在正常使用时落入涉案专利权的保护范围，但乙公司提出的现有技术抗辩成立

被诉产品在正常使用时落入涉案专利权的保护范围。将被诉产品的技术特征与涉案专利权利要求 1 相比对，因被诉侵权产品除无“与蓄电池相连”，以及在输出开关电路中增设一个电阻外，其他技术特征均与涉案专利相同，法院判决书仅就被诉侵权产品与涉案专利的不同之处对专利侵权判定结果的影响作出相关评判：根据我国《专利法》的相关规定，专利侵权判定的基本原则是“全面覆盖原则”，即如果被诉产品包含了与涉案专利权利要求所记载的全部技术特征相同或等同的技术特征，则应认定其已落入该专利的保护范围。至于被诉侵权产品是否具有超出该权利要求记载内容之外的其他技术特征，则在所不问。除非该较之专利权利要求多出的技术特征，导致了两者在整体上形成了完全不同的技术方案。被诉侵权产品较之涉案专利权利要求所多出来的一个电阻，其作用是为了保护可控硅不会被瞬间的高压击穿。但是瞬间高压并非必然产生，而是由于电网、电磁的干扰而可能产生。故在正常工况下，被诉产品有无电阻，都不影响其正常工作。被诉产品所增设的电阻属于在涉案专利技术方案基础上增加的技术特征，并不影响本案根据“全面覆盖原则”进行专利侵权判定。因此，应当认定被诉产品具备了涉案专利权利要求 1 中的区别技术特征。

乙公司提出的现有技术抗辩成立。首先，由于被诉产品的唯一用途是为蓄电池充电，而无论是被诉产品，还是涉案专利产品，与之相连的均是普通的常规蓄电池，故是否与蓄电池相连本身并不会导致被诉产品的技术

方案产生根本性的变化，也即被诉产品本身的技术方案，和被诉产品与蓄电池相连后形成的技术方案，两者之间并无实质性差异。因此，被诉产品有无“与蓄电池相连”这一技术特征，均不影响对其所使用的技术方案是否为现有技术的判断。其次，被诉产品的开关电路，也即落入涉案专利权利要求1的区别特征的技术特征，属于本领域的公知常识，将该公知常识应用于被诉产品的开关电路，无须本领域普通技术人员的创造性劳动。最后，基于上述分析，因被诉产品落入涉案专利权利要求1的所有技术特征，已经被现有技术（对比文件2）和公知常识（《实用单元电路及其应用》）的简单结合所公开，故乙公司的现有技术抗辩成立，其制造、销售被诉产品的行为不构成对甲公司涉案专利的侵犯。

【法律分析】

现有技术抗辩，是被诉侵权人用以对抗专利权人指控的一种抗辩理由，在专利侵权诉讼中十分常见。一旦现有技术抗辩成立，法院就可以认定被诉侵权人不构成侵权。现有技术抗辩，在适用中应当注意以下问题：（1）现有技术的范围。根据我国《专利法》的规定，现有技术是指申请日以前在国内外为公众所知的技术。因此，从时间上看，现有技术必须是在申请日之前公开的技术，享有优先日的，以优先日为准。而且，申请日当天公开的技术，不属于现有技术。从公开方式上看，可以是在国内外出版物上公开发表，也可以是在国内外以公开方式使用以及其他使公众知晓的行为。从技术内容上看，现有技术必须为社会公众所知悉，处于保密状态的技术不属于现有技术。如果有人泄密，使得技术为他人所知晓，则属于现有技术。（2）现有技术抗辩的比对方法。将涉案专利的全部技术特征与现有技术中的相应技术特征进行对比，判定是否相同或者没有实质性差异。例如涉案专利的技术特征为：A+B+C，如果现有技术的技术特征为：A+B+C+D，则可以认定现有技术抗辩成立。（3）现有技术方案的比对标准。一个是相同或者无实质性差异原则，即涉案专利的技术特征与现有技术的技术特征需要相同或者没有实质性的差异。判断的标准需要从技术领域、所解决的技术问题、技术方案和预期效果等方面考虑。另一个是单独比对原则，即被诉侵权人所提出的技术抗辩，只能是一个技术方案，不能是多比对文件的组合，也不能是一个比对文件中多个技术方案的组合。

【案件点评】

在我国，专利侵权判定的基本原则是“全面覆盖原则”，即如果被诉产品包含了与涉案专利权利要求所记载的全部技术特征，则应认定其已落入该专利的保护范围。至于被诉侵权产品是否具有超出该权利要求记载内容之外的其他技术特征，则在所不问。除非多出来的技术特征导致两者在整体上形成了完全不同的技术方案。从本案可见，专利侵权的审理较为复杂，需要对技术要求和法律条款都充分了解，并结合具体案情，审慎做出判断。储能行业作为21世纪的“朝阳行业”，也是能源行业新的增长点，对环境保护、可持续发展有着重要意义。储能行业作为技术含量非常高的一个行业，知识产权也必将发挥至关重要的作用。本案涉及的电池充电器专利纠纷在侵权判定时历经一审、二审和再审，从中可见侵权认定的复杂性。行业性、专业性强的知识产权侵权审判规则研究需要引起足够重视，以支撑实践中的行业发展需求。

案例40　某科技有限公司与钱某专利权权属纠纷一案[①]

【基本案情】

原告：某科技有限公司（以下简称“A公司”）

被告：钱某

A公司于2008年开始生物质发电领域物料运输技术的研发工作。钱某于2000年至2011年6月一直在A公司工作，参与了技术研发相关工作。2005年3月29日，双方签订《专利使用协议》，该协议第一条约定，钱某在A公司任职期间，结合A公司产品需要而研发的专利，由A公司申请经审查批准后，适用本协议；其他专利为钱某的非职务专利。第二条约定，双方同意将液压抓斗、无轨设备等上述产品研制中形成的专利，为双方的共同专利，双方都有独立使用的权利。2008年11月21日，A公司向国家知识产权局申请固体泵送专利，

---

① 参见《上海市第二中级人民法院民事判决书》〔2013〕沪二中民五（知）初字第106号。

并于2009年9月9日获得授权。专利权人为A公司，发明人为钱某和甲、乙三人。由于固体泵送专利测试过程中存在技术问题,A公司要求钱某予以完善。但钱某提出若需对固体泵送装置进行改进，则要重新对《专利使用协议》中的权利义务进行约定。

2011年2月11日，钱某向国家知识产权局申请名称为“秸秆压缩泵送装置”的涉案专利，并于2013年3月6日获得授权，发明人及专利权人均为钱某。双方均确认涉案专利是对固体泵送专利的改进和完善。A公司认为，涉案专利是钱某执行公司任务完成的职务发明，钱某却以个人名义申请并获得发明专利授权，严重侵害了公司的合法权益，遂提起诉讼，请求法院判令涉案专利权归A公司所有。钱某辩称，A公司与他之间并没有签订劳动合同，双方是以《专利使用协议》的方式对钱某研发的专利权属进行约定。根据约定，涉案专利为非职务发明专利，且涉案专利是钱某自行研发，既没有利用A公司的物质技术条件，也不是钱某的本职工作，也未接受A公司委派的任务。因此，涉案专利应属于非职务发明，请求法院驳回A公司的诉讼请求。

上海市第二中级人民法院经审理认为，A公司属于专利法意义上钱某的“本单位”。涉案专利与固体泵送专利涉及的技术领域和解决的技术问题均相同，客观上仍属于A公司确立的生物质发电领域物料运输技术的研发任务，是钱某为执行本单位的任务所完成的职务发明创造。故A公司与钱某签订的《专利使用协议》对涉案专利并不适用。因此，法院判决涉案专利权归A公司所有。钱某不服上诉，二审法院判决维持一审判决。

【判决要点】

1. 涉案专利属于职务发明，应当归A公司所有

根据《专利法》第六条第一款的规定，执行本单位的任务或者主要是利用本单位的物质技术条件所完成的发明创造为职务发明创造。职务发明创造申请专利的权利属于该单位；申请被批准后，该单位为专利权人。根据《专利法实施细则》第十二条的规定，执行本单位的任务所完成的职务发明创造是指：在本职工作中作出的发明创造；履行本单位交付的本职工作之外的任务所作出的发明创造；退休、调离原单位后或者劳动、人事关系终止后1年内作出的，与其原单位承担的本职工作或者原单位分配的任

务有关的发明创造。《专利法》第六条所称的本单位包括临时工作单位。本案中，涉案专利应为钱某为执行本单位的任务所完成的职务发明创造。《专利法》意义上的“本单位”并不限于员工与单位存在劳动关系，与员工存在临时工作关系、劳务关系等的主体都属于《专利法》意义上的“本单位”。本案中钱某自 2000 年起至 2011 年 6 月一直在 A 公司处工作，领取 A 公司的工资，虽然 A 公司与钱某没有签订劳动合同，但钱某仍属于《专利法》意义上钱某的“本单位”。

涉案专利是为了执行 A 公司的任务所完成的发明创造：其一，自 2008 年起，A 公司即确立了生物质发电领域物料运输技术的研发任务，钱某参与了相关研发工作，并作为发明人研发出固体泵送专利。但由于固体泵送专利无法实现工业转化应用，生物质发电领域物料运输技术的研发任务并没有完成，而是需要继续进行改进和完善，且 A 公司亦向钱某明确提出了需进一步改进的任务要求；其二，涉案专利是对固体泵送专利的改进和完善，涉案专利与固体泵送专利涉及的技术领域和解决的技术问题均相同，根据涉案专利《说明书》的记载，涉案专利是根据包括固体泵送专利在内的现有技术存在的不足而提出的技术改进。故涉案专利客观上仍属于 A 公司确立的生物质发电领域物料运输技术的研发任务，是钱某为执行本单位的任务所完成的职务发明创造。

2. 涉案专利的权利归属不适用《专利使用协议》的约定

根据《专利法》第六条第三款的规定，利用本单位的物质技术条件所完成的发明创造，单位与发明人或者设计人定有合同，对申请专利的权利和专利权的归属作出约定，从其约定。因此，在职务发明中，可以对专利申请权和专利权的归属进行约定的情形并不包括执行本单位的任务所完成的发明创造。本案中，涉案专利是钱某为执行 A 公司的工作任务所完成的发明创造。A 公司与钱某签订的《专利使用协议》对涉案专利并不适用。即使根据《专利使用协议》的约定，由于涉案专利是为 A 公司产品需要而研发的专利，亦无法得出涉案专利应为非职务发明的结论。

【法律分析】

对于职务发明的认定及专利权利归属，《专利法》第六条有规定：“执行本单位的任务或者主要是利用本单位的物质技术条件所完成的发明创造为职务发明创造。职务发明创造申请专利的权利属于该单位；申请被批准后，该单位为专利权人。”判断一项发明创造是否属于职务发明的标准有两项：（1）是否为执行本单位任务，即该发明创造是否属于执行本单位任务而完成的成果；（2）该发明创造是否为发明人在主要利用其所在单位物质技术条件的情形下所完成的成果。《专利法》第六条所称“本单位”，包括临时工作单位；《专利法》第六条所称“本单位”的物质技术条件，是指本单位的资金、设备、零部件、原材料或者不对外公开的技术资料等。

【案件点评】

根据《专利法》的相关规定，有权就一项发明创造提出专利申请的是发明人或设计人。但是由于工业化时代，完成一项发明创造一般需要投入大量资金设备或者其他物质技术条件，个人往往很难独立完成。在很多情况下，一项发明创造是在企业、科研机构、大专院校提供各种物质技术条件的前提下完成的。因此，为了保护投资者的利益，在制度设计时提出了“职务发明”这一概念，意在解决实践中劳动者与雇佣机构之间的矛盾、保护出资者的利益，有利于进一步鼓励创新，激励新的发明创造的产生。

案例 41 于某、曲某与某能源开发有限公司专利权转让合同纠纷[①]

【基本案情】

再审申请人（一审被告、二审上诉人）：某能源开发有限公司（以下简称“A 公司”）

被申请人（一审原告、二审被上诉人）：于某

被申请人（一审原告、二审被上诉人）：曲某

一审被告：王某

一审被告：夏某

A 公司主要经营范围为开发研究合成柴油、汽油、燃气发动机等。2010 年 8 月 15 日，甲方 A 公司、王某、夏某与乙方于某、曲某签订了《专利技术转

① 参见《最高人民法院再审民事裁定书》〔2014〕民申字第 139 号。

让及技术合作协议书》。《专利技术转让及技术合作协议书》第一条约定："甲方将所持有的节能减排柴油溶剂专利使用权（专利号：此处空白）和柴油合成技术转让给乙方。甲方保证转让给乙方的专利技术是甲方独立研究的成果，并且所生产的产品主要指标符合国家规定的标准，能满足用户使用，是经登记获取的专利权，转让的合成技术是实用技术中最先进的，能够满足乙方生产、使用销售产品的需求，并为乙方提供该产品的所有技术、配方、生产工艺及技术资料。"第二条约定："转让费及合作期限：转让费为人民币 200 万元整，双方签订协议时一次付清，合作期限 20 年。在合作期限内，甲、乙双方不得将该专利使用权和所有权转让给任何人，也不得与任何人合作。"第五条约定："合作期间甲方应对该产品的生产、销售过程予以技术上的跟踪服务，如乙方生产出现技术问题，甲方应及时派技术人员到现场指导解决，乙方应负责相应的差旅费。"第七条约定："如因技术配方原因，使乙方无法生产、销售该产品和生产出不合格产品，给用户造成经济损失，甲方应承担相应的赔偿责任，同时返还乙方转让费 200 万元及利息。"2010 年 9 月 2 日，甲方夏某与乙方于某、曲某针对《专利技术转让及技术合作协议书》签订《补充协议》。《补充协议》约定："经双方进一步协商，现将 2010 年 8 月 15 日签订的协议书修改补充条款如下：一、协议书中第一条'产品主要指标符合国家规定的标准'一句删除作废。二、协议书中第二条'合作期限 20 年'改为'不定期合作'和最后一句'不得与任何人合作'删除作废。三、协议书中第五条中的'跟踪服务'删除作废。四、协议书中第七条全部删除作废。"协议签订后，转让款 200 万元于 2010 年 8 月 15 日交付完毕，A 公司于 2010 年 9 月 18 日把技术配方交付给于某和曲某。

A 公司称已经取得了专利，但实际上专利仍在申请中。已经得到技术方案的于某、曲某按照该技术方案没有生产到合格产品，而 A 公司认为其主要原因不是该技术方案不合格，而是生产技术条件不符合该技术方案的要求，双方发生纠纷。于某、曲某以 A 公司为被告提起诉讼。一审法院判决解除合同。被告 A 公司不服一审判决，提起上诉，二审法院维持原裁判。被告 A 公司不服一审、二审判决，遂向最高人民法院申请再审，最高人民法院对 A 公司的再审申请的理由进行审查，认定不符合再审的情形，故裁定驳回 A 公司的再审申请。

【判决要点】

1.A公司交付的涉案技术未获得专利授权，不符合合同的明确约定

根据《专利法》第二十二条的规定，获得发明专利权的技术与现有技术相比具有突出的实质性特点和显著的进步。一般来说，转让技术是否获得专利权，对于受让人实施相关技术能够获取的经济效益具有重大影响。因此，是否属于专利技术会影响到受让人是否就技术转让达成协议。本案中，《专利技术转让及技术合作协议书》第一条明确约定转让的技术是节能减排柴油溶剂专利使用权和柴油合成技术，属于专利技术，而A公司一方交付的技术并未获得专利授权。虽然A公司一方一再主张于某、曲某明知所转让的技术没有取得专利权，并向本院提供了书面证言，但由于转让技术属于经登记获取的专利权的约定是明确无误的，上述书面证言不能改变双方当事人关于转让技术为专利权的约定。

2.使用A公司交付的涉案技术生产的产品无法实现合同约定的满足用户使用的目的

A公司一方以L市产品质量监督检验所于2010年5月12日作出的《检验报告》和D市产品质量监督检验所于2013年9月16日作出的《检验报告》为依据，主张涉案产品符合标准，具有商业价值。但是涉案技术是否具有商业价值与能否实现合同目的并不完全一致，且检验结果是依据技术条件检验得出的，而合同并没有对相关标准作出约定。对于产品无法使用的原因，A公司主张的原因包括供热设备达不到生产温度、车间没有玻璃、配料没有按照重量比进行组合、未按流程操作等。但是，合同对于上述操作要求也没有约定。于某、曲某在事后使用涉案技术的过程中发现生产出来的产品无法使用，无法实现合同约定的目的。

本案中，于某、曲某已经按照合同约定支付了200万元转让款，履行了自己的合同义务，A公司亦应履行其为实现合同目的而应履行的合同义务，包括提供获取专利权的技术、保证使用涉案技术生产的产品应能满足用户使用等。在A公司提供的涉案技术不属于合同约定的获取专利权的技术，于某、曲某使用涉案技术生产的产品无法满足用户使用从而无法实现

合同目的的情况下，应当认定，因 A 公司存在违约行为致使于某、曲某使用涉案技术无法实现合同目的，于某、曲某有权解除《专利技术转让及技术合作协议书》及其补充协议。

【案件点评】

本案中，被告在签订转让合同时其实专利权还尚未申请成功。案件信息中也没有显示直至发生纠纷时是否申请成功。从原告利用该项技术却无法生产出合格产品的事实来推测，该项技术肯定还存在着一定的问题。能源领域不乏新技术的出现。往往这些新技术的权利人会采取签订转让合同的方式来推广自己的技术，实现经济效益；企业也需要新技术来进行产品更新换代，提高竞争力。专利权作为一种财产权，依法可以进行转让。但是，由于专利权是无形的知识产权，因此，在转让中有其特殊性，存在以下事项需要引起企业注意：（1）确定专利权的类型。根据我国《专利法》的规定，专利分为：发明、实用新型、外观设计。实用新型专利和外观设计专利由于在申请时，只有形式审查，其专利权的稳定性不如发明专利。因此，作为受让方，在进行专利受让时，应当注意专利权的类型。（2）确定专利权的有效性。对于实用新型专利和外观设计专利，可以要求权利人提供由国家知识产权局出具的专利评价报告。专利评价报告，是对专利的新颖性、实用性、创造性进行评价，这一评价基本上相当于实质性审查。（3）确定专利权的法律状态。首先要确定是否为有效专利，是否存在没有按时缴费的情况，以及专利剩下的有效年限。其次要确定专利是否存在无效的风险，这需要专业评估机构进行分析。最后要确定专利是否有侵权的风险。（4）确定专利权人的身份。受让方需要确认专利是否为专利权人合法持有，是否还存在其他共有权人，之前是否签订过独占许可合同，是否为职务发明等。

第五章 能源行业质量与安全保障、环境与职业健康纠纷

能源行业的产品质量出现问题或者安全保障义务未尽到，都会引发较为严重的损害后果。其造成的不仅是人身财产的损害，甚至会对整个环境状况带来破坏性影响。能源行业在发展过程中不可避免地会对环境造成破坏，环境纠纷不可回避。此外，在能源行业中从事劳动工作的劳动者的身体健康权也会因为行业的特殊性受到威胁。故本章以能源行业中存在的产品质量纠纷、安全保障纠纷、环境污染纠纷以及职业健康纠纷为主要内容，对相关典型案例进行了整理、分析和点评。

第一节 产品质量与安全保障纠纷

案例 42 赵某诉宛某、某电热材料有限责任公司产品质量损害赔偿纠纷案[①]

【基本案情】

2008 年 11 月 18 日，T 市 K 区某小区何某家发生火灾。K 区公安消防大队认定何某家太阳能热水器上的伴热带电缆故障短路引燃附近可燃物而引发火灾。火灾共造成何某财产损失 200963.2 元。引发火灾的太阳能热水器伴热带

① 参见《内蒙古高院通报消费者权益保护典型案例》，载法制网，http://www.legaldaily.com.cn/locality/content/2016-03/14/content_6523383_2.htm，访问日期：2019 年 6 月 22 日。

是何某从T市某五金商店的商品销售者赵某处购得。赵某是从沈阳市某商店的商品销售者宛某处购得，该伴热带生产者为某电热材料有限责任公司（以下简称“A公司”）。2009年2月28日，赵某与何某达成财产损失赔偿协议。之后，赵某又向法院提起诉讼，请求判令伴热带生产者A公司、销售者宛某赔偿其经济损失200963.2元。T市K区人民法院判决A公司赔偿赵某经济损失200963.2元，被告宛某不承担赔偿责任。宣判后，A公司提出上诉。T市中级人民法院经二审审理，判决驳回上诉，维持原判。

【判决要点】

涉案太阳能热水器伴热带生产者为A公司。A公司将该产品卖给宛某后，宛某又卖给赵某。因A公司不能证明其向宛某交付的伴热带是合格产品，结合K区公安消防大队的火灾原因认定书及相关证明，认定该产品存在缺陷。依据《侵权责任法》第四十三条规定，产品缺陷由生产者造成的，销售者赔偿后，有权向生产者追偿。A公司应当承担损害赔偿责任。

【法律分析】

1. 产品缺陷

本案是一起销售者向生产者行使追偿权的典型案例。产品缺陷责任是指产品的生产者、销售者提供有缺陷的产品导致他人遭受人身或财产损害所应当承担的责任。产品存在缺陷是指产品存在危及他人人身及财产安全的不合理危险；产品有保障人体健康、人身、财产安全的国家标准和行业标准的，是指不符合该标准。缺陷按照环节可以包括生产缺陷、设计缺陷、经营缺陷等。

2. 消费者因产品缺陷请求赔偿的对象及赔偿方式

《侵权责任法》第四十三条规定，因产品存在缺陷造成损害的，被侵权人可以向产品的生产者请求赔偿，也可以向产品的销售者请求赔偿。2009年《消费者权益保护法》第三十五条规定，消费者或者其他受害人因商品缺陷造成人身、财产损害的，可以向销售者要求赔偿，也可以向生产者要求赔偿。属于生产者责任的，销售者赔偿后，有权向生产者追偿。属于销售者责任的，生产者赔偿后，有权向销售者追偿；消费者在接受服务时，其合法权益受到损害的，可以向服务者要求赔偿。

【案件点评】

由于农村居民日益新增的需求以及城镇居民消费升级带来的更新需求，热水器行业呈现出稳定发展的趋势。本案发生在十年前，当时太阳能热水器市场空间潜力巨大。但受行业自身技术要求较低、行业内质量监督管理体系不健全等诸多因素的影响，行业发展良莠不齐，乱象丛生。许多质量检查不合格的产品或是“三无产品”流入市场，给人们的生命、财产安全带来极大的隐患。本案的处理结果对相关生产者起到警示作用。生产者一定要不能触碰产品质量标准的红线，要加强自律和社会责任感，生产具有安全保障的产品。消费者则需要了解消费者权益保护与产品质量方面等相关法律规定，以更有效地保障自身的合法权益。同时，为太阳能热水器行业的长久发展，有关部门应加大执法力度，严格查处质量不合格产品，取缔无生产资格的厂家。行业内也应当组织起来，自觉提高产品质量，完善全行业质量安全监测标准，实现全流程质量安全监测保障，实现“良币”对“劣币”的驱逐。

案例 43　蔡某与陈某、某新能源科技有限公司产品质量纠纷案[①]

【基本案情】

原告：蔡某

被告：陈某

被告：某新能源科技有限公司（以下简称“A 公司”）

A 公司主要经营范围是节能炉具、观光马车、欧式马车、磨具磨料制造及相关进出口业务。2009 年 10 月 21 日，陈某与 A 公司签订合同，由陈某作为信阳市总代理推广销售称 A 公司产品“可得劲”牌气化炉。2009 年 10 月 27 日，蔡某从陈某处以 850 元价格购买一台该产品炉，但在使用中出现质量问题，不能按宣传性能正常使用。蔡某购买后发现该气化炉出现废焦油多、冒烟、管道堵塞等现象。经多次维修，均无法改变现状，导致该气化炉失去使用价值。陈某至今无法提供产品质量检验合格证明。因陈某经销的气化炉是由 A 公司提供的，销售产品应当检验合格，但 A 公司的产品却没有相应的产品检验合格

① 参见《河南省淮滨县人民法院一审民事判决书》〔2010〕淮民初字第 28 号。

证明。蔡某因此提起诉讼，将A公司列为被告一，将陈某列为被告二。蔡某的诉讼请求除退货外，还要求两被告连带返还购炉款并连带赔偿损失。陈某辩称其是按A公司提供的产品及宣传要求向社会宣传的，责任应归属于A公司。最终法院判决：二被告于本判决生效之日起三日内退还原告购炉款850元，二被告承担连带责任；同时原告将所购气化炉退还二被告。

【判决要点】

根据我国《中华人民共和国产品质量法》（1993年2月22日通过，2000年7月8日、2009年8月27日、2018年12月29日修正，以下简称《产品质量法》）等法律、法规的规定，气化炉等灶具产品生产后应经国家质量检测机构进行产品质量检验，经检验合格后取得合格证方能进入流通领域进行销售。而被告A公司生产销售的气化炉没有合格证，且其所提供的有关证书不是国家有关的质量检测部门经检验后的合格结论，不能证明该产品为合格产品。因此，原告以此诉求两被告承担产品质量责任，依法有据，应予支持。但原告没有提供具体的损失证明，法院不予支持赔偿损失的诉求。

【法律分析】

1. 产品检验的法律规定及因产品质量问题侵犯消费者权益的赔偿方式

依据《产品质量法》第四条、第十二条以及第四十三条的规定，产品检验必须合格，不得以次充好；由于产品质量问题造成消费者权益损害的，销售者与生产者均应当承担向消费者进行赔偿的责任，其中若非本方负责任的，赔偿后可向对方追偿。诸如气化炉一类的产品，当出现产品质量问题时，往往会产生较为严重的后果，可能对消费者的人身、财产造成巨大伤害。加强生产者对于生产合格产品的意识、强化销售者与消费者的维权意识十分重要。

2. 产品缺陷与产品瑕疵的区别

产品瑕疵是指产品未达到法定的或者约定的质量或者技术要求，不能满足购买者的使用期待。我国《产品质量法》规定了三种产品瑕疵的情形：不具备产品应当具备的使用性能而事先并没有说明的；不符合在产品或其包装上注明采取的质量标准的；不符合以产品说明、实物样品上表明的质量状况的。

产品缺陷与产品瑕疵存在以下区别：（1）构成要素不同。产品瑕疵不存在危及人身和财产安全的不合理危险，产品缺陷则存在。（2）赔偿顺序不同。产品瑕疵首先由销售者承担维修、更换、退货、赔偿的责任，如果属于生产者或者供货者责任的，销售者需要先赔偿完毕之后，才能向生产者或者供货者追偿。而产品缺陷的赔偿责任没有先后之分，消费者既可以向销售者要求赔偿，也可以向生产者要求赔偿，生产者和销售者根据最后的责任再相互追偿。（3）适用责任不同。产品瑕疵主要适用违约责任，而产品缺陷既可能适用违约责任，也可能适用侵权责任。

3. 消费者退货的权利

根据《消费者权益保护法》的规定，经营者应当保证在正常使用商品或者接受服务的情况下其提供的商品或者服务应当具有的质量、性能、用途和有效期限。经营者提供的商品或者服务不符合质量要求的，消费者可以依照国家规定、当事人约定退货，或者要求经营者履行更换、修理等义务。本案中，气化炉存在质量问题，而且多次维修，仍然无法正常使用，消费者可以依据《消费者权益保护法》的规定，要求退货。

【案件点评】

由于科技的进步，产品工艺愈加复杂，与之相伴的是消费者对于产品瑕疵、缺陷的可认识度越来越低。生产者由于其掌握的信息而处于绝对的优势地位。此时，为了保障消费者的权益，法律会向更为弱势的消费者倾斜。本案中，气化炉并未造成人身或财产的损害事实。根据当事人陈述，此产品存在的最大问题是产品功能无法实现，故就其本质上仍是产品质量瑕疵责任。

案例 44 某保险股份有限公司某市分公司与某新能源有限公司产品质量损害赔偿纠纷上诉案[①]

【基本案情】

上诉人（原审被告）：某保险股份有限公司某市分公司（以下简称“A 公司”）

被上诉人（原审原告）：朱某

① 参见《江苏省徐州市中级人民法院二审民事判决书》〔2009〕徐民一终字第 1532 号。

原审被告：某新能源有限公司（以下简称“B 公司”）

2008 年 7 月 11 日，朱某与 B 公司签订合同，约定由后者对前者汽车加装 CNG 系统并进行安装，安装费用为 5000 元。合同约定，CNG 装置保修期为六个月；保修期内免费调试，如因质量问题免费维修或换件；如因 B 公司所安装的 CNG 系统造成安全问题，B 公司将承担损失；如因朱某使用不当造成的损失由其自行负责。同时还约定 B 公司在安装第一年赠送 CNG 产品责任险。在系统安装后，B 公司按照约定将 B 公司和 A 公司支公司（以下简称“A 公司支公司”）签订的保险卡交于朱某。

A 公司支公司（甲方）与 B 公司（乙方）在 2007 年 1 月 14 日签订的协议约定：为使乙方安装双燃料系统后的出租车在使用过程中所装气瓶及其装置、管道、线路造成第三者人身伤亡或财产损失及时得到保险赔偿，特签订本协议。协议约定，甲方对乙方安装双燃料系统的出租车的全部承保特种设备第三者责任险；考虑到安装时间的不统一性以及车辆数的不确定性，甲方与乙方先行签订 2000 辆出租车气瓶及其装置、管道、线路第三者责任保险单，保单不列明保险期限，对所承保气瓶的出租车均发放甲方所制定的保险卡，以保险卡上列明的保险期限为准。保修期限以安装气瓶的次日起生效，保险期限一年；乙方所装每个气瓶及其装置、管道、线路每次事故责任限额 50 万元，每次事故每人责任限额 10 万元。甲方承担保险责任为：操作人员的过失行为，自然灾害和意外事故致气瓶及其装置故障，爆炸坠落或运行过程中的突然故障；除气瓶及其装置、管道、线路以外的人或物体均为第三者，包括出租车本身及其乘客。

2008 年 12 月 5 日 4 时 44 分，朱某的出租车在鼓楼区铁路 26 宿舍楼下发生火灾，车辆报废，同时导致相邻一辆客车燃烧，部分损毁。鼓楼区公安消防部门于 2008 年 12 月 12 日出具火灾原因认定书，认定朱某出租车在鼓楼区铁路 26 宿舍 1 号楼楼下发生火灾，烧毁汽车零部件等过火面积 6 平方米，火灾原因不明。2008 年 12 月 20 日，市质量技术监督局特种设备安全监察处出具的《关于 ×× 出租车燃烧事件的情况说明》中陈述，经检查，火灾造成全车基本烧毁，天然气管道系统烧毁，CNG 气瓶过火后不能使用。经现场了解和检查，根据着火和以往 CNG 汽车火灾情况，并依据有关专家意见，初步分析存在天然气管路系统损坏并参与燃烧的情况。2009 年 6 月 18 日市质量技术监督局特种设备安全监察处又出具：该《情况说明》并不是对此次火灾事故原因的分析与认定，仅是对事故中天然气气瓶及管路系统损坏情况的初步说明，并非认定因天然气管路系统损坏泄漏引起火灾。

2009年2月4日，A公司下达拒赔通知书。朱某向法院提起诉讼，将A公司和B公司列为被告，请求判令A公司和B公司赔偿其损失。法院经审理后判决：A公司赔偿原告出租车的损失费、车辆购置附加税损失、计价器损失、安全网损失等以及营运损失减去残值，合计57395元；B公司退还原告安装费4925元。A公司不服一审判决，遂向法院提起上诉，认为一审判决程序不合法，认定事实严重错误，应予撤销，改判驳回原审原告朱某的诉讼请求。二审法院审理后认定A公司的上诉理由不能成立，故驳回上诉，维持原判。

【判决要点】

一审法院经审理认为，朱某的汽车发生火灾与B公司有因果关系，A公司应负保险责任。朱某将其出租车在B公司进行CNG气瓶及管路安装后，B公司按照其与A公司支公司签订协议的约定，将为朱某出租车投保的特种设备第三者责任保险卡交与朱某，朱某在保险事故发生后即有权直接向人保公司请求赔偿。虽然被告提交的证据能够证明B公司已取得国家颁发的车用气瓶安装资质，所用的CNG气瓶和减压阀等附件均为合格产品，但朱某出租车该次火灾经公安消防部门认定火灾原因不明。市质量技术监督局特种设备安全监察处经现场了解和检查，根据着火和以往CNG汽车火灾情况，并依据有关专家意见，初步分析存在天然气管路系统损坏并参与燃烧的情况。据此可认定气瓶及其装置损坏与火灾损失具有因果关系，因此，属于协议第五条A公司承担保险责任的约定范围，A公司应在约定的限额承担赔偿责任。

二审法院观点：首先，一审程序合法。根据A公司支公司和B公司签订的协议及A公司提供给被朱某的保单，证实A公司承保的是特种设备第三者责任保险。根据《中华人民共和国保险法》（1995年6月30日通过，2002年10月28日修正，2009年2月28日修订、2014年8月31日、2015年4月24日修正，以下简称《保险法》）第六十五条规定，保险人对责任保险的被保险人给第三者造成的损害，可以依据法律的规定或者合同的约定，直接向该第三者赔偿保险金。责任保险是指以被保险人对第三者依法应负的赔偿责任为保险标的的保险。朱某基于其与B公司签订的汽车CNG系统加装合同这一事实，完全可以以第三者的身份直接向A公司求偿。一审审理程序并无违法之处。其次，推定朱某的汽车发生火灾与B公司提供的汽车CNG系统之间具有因果关系。虽然不能认定朱某的汽车发生火灾与B公司提供的汽车CNG系统有直接的因果关系，但是由于本案系因产品且系特殊产品质量引发的索赔之诉，根据举证能力的强弱和距离证据的远近程度，应当由B公司负本案因果关系的举证责任。B公司不能举证加以排除被上诉人朱某的汽车发生火灾与B公司提供的汽车CNG系统之间的因果关系，应当推定二者之间具有因果关系。另外，根据A公司支公司与B公司2007年1月14日签订的协议中第五条的约定“甲方承担保险责任为：操作人员的过失行为，自然灾害和意外事故致气瓶及其装置故障，爆炸坠落或运行过程中的突然故障”，据此，本案亦应属上诉人承保的保险责任范围。

【法律分析】

依据《保险法》第十条、第十一条的规定，本案中双方签订的第三者责任险保险合同合法有效。因此，保险公司应当依照双方的约定履行合同义务，对于保险范围内的被保险人的损失作出赔偿。《保险法》第六十五条规定，责任保险是指以被保险人对第三者依法应负的赔偿责任为保险标的的保险。责任保险的被保险人给第三者造成损害，被保险人对第三者应负的赔偿责任确定的，根据被保险人的请求，保险人应当直接向该第三者赔偿保险金。被保险人怠于请求的，第三者有权就其应获赔偿部分直接向保险人请求赔偿保险金。由于B公司与A公司之间存在保险合同，应当由B公司承担对出租车造成的损害的责任，出租车有权获得A公司的赔偿。

【案件点评】

现实生活中的风险无处不在，本案中机动车因为安装的CNG系统存在问题，造成了车辆烧毁的严重后果。能源公司由于投保了第三者责任险，才有效规避风险，避免了高额赔偿。发生保险事故后，需要尽早进行鉴定，确定事故发生的主要原因，从而确定保险公司的赔偿责任。在诉讼过程中，一般将能源企业和保险公司作为共同被告，由法院判定最终的赔偿额。也可以通过协商的方式，由法院作出调解书。

案例 45 消费者协会调解“问题汽油”群体纠纷案[①]

【基本案情】

2015 年 3 月 1 日，G 省某州 C 县工业园的一投资商到 C 县消费者协会（以下简称“C 县消协”）投诉反映其驾驶的汽车在 C 县城区某加油站加 93 号汽油后，出现积炭过多、怠速抖动、加油熄火等状况，造成车辆配件不同程度损坏。从 3 月 2 日开始陆续有上海、四川、湖南、贵州 4 省份总计 191 名消费者到 C 县消协投诉，反映相同问题，要求经营者赔偿损失。

C 县消协对本起跨省消费者群体诉讼给予高度的重视，组织人员到加油站开展调查。经调查，该加油站在 2015 年 2 月 16 日从河南濮阳购进 93 号汽油 35.4 吨，油品通过油罐车运送。油罐车在运输油品前曾运过其他物质，且在未作任何清理的情况下，汽油就直接灌入油罐车运送至加油站销售。调查人员由此初步判断疑似油品含有杂质导致加油车辆出现问题。经汽车修理厂检查，此次因油品不合格导致加油车辆的三元催化器、火花塞、氧传感器等配件需要更换。截至 3 月 2 日，该加油站一共销售“问题汽油”20 吨。C 县消协工作人员当即建议该加油站停止销售，并通报质检部门对油品进行送检。后经 C 县消协调解，加油站经营者先行赔偿所有 191 名消费者的车辆修理费共计 50.34 万元，这起由“问题汽油”引发的群体消费纠纷得到解决。

【法律分析】

1.《产品质量法》相关规定

《产品质量法》第三十四条规定：“销售者应当采取措施，保持销售产品的质量。”第三十九条规定：“销售者销售产品，不得掺杂、掺假，不得以假充真、以次充好，不得以不合格产品冒充合格产品。”第四十条规定：“售出的产品有下列情形之一的，销售者应当负责修理、更换、退货；给购

---

① 参见《中国消费者协会发布 2015 年消费维权 10 起典型案例》，载中国网财经，http://finance.china.com.cn/consume/20160315/3628076.shtml，访问日期：2019 年 6 月 22 日。

买产品的消费者造成损失的，销售者应当赔偿损失：(一)不具备产品应当具备的使用性能而事先未作说明的；(二)不符合在产品或者其包装上注明采用的产品标准的；(三)不符合以产品说明、实物样品等方式表明的质量状况的。”第四十二条第一款规定：“由于销售者的过错使产品存在缺陷，造成人身、他人财产损害的，销售者应当承担赔偿责任。”本案中，加油站销售的 93 号汽油存在严重质量问题，不符合产品的质量要求，造成众多消费者汽车发生故障，应当承担赔偿责任。

2.《消费者权益保护法》相关规定

2013 年《消费者权益保护法》第四十条规定：“消费者或者其他受害人因商品缺陷造成人身、财产损害的，可以向销售者要求赔偿，也可以向生产者要求赔偿。属于生产者责任的，销售者赔偿后，有权向生产者追偿。”第十九条规定：“经营者发现其提供的商品或者服务存在缺陷，有危及人身、财产安全危险的，应当立即向有关行政部门报告和告知消费者，并采取停止销售、警示、召回、无害化处理、销毁、停止生产或者服务等措施。采取召回措施的，经营者应当承担消费者因商品被召回支出的必要费用。”加油站在知道自己销售的汽油会对加油汽车的配件造成损害后，不仅应对已经提出赔偿诉求的消费者进行赔偿，也应主动告知其他消费者。在无法掌握每个来加过油的消费者的联系方式的情况下，可以通过公告的方式予以告知，并应采取停止销售、无害化处理等方式处理问题汽油。

3. 消费者权益保护协会调解纠纷的功能

根据我国《消费者权益保护法》的规定，消费者协会是依法成立的对商品和服务进行社会监督的保护消费者合法权益的社会组织。消费者协会可以受理消费者的投诉，对投诉事项进行调查和调解，向有关部门进行反映，并提出解决方案。消费者协会工作效率高，处理方式灵活，在处理纠纷、保障消费者合法权益方面发挥了巨大作用，有助于维护市场秩序和社会稳定。本案中的 C 县消协得知案情后，立即通知加油站停止销售，同时积极协调赔偿事宜，使得问题得到了及时的解决，避免了更多消费者受到侵害。

【案件点评】

产品质量是产品的生命，是企业生存和发展的前提。随着汽车逐渐进入我国普通老百姓的家庭，成为生活必需品，成品油的质量问题更是受到了社会各界的广泛关注。为了保障产品质量，也为了保护消费者的人身和财产安全，根据《产品质量法》的规定，我国确立了专门的产品质量监督管理体制对产品质量进行监督——包括质量标准制度、质量认证制度、质量检验制度以及质量监督检验制度等全方位全流程的监督体系。在加油站的油品质量纠纷中，分散的消费者处于弱势地位，消费者协会和其他消费者权益保护组织的作用开始凸显。消费者协会等公益性社会团体利用组织的力量去对抗经营者侵害消费者权益的行为，在纠纷解决和调解等领域发挥着重要的作用。

案例46 某饮食店、叶某违反安全保障义务责任纠纷案[①]

【基本案情】

上诉人：某饮食店

上诉人：叶某

被上诉人（原审原告）：黄某

被上诉人（原审被告）：陈某

被上诉人（原审被告）：某能源有限公司（以下简称“B公司”）

2016年4月8日6时10分许,H市C区某街4号某饮食店（以下简称“A饮食店”）发生火灾，过火面积约5平方米，事故造成9人受伤。火势蔓延至楼上，导致居住在楼上的黄某在逃生时右脚受伤。黄某受伤被送去H市中心医院治疗，住院时间从2016年4月8日至5月15日共计37天，发生医疗费7160.2元。黄某还在N市X镇Y村卫生站治疗，发生费用5265元及复诊费473.80元。以上费用合计12899元。A饮食店为黄某支付了医疗费1859.74元。

H市公安消防支队C区大队作出的《火灾事故认定书》认定：“起火原因为液化石油气泄漏，遇杂物间内煮炖品的燃气炉明火后发生燃烧，进而导致火灾。”发生火灾所在楼房整栋都是房东陈圩宏所有。该栋楼房全部用于出租。A

① 参见《广东省惠州市中级人民法院二审民事判决书》〔2018〕粤13民终1328号。

饮食店系租用陈某的商铺用于餐厅经营。叶某与A饮食店的经营者杨某是夫妻关系，两人共同经营A饮食店。叶某陈述，其是通过街边派发名片所载明电话要求送的煤气，并通过微信方式支付购买款费用，不怎么清楚具体由哪里充气送气。经查，B公司是本案的送气公司，曾于2014年3月12日把某瓶装气供应站授权给严某经营，但已于2015年2月28日停止了授权经营。B公司提供了一份由H市质量技术监督局向其出具的《关于钢瓶信息的复函》，载明A饮食店使用单位代码为LAC，并表明根据钢瓶护罩钢印信息，钢瓶规格型号为“HJ400−118−2 Ⅱ”、制造年月为“2013、7”，但钢瓶未在该局办理过使用登记。

由于事发后被告未向原告黄某支付任何赔偿费用，故黄某向法院提起诉讼，诉请A饮食店、叶某、陈某、B公司赔偿相应损失。一审法院经过审理后，判决A饮食店、叶某共同向黄某赔偿损失17044.91元；陈某向黄某赔偿损失8102元。A饮食店、叶某不服原审判决，认为原审法院违反法定程序，遗漏重要当事人，未查明案件基本事实，错误分配各当事人责任比例，向H市中院提起上诉，请求判令撤销一审判决并依法改判。二审法院经过审理后查明上诉人的上诉缺乏事实与法律依据，判决驳回上诉，维持原判。

【判决要点】

1.A饮食店对黄某的损失承担主要侵权责任

根据《侵权责任法》第六条规定：“行为人因过错侵害他人民事权益，应当承担侵权责任。”侵权人是否承担侵权责任以及承担责任的大小，主要依据侵权人对事故的损害是否存在有过错。根据消防部门认定的火灾原因，A饮食店是火灾事故起火的第一现场，起火原因是其经营的液化石油气泄漏。A饮食店在经营活动中没有尽到其安全防火义务，对事故的发生有主要过错，应对黄某的损失承担主要责任。

2. 陈某对该栋楼房的出租经营活动应该要尽到安全保障义务，对黄某的损失承担次要责任

根据《侵权责任法》第三十七条规定：“宾馆、商场、银行、车站、娱乐场所等公共场所的管理人或者群众性活动的组织者，未尽到安全保障义务，造成他人损害的，应当承担侵权责任。”公共场所的管理人应对公共安全尽到安全保障义务。陈某把其整栋楼房用于出租经营，其对该栋楼房的

出租经营活动应该要尽到安全保障义务。但陈某没有配备足够的消防设备，也没有对租户做足相应的火灾安全指引。在发生火灾时，楼顶消防通道以及消防门还存在紧栓情况。其对黄某损失也有过错，应对黄某的损失承担次要责任。

3.H 市泰阳能源有限公司不承担责任

根据叶某的陈述，涉案液化石油气瓶是其通过路边送煤气电话名片、采用电话方式要求送的煤气，支付的煤气费也是通过微信方式支付，对涉案煤气瓶的送气人员身份、资质以及涉案的煤气来源等方面都不太清楚。没有充分证据证实涉案煤气瓶是属于B公司生产和使用，而且B公司出具的H市质量技术监督局的复函，也证实涉案的煤气瓶未在该局进行登记使用。B公司曾经把某瓶装气供应站授权给他人经营，但某瓶装气供应站已于2015年2月28日开始停止授权经营。因此，当事人没有提供充分证据证实B公司对火灾的发生具有过错，黄某要求B公司对其损失承担赔偿责任，缺乏事实和法律根据。

4. 侵权主体责任承担的分配

火灾事故具有紧急性，黄某在火灾时的举动是紧急反应，其对损害结果的发生并没有过错。综合A饮食店与陈某对事故的过错程度，A饮食店应承担70%责任，陈某应承担30%责任。A饮食店是属于个体工商户，虽然登记的名字是杨某，但是叶某与杨某是夫妻关系，与杨某共同经营A饮食店，应当认定是A饮食店的实际共同经营者，因此，叶某应与A饮食店共同承担赔偿责任。

【法律分析】

安全保障义务的义务来源于法律的明文规定，或者合同的约定。如果合同中约定，一方对另一方负有安全保障的义务，则当事人应当承担该义务，比如在旅客运输合同中，客运公司所承担的安全保障义务就来自于合同的约定。安全保障义务人包括经营者、场所的管理人和活动的组织者。依据《侵权责任法》规定，宾馆、商场等公共场所的管理人或者群众性活动的组织者，未尽到安全保障义务，造成他人损害的，应当承担侵权责任。因此本案中的A饮食店无疑要承担侵权责任，房东陈某作为公共场所管理人因负有安全保障义务，也应承担侵权责任。

在法定义务方面，除了《侵权责任法》的相关规定外，我国《消费者权益保护法》第七条规定："消费者在购买、使用商品和接受服务时享有人身、财产安全不受损害的权利。消费者有权要求经营者提供的商品和服务，符合保障人身、财产安全的要求。"第十八条规定："经营者应当保证其提供的商品或者服务符合保障人身、财产安全的要求。对可能危及人身、财产安全的商品和服务，应当向消费者作出真实的说明和明确的警示，并说明和标明正确使用商品或者接受服务的方法以及防止危害发生的方法。宾馆、商场、餐馆、银行、机场、车站、港口、影剧院等经营场所的经营者，应当对消费者尽到安全保障义务。"安全保障义务并非是无限的，而是在一个"合理限度范围内"。法院在审理案件过程中会综合各种情况予以考虑，如服务场所使用的建筑物，配套服务设施、设备是否安全可靠；不安全因素的提示、说明、劝告、协助义务；对于已经发生或正在发生的危险，经营者应当进行积极的救援等。

【案件点评】

为了尽可能的保护大众的人身及财产安全，公共场所的管理者或群众性活动的组织者在未尽到安全保障责任致使事故发生时，应承担相应的侵权责任。这就要求管理者或组织者尽可能对群众进行安全信息教育，同时事先准备应急方案及相应的设备，以最大限度地减少安全事故的发生。城市燃气与广大居民的生产生活息息相关，一旦使用不慎和管理不当，极易引发火灾等事故，造成巨大的生命和财产损失。因此，对管理者或组织者的安全保障义务提出了更高的要求，只有强基固本，防患于未然，才能将安全事故消灭在萌芽阶段。本案所涉及的是液化石油气，其本身具有易燃易爆的特点，一旦发生事故，后果极为严重。因此，安全使用液化石油气，特别是防止火灾的发生，是生命财产安全的头等大事。

案例 47　张某与某能源有限责任公司触电人身损害赔偿纠纷案[①]

【基本案情】

原告：张某

被告：某能源有限责任公司（以下简称“A 公司”）

张某系居住于涉案 10 千伏高压电线路某站附近的普通公民。A 公司于 1994 年 8 月将该高压电线路某站建成并投入使用。高压线路属 D 电气化铁路专用。随着该站周边居民的急剧增加及居民生活需求，人们向铁路护坡下大量倾倒垃圾形成堆积。2007 年 12 月 25 日早上，张某站在一个垃圾堆上倒火炉筒（清除火炉筒内的积垢物）时，炉筒一端碰到高压线，导致其当场被击倒休克昏迷。经公安机关现场勘查证实，触电现场位于站北区张某与祈某家门前紧挨北面的铁路护坡平台上。在此平台上堆放冻结形成的垃圾与上面的高压线距离为 2.4 米。张某受伤后先后在甲、乙、丙三家医院治疗，经诊断为：颈 5.6 骨折脱位；颈 4 脊髓损伤 B 级；电击伤。张某支付医疗费 18 万余元。

2008 年 5 月，张某起诉要求 A 公司承担本次事故的全部责任，赔偿各项损失 646016.68 元，保留追索今后治疗费、残疾赔偿金、被扶养人生活费等诉权。其认为，高压线路是 A 公司专门为 D 电气化铁路架设的，经公安机关现场勘查，高度仅有 2.4 米，严重不符合行业规范要求。A 公司作为电力设施产权人在居民区不设置网围栏和警示标志，没有尽到安全管理和保障义务，应当承担事故责任。法院综合案件事实，判决 A 公司赔偿张某相关费用，驳回张某要求赔偿今后治疗费的请求。

【判决要点】

1.A 公司应当依法承担主要民事赔偿责任

涉案的高压线路系 A 公司建设的 D 电气化铁路供电设施。该公司既是电力设施产权所有人，又是电力生产企业。依据《民法通则》《电力法》等相关法律、法规等关于触电人身损害赔偿的规定，电力企业、电力设施产权人是电力安全生产和用电的责任主体，保证安全生产，防止和杜绝事故

① 参见《内蒙古自治区准格尔旗人民法院一审民事判决书》〔2009〕准民初字第 337 号。

发生，及时消除事故隐患，保障周围环境安全是其法定职责。涉案高压输电线距地距离严重不符合在居民区不低于6.5米的国家强制性规定即国家电力行业标准。电力线路走廊存在重大安全隐患，给不特定的人和物造成危险。A公司对此缺陷是明知的，却不采取有效措施消除或申请有关部门消除该隐患，疏于管理。其未尽到充分注意安全义务是导致本案人身触电事故发生的主要原因。由于A公司不能证明张某是故意自伤、自残，或者具有不可抗力事由，即免除其承担责任的法定情形不存在，因此应当依法承担主要民事赔偿责任。

2. 张某因主观方面存在过失，也应当承担相应的民事责任

张某是具有完全民事行为能力的人，对高压输电线会产生人畜触电应当是清楚的。但由于其疏忽大意而没有预见，仍然站在垃圾堆上倒火炉筒以致触电，在主观方面存在过失，应当承担相应的民事责任。具体到赔偿责任的划分，A公司作为电力企业和电力设施产权人合并承担70%，张某本人承担30%较为合理和适当。张某的误工费以及治疗发生的必要费用，属于应当赔偿的范围。根据张某受害程度、生活现状和A公司的经济能力，应当考虑给予适当的精神损害抚慰经济补偿。

【法律分析】

1. 关于电力安全的法律规定

我国《民法通则》第一百二十三条第一款规定："从事高空、高压、易燃、易爆、剧毒、放射性、高速运输工具等对周围环境有高度危险的作业造成他人损害的，应当承担民事责任。""高压"包括1千伏及其以上电压等级的高压电；1千伏以下电压等级为非高压电。《电力法》第六十条规定："因电力运行事故给客户或者第三人造成损害的，电力企业应当依法承担赔偿责任。电力运行事故由下列原因之一造成的，电力企业不承担赔偿责任：（一）不可抗力；（二）用户自身的过错。"《电力供应与使用条例》第四十三条规定："因电力运行事故给用户或者第三人造成损害的，供电企业应当依法承担赔偿责任。因用户或者第三人的过错给供电企业或者其他用户造成损害的，该用户或者第三人应当依法承担赔偿责任。"

根据上述规定，电力企业是电力安全生产和用电的责任主体。保证安

全生产、防止和杜绝事故发生，及时消除事故隐患、保障周围环境安全是其法定职责。高压触电人身赔偿适用无过错责任原则，同时包括不可抗力、受害人故意的免责事由（其中故意包括一般的违法行为）。[①]

2. 过错责任原则与无过错责任原则

过错责任是指行为人只对其主观上存在过错的行为承担责任。如果主观上不存在过错，即使其行为致人损害，也不承担责任。过错责任最早源于罗马法，现在成为民法的基本原则之一。过错分为故意和过失两种情况，所谓“故意”是指行为人已经预见到行为的违法损害后果，但是仍然希望或者放任行为发生的心理状态；所谓“过失”是指行为人应该预见但是没有预见，或者已经预见但是轻信自己能够避免。判断行为人是否应该预见，应当基于普通人的一般认识水平，结合行为人本身的具体情况以及行为时的具体环境予以确定。

无过错责任是指行为人即使在主观上没有过错的情况下也应当对自己的行为承担责任。无过错责任伴随现代社会工业化的步伐发展而来。现代社会各种事故频发，危害增加，要证明行为人有过错越来越难。因此，为了维护社会安全稳定，很有必要引入无过错责任原则。无过错责任经常和保险制度联系在一起，通过保险制度可以实现损害分配的社会化。

【案件点评】

高度危险作业是指在现有技术条件下，由于人类还不能完全控制自然力量和某些物质属性，虽已极端谨慎经营但仍有可能致人损害的危险性行为。高度危险作业的侵权行为是指从事高度危险作业造成他人损害后果的行为。侵权行为的责任主体是从事高度危险作业的作业人。该项责任是一种典型的无过错责任。《民法通则》第一百二十三条规定：“从事高空、高压、易燃、易爆、剧毒、放射性、高速运输工具等对周围环境有高度危险的作业造成他人损害的，应当承担民事责任；如果能够证明损害是由受害人故意造成的，不承担民事责任。”

---

① 参见黄湘萍：《论触电人身损害赔偿责任的归责原则体系》，《华北电力大学学报（社会科学版）》2009 年第 4 期。

高度危险作业致人损害的行为不以作业人主观上存在过错为条件，其构成要件包括：（1）存在高度危险作业的行为。我国《民法通则》列举的高度危险作业的范围包括高空、高压、易燃、易爆、剧毒、放射性、高速运输工具等7项。实践中不局限于这7种情况，只要在性质上符合高度危险作业的概念，均可适用此种特殊侵权责任。（2）存在损害事实。高度危险作业造成了受害人的人身与财产损失。（3）危险作业行为与损害事实间存在因果关系，即应当证明损害事实是由该危险作业引起。高度危险作业致人损害采无过错责任原则，即不考虑侵权人的过错，只要存在损害事实，行为与损害结果有因果关系，侵权人就应当承担责任。但同时存在免责事由，即受害人的故意。但是在不同的高危作业中，侵权责任的免责事由存在不同，例如在铁路运输、高压电传输过程中产生侵权的免责事由，不仅包括受害人的故意以及不可抗力，受害人的某些过失（指对行为结果）也是法定的免责事由。[①]

第二节　环境污染纠纷

案例48　环保组织自然之友起诉国网甘肃电力公司的环境公益诉讼案[②]

为应对气候变化，中国政府长期以来一直扶持新能源产业发展。中国的水电、风电、光伏发电装机规模均居世界前列。不过，消纳难一直是行业顽疾，部分省份出现了大量风能、光能白白浪费的局面。据国家能源局在2019年1月28日公布的数据，2018年全国弃风电量为277亿千瓦时，平均弃风

① 参见《高度危险作业免责事由探究》，载找法网，http://china.findlaw.cn/zhengju/minssj/mzsy/1039.html，访问日期：2019年6月22日。

② 参见《兰州中院驳回自然之友对国网甘肃公司弃风弃光诉讼：条件不符》，载新浪新闻，https://news.sina.cn/2018-08-20/detail-ihhxaafz4597259.d.html?oid=5_tsxl&vt=4&pos=3，访问日期：2019年6月22日。

率为7%。[①]“弃风弃光”是指光伏、风电企业装机容量不断增加，但无法消纳导致的停机。针对“弃风弃光”现象，环保机构自然之友于2016年提起环境公益诉讼，起诉国家电网甘肃省电力公司。2017年，此案于甘肃兰州中院立案。此案的被告是国网甘肃省电力公司，系国家电网公司的全资子公司。在本案中，自然之友认为，电力公司没有按照《可再生能源法》的规定，对其省内的风能和太阳能光伏发电进行全额收购，未被全额收购的风能、太阳能光伏发电由燃煤发电所替代导致排放二氧化碳、二氧化硫和氮氧化物等，造成环境影响，严重损害了社会公共利益，应承担环境侵权责任。自然之友诉请判令甘肃电力公司停止对环境的侵害，全额收购其电网覆盖范围内风能和太阳能光伏并网发电项目上网电量；支付由燃煤发电替代未全额收购的风能、太阳能光伏发电对环境造成的损害17.18亿元；在国家级和省级媒体向社会公众公开赔礼道歉并承担全部诉讼费用及律师费用。

【法律分析】

1. 环境公益诉讼

环境公益诉讼是指为了保护环境公共利益而进行的诉讼活动。和一般的民事诉讼相比，环境公益诉讼存在以下特征：（1）环境公益诉讼的主体具有特殊性。首先，提起诉讼的主体并不是案件的利害关系人，其环境权利也并非一定受到侵害。其次，个人并不能提起环境公益诉讼，根据我国《民事诉讼法》等相关规定，在设区的市依法成立的环境公益组织、检察院及有关组织才可以依法提起环境公益诉讼。（2）为了保护公共利益。环境公益诉讼是为了保护国家、社会和不特定多数人的环境权利，促进社会的可持续发展。（3）起诉对象具有特殊性。环境公益诉讼的被告既可以是民事主体，也可以是行政主体。民事主体是在经济活动中对环境造成破坏的单位和个人，行政主体是未履行法定责任或者盲目追求经济发展而造成环境污染的行政机关。

---

① 参见《2018年可再生能源并网运行情况介绍》，载国家能源局网站，http://www.nea.gov.cn/2019-01/28/c_137780519.htm，访问日期：2019年6月22日。

2.《可再生能源法》的相关规定与现实中的“弃风弃光”现象

根据《可再生能源法》，我国实行可再生能源发电全额保障性收购制度。国务院能源主管部门会同国家电力监管机构和国务院财政部门，按照全国可再生能源开发利用规划，确定在规划期内应当达到的可再生能源发电量占全部发电量的比重，制定电网企业优先调度和全额收购可再生能源发电的具体办法，并由国务院能源主管部门会同国家电力监管机构在年度中督促落实。电网企业应当与按照可再生能源开发利用规划建设，依法取得行政许可或者报送备案的可再生能源发电企业签订并网协议，全额收购其电网覆盖范围内符合并网技术标准的可再生能源并网发电项目的上网电量。发电企业有义务配合电网企业保障电网安全。据此，电网企业应当加强电网建设，扩大可再生能源电力配置范围，发展和应用智能电网、储能等技术，完善电网运行管理，提高吸纳可再生能源电力的能力，为可再生能源发电提供上网服务。国家电网公司应当对光伏发电和风能发电进行全额收购，优先提供上网服务。

弃风弃光现象在全球范围都普遍存在，这说明“弃风弃光”具有一定的客观性。合理的弃风弃光率也是被允许的，但我国的弃风弃光率一直较高。其原因主要有以下几点：一是风电建设规划不完善，近年来由于风电、光伏发电发展速度过快，许多地区电网投资建设跟不上风电、风电发展的速度，我国对风电、光电行业制定了一系列的激励政策，风电、光伏发电成了发展潜力巨大的新能源行业。二是风电消纳对风电调度运行要求很高。风电不同于常规电源，由于风电受风力大小影响比较大，因此，风电的波动性比较大，具有不确定性和随机性，造成了无法对风功率进行精确预测。风电达到一定规模后，如果不提高系统备用水平，调度运行很难做到不弃风，并且风电多具有反调峰的特性。三是风电、光电市场运行机制不健全。我国虽然一直在进行电力市场化改革，但改革仍在摸索前行，问题和困难还有很多。四是地方政府的不正当干预。一些地方政府为了当地、当局的利益，出台了一些违反《可再生能源法》的地方性政策，加剧了“弃风弃光”现象。

【案件点评】

弃风弃光现象确实值得关注，但是需各方共同努力，如果只将责任归咎于电网公司一家，难免偏颇。环境公益诉讼制度自 2012 年正式入法以来，取得了巨大进展，在保护环境公共利益方面发挥了巨大作用。但是环境公益诉讼主要是针对环境污染或生态破坏的风险，但若以排放污染气体对气候造成不良影响作为起诉理由，可能会遭到巨大挑战。在 2019 年 1 月，甘肃省高级人民法院对“甘肃弃风弃光案”环境公益诉讼作出民事裁定，撤销兰州市中级人民法院此前的民事裁定，指令此案甘肃矿区人民法院审理，至此本案进入实体审理阶段。按照我国司法一贯的审慎做法，原告胜诉前景并不乐观。不过，从引发社会公众对弃风弃光、环境保护关注的角度来看，本案能够起到一定的作用。同时，对国网公司来讲也是一种督促。正如本案原告所说，环境公益诉讼的目的不是针对被告，而是为了推动大家不去“弃风弃光”，并把“弃风弃光”涉及的问题弄清楚，展示给公众，正视这个困局。

案例 49 贺某与某煤炭开采公司、某煤炭开采辅助公司环境污染责任纠纷案[①]

【基本案情】

原告：贺某

被告：某煤炭开采公司（以下简称“A 公司”）

被告：某煤炭开采辅助公司（以下简称“B 公司”）

A 公司系一家有限责任公司，从事煤炭开采和洗选业行业。B 公司主要从事开采辅助行业工作。2014 年 8 月 25 日，中煤公司与 B 公司签订合同，由 B 公司负责运输处理有害煤渣。煤渣存放处紧挨贺某承包的土地，导致贺某承包地内的玉米秆上有黑灰，但是贺某并不知有毒。2015 年 4 月 21 日，贺某将存放在承包地内的玉米秆全部进行拉运，准备耕种。在拉运期间，贺某身体感

① 参见《陕西省靖边县人民法院一审民事判决书》〔2015〕靖民初字第 03697 号。

觉不适，咳嗽、气短。次日，贺某又将未拉运完的玉米秆拉运，身体不适感加重。贺某的儿子及村民看到贺某全身布满黑灰，加之以上症状，判断是吸入黑灰所致，当即向Y镇政府反映，并向Y派出所报案。后贺某被送往J县人民医院住院治疗，经诊断为变应性肺炎。住院18天后，转入某军医大学第二附属医院治疗，花费医疗费14000元左右。同时，有毒物还致使贺某的牲畜、树苗大量死亡，造成经济损失10万多元。

事件发生后，贺某向相关部门反映，要求解决，但均协调未果。贺某为维护合法权益，诉至法院，将A公司列为被告一，将B公司列为被告二。法院综合案情，认为原告贺某请求医疗费、护理费、伙食补助费、营养费、交通费、伤残赔偿金、后续治疗费、鉴定费的请求符合相关法律规定，依法予以支持。

【判决要点】

污染环境造成他人损害的，污染者应当承担侵权责任。根据《中华人民共和国环境保护法》（1989年12月26日通过，2014年4月24日修订，以下简称《环境保护法》）第四十二条第一款规定："排放污染物的企业事业单位和其他生产经营者，应当采取措施，防治在生产建设或者其他活动中产生的废气、废水、废渣、医疗废物、粉尘、恶臭气体放射性物质以及噪声、振动、光辐射、电磁辐射等对环境的污染和危害。"本案中被告A公司与B公司没有采取相应措施避免环境污染造成损害的发生，故二被告应当承担连带赔偿责任，对原告请求医疗费、护理费、伙食补助费、营养费、交通费、伤残赔偿金、后续治疗费、鉴定费的请求符合相关法律规定，依法予以支持。对于原告的人身损失，经鉴定，因吸入煤渣、灰渣致贺某患应变性肺炎存在一定因果关系，故对贺某的各项损失，确定由被告承担90%的赔偿责任。

【法律分析】

1. 环境污染的侵权责任

依据《侵权责任法》第六十五条、第六十六条的规定，由于环境污染造成他人损害的，污染者应当承担相应的赔偿责任，并对法律规定的不承担责任或者减轻责任的情形以及其行为与损害后果之间不存在因果关系承担举证责任。因此，本案中造成环境破坏以及贺某人身损害的污染者应当进行赔偿。为加快推进和规范环境污染第三方治理，根据《国务院办公厅关于推行环境污染第三方治理的意见》要求，环境保护部于2017年8月印发《关于推进环境污染第三方治理的实施意见》。实施意见提出，要坚持排污者担负污染治理主体责任，排污者担负污染治理主体责任，并根据污染物种类、数量和浓度，承担污染治理费用。第三方治理单位按照有关法律法规和标准以及排污单位的委托要求，承担合同约定的污染治理责任。排污者与第三方治理单位通过合同约定，建立相互督促、共同负责的市场运行机制。第三方治理单位在有关环境服务活动中弄虚作假，对造成的环境污染和生态破坏负有责任的，除依照有关法律法规规定予以处罚外，还应当与造成环境污染和生态破坏的其他责任者承担连带责任。在环境污染治理公共设施和工业园区污染治理领域，政府作为第三方治理委托方时，因排污单位违反相关法律或合同规定导致环境污染，政府可依据相关法律或合同规定向排污单位追责。因此，两被告都应承担侵权责任。

2. 环境污染案件中关于举证责任的规定

我国《侵权责任法》第六十六条对环境污染的举证责任进行了规定，明确了因污染环境发生纠纷，污染者应当就法律规定的不承担责任或者减轻责任的情形及其行为与损害之间不存在因果关系承担举证责任。因此，环境污染的加害人，需要就两方面承担举证责任，一个是免责或减轻事由，另一个是加害人的行为与损害不存在因果关系。由于环境污染案件中，证据一般都在加害人一方，基于环境污染责任在因果关系认定上的特殊性，通过举证责任倒置和因果关系推定的方式可以降低受害人的证明责任。但是这种责任倒置的方式，并不意味着受害人无需对因果关系进行举证，受害人需要对因果关系初步成立承担举证责任，所谓初步因果关系，是指受害人的证明标准较低，受害人只需证明加害人的污染行为会导致损害的可能即可。

【案件点评】

实践中，排污企业往往都会委托第三方机构处理污染物。在排污企业与第三方机构签订的合同中，会清楚规定双方的权利义务。此时，排污企业需要注意，并不是签了污染物处理合同自己就不需要承担环境污染的责任了。第三方机构如果没有按照合同约定妥善处理好污染物，造成了环境污染，给他人造成人身伤害或者财产损失，排污企业将仍然承担环境污染责任，而第三机构则承担违约责任。因此，从生产活动中排放污染物的主体来看，企业事业单位应当加强环境保护合规意识，建立环境保护责任制度，明确单位负责人和相关人员的责任。污染排放主体在进行排放污染过程中应当具有明确的环境保护意识，重视环境保护责任，不随意排放污染物，以免对环境或者第三人造成损害、威胁。排污企业在委托第三方机构进行污染治理时，一定要对该机构的资质情况进行严格审核。

案例 50　张某等人诉 S 省环境保护厅环评行政许可案[①]

【基本案情】

S 省电力公司 J 供电公司（以下简称“J 供电公司”）为建设 110 千伏双井变电站等一批工程，委托环评机构以工频电场、工频磁场、噪声及无线电干扰为评价因子编制了《环境影响报告表》。该报告表预测工程建成运行后对周边环境的影响程度符合国家标准。2009 年 11 月，S 省环境保护厅（以下简称“省环保厅”）在镇江市规划局出具《选址意见》、S 省电力公司同意环评结论、镇江市环保局对《环境影响报告表》预审之后作出批复，同意 J 供电公司建设该批工程。张某、陈某、蔡某生三人对此不服，诉至法院。三人主张环评方法不科学，所涉区域不宜建设变电站，建设项目不符合环评许可条件、环评许可违法，请求撤销 S 省环保厅的上述批复。N 市中级人民法院一审认为，S 省环保厅在其他部门出具意见基础上作出的涉案批复，符合《中华人民共和国环境影响评价法》第二十二条以及国家有关技术规范与政策规定，程序合法，遂判决驳回张某等三人的诉讼请求。张某等三人后上诉至 S 省高级人民法院。二审判决驳回上诉、维持原判。

【判决要点】

1. 双井变电站建设项目的程序合法，实体影响安全可控

双井变电站系城市公用配套基础设施。根据《城市电力规划规范》规

---

① 参见《江苏省高级人民法院二审民事判决书》〔2015〕苏环行终字第 00002 号。

定，在符合条件的情况下可以在风景名胜区、自然保护区和人口稠密区等敏感区域建设此类项目。涉案工程污染物预测排放量和投入运行后的实际排放量均小于或明显小于排放限值，环评符合法定审批条件。110千伏变电站所产生的是极低频场，按世界卫生组织相关准则，极低频场对环境可能造成轻度环境影响，但影响有限且可控。

2. 环保部门应加强信息公开，保障公众对环境信息的知情权

虽然被诉环评行政许可行为合法适当，但环保部门应采取措施加强信息公开，督促J供电公司将相关电磁场监测显示屏置于更加醒目的位置，方便公众及时了解实时数据，保障其环境信息知情权。

【法律分析】

1. 公共设施建设项目中公众的知情权、参与权

变电站是现代城市不可或缺的基础设施。虽然世界卫生组织在有关准则中指出此类设施对环境造成的影响有限并且可控，但公众由于信息掌握不充分，很难准确判断电磁辐射对健康的影响。进而引发对建设项目的抵触，从而产生“邻避效应”，形成纠纷。环保部门有必要在行政许可的同时完善信息公开沟通机制，便利公众充分了解建设项目的环境影响，有效参与环境保护，最大程度缓解“邻避效应”。本案中，法院没有止于就案办案，而是同时对行政机关提出保障公众知情权的明确要求。二审判决后，J供电公司已拆除电磁场监测显示屏外墙，此举有助于督促供电公司提高环境保护意识和电磁辐射污染防护水平，案件办理取得良好的社会效果。

2. 我国环境影响评价的相关规定

为了实施可持续发展战略，预防因规划和建设项目实施后对环境造成不良影响，促进经济、社会和环境的协调发展，我国于2002年制定了《中华人民共和国环境影响评价法》，这使得环境影响评价工作有法可依。同时，在1998年制定的《建设项目环境保护管理条例》中，也对环境影响评价有所规定。该条例第二十二条规定，建设单位在项目建设过程中未同时组织实施环境影响报告书、环境影响报告表及其审批部门审批决定中提出的环境保护对策措施的，由建设项目所在地县级以上环境保护行政主管部门责令限期改正，处20万元以上100万元以下的罚款；逾期不改正的，责令停止建设。

【案件点评】

在环评制度实施过程中，由于公众的环境保护意识较弱，参与度不够，同时，很多项目在信息公开时，避重就轻，使得公众不能够全面、准确的了解环境影响评价的具体内容。而且，很多建设工程项目是地方政府扶持的重点工程，环境影响评价一般都在很短的时间内通过，不会因为环境影响评价不过关而停止施工。对于这些存在的问题，首先，要增加宣传环境保护力度，让公民树立“青山绿水就是金山银山”的发展理念，重视自己身边的建设项目。其次，环境影响评价的信息公开应当更加全面、客观、准确，保障公民的知情权和参与权。再次，还需对违反环境影响评价的企业加大处罚力度，落实行政机关一把手的责任，防止违法建设行为的发生。最后，要加强对环境影响评价机构的管理，对其工作质量进行监督和评估，对不按规定评估的机构，依法追究其法律责任。

《环境影响评价法》自 2002 年诞生，在 2018 年进行了最新一次修改。在此次修改中，环评行政审批不再作为可行性研究报告审批或项目核准的前置条件，即环评的行政审批要求被弱化。修改前的《环境影响评价法》试图通过行政审批增强其强制力。然而，实践表明，这一设计使环评越来越背离制度设计的初衷。环评的目的逐渐从改善项目环境质量演化成了“通过审批”，环评成为建设项目或规划草案获得行政准许的工具，沦为建设项目的“买路条、敲门砖”。为了通过审批，一些环评机构开始造假，导致环评机构和环评人员信用丧失，环评体系遭受系统性损害，甚至影响了环评制度的信用。而此次《环境影响评价法》的修改弱化环境评估事前审批，强化事中和事后监管，更有助于促使政府职能正确定位，提升行政管理效能，发挥监管作用。

案例 51　垃圾焚烧站、核电站建设中的“邻避效应”[①]

【基本案情】

2016 年 4 月初，浙江海盐县人民政府发布了在西塘桥建造垃圾焚烧发电

---

① 参见《浙江海盐垃圾焚烧发电厂项目停止，曾因选址引起争议》，载搜狐网，http://www.sohu.com/a/70767189_260616，访问日期：2019 年 6 月 22 日。

厂选址公示。4月20日，一些群众因对海盐垃圾焚烧项目规划选址持不同意见，先后到海盐县人民政府门口和东西大道海港大道十字路口聚集，采取非法集聚、封堵道路等方式，造成交通中断。县开发区、县综合执法局、县环保局、县住建局、县国土资源局等相关单位工作人员分批接待了群众代表，告知了垃圾焚烧项目建设的必要性和规划选址等情况，并充分听取了群众代表的意见建议。在此期间，个别人员不服从现场工作人员的劝阻，严重影响了社会公共秩序，被公安机关带离现场。在海盐县人民政府公布停止该项目后，仍有人员非法集聚，冲击海盐县经济开发区管委会大楼，打砸公共财物，扰乱公共秩序，造成执勤民警和围观群众受伤。上百名群众聚集在海盐经济开发区东西大道海港大道十字路口造成交通阻塞。在现场工作人员反复劝导无效的情况下，公安部门将个别不服规劝的人员带离现场。公安机关依法查处，对俞某某、周某某因涉嫌传播网络谣言、扰乱公共秩序的行为予以刑事拘留处罚；对王某等2人因扰乱公共秩序的行为予以行政拘留处罚。

【案件点评】

“邻避效应”是指居民或当地单位因担心建设项目对身体健康、环境质量和资产价值等带来负面影响，从而激发人们的嫌恶情结，滋生“不要建在我家后院”的心理。在能源领域，垃圾焚烧发电和核电站是产生邻避效应的两个典型领域。垃圾焚烧站的建设是解决城市垃圾围城的普遍做法，垃圾焚烧产生的能量还常用于发电，但是附近周边的人们却更担心二噁英的问题。核能作为一种清洁能源，优势较为明显，消耗的燃料少，对环境影响小，经济和环境效益无疑是巨大的，但是切尔诺贝利、福岛等重大核电事故又引发民众对于核泄漏的恐惧。

为了更好避免“邻避效应”，除了严格技术安全保障以及按规定履行相关审批（或许可）程序之外，还应充分考虑社会民众的意见和心理。如果不能在全社会范围内建立起相关技术高效、安全的信任，大众很容易因谣言或偏见阻碍项目实施。因此，对于垃圾焚烧站、核电站等能源项目的建设应当首先进行科学有效的宣传和管理：（1）有针对性地进行科普宣传。要区分不同群体，因人制宜，分类实施，精准沟通。要以通俗易懂的方式传播科学知识，让公众理解项目建设在节约能源和环境保护中的作用，知晓垃圾焚烧站、核电站运行中的安全保障，打消安全顾虑。（2）信息公开。垃圾焚烧站、核电站的建设和选址信息应当提前公开，满足公民的知情权，让公民监督落到实处，同时要及时回应公民的疑问和诉求。（3）让建设项目与公民形成利益共同体。如以环境综合治理代替简单的污染处理，把垃圾焚烧站、核电站的建设与公民的休闲娱乐景观建设、基础设施建设融为一体，增强当地居民的获得感和幸福感。

第三节　职业健康纠纷

案例 52　王某与某能源股份有限公司某煤矿劳动争议案[①]

【基本案情】

上诉人（原审原告）：王某

被上诉人（原审被告）：某能源股份有限公司某煤矿（以下简称“A 煤矿”）

王某于 2007 年 3 月至 2015 年 10 月在 A 煤矿从事井下采掘工作。其间王某有工伤保险的缴纳记录。2015 年 11 月 4 日，王某与 A 煤矿签署解除劳动合同协议。该协议书载明 2015 年 11 月 4 日合同期满，经王某与 A 煤矿协商一致同意解除劳动合同。2015 年 12 月 14 日，L 医院作出王某的职业病诊断证明书，诊断结论为无尘肺。2016 年 5 月，王某进入某物业管理有限公司（以下简称“B 公司”）工作，B 公司为王某缴纳社会保险。2016 年 5 月 27 日与 2016 年 11 月 10 日，两次均鉴定王某患职业性煤工尘肺壹期。2017 年 1 月 10 日，P 市 M 区人力社保局认定王某所患职业性煤工尘肺为工伤。2017 年 9 月 19 日，经鉴定确认王某已达到职工工伤与职业病致残等级标准陆级。

2018 年 6 月 29 日，王某提起劳动仲裁，要求：A 煤矿继续履行劳动合同；依法享受工伤保险待遇。仲裁裁决 A 煤矿支付王某一次性伤残就业补助金，

① 参见《北京市第二中级人民法院二审民事判决书》〔2019〕京 02 民终 251 号。

驳回王某的其他申请请求。王某不服仲裁裁决，诉至法院。法院对A煤矿继续履行劳动合同的诉讼请求不予支持，对王某要求A煤矿协助办理一次性伤残补助金申领手续的诉讼请求予以支持。王某对一审判决不服，向北京市二中院提起上诉，请求撤销原判，改判A煤矿与王某继续履行劳动合同。二审经审理后，认为王某的上诉请求不能成立，判决驳回上诉，维持原判。

【判决要点】

1. 劳动关系已解除，劳动合同履行不能

王某和A煤矿之间的劳动合同已经于2015年11月4日解除。之后王某又到B公司入职。故王某要求继续履行与A煤矿的劳动合同已不具备客观条件，属于劳动合同履行不能的情形，因此对其要求继续履行劳动合同的诉讼请求，法院不予支持。

2. 原告依法享受相关工伤保险待遇

本案中，王某为职业性煤工尘肺壹期。经劳动能力鉴定，已达到职工工伤与职业病致残等级标准陆级，有权享受工伤保险基金支付的一次性伤残补助金。经向社保部门核实，应由A煤矿协助王某办理一次性伤残补助金的申领手续，故对王某要求A煤矿协助办理一次性伤残补助金申领手续的诉讼请求，法院予以支持。

【法律分析】

1. 职业病与工伤

依据《中华人民共和国职业病防治法》（2001年10月27日通过，2011年12月31日、2016年7月2日、2017年11月4日、2018年12月29日修正，以下简称《职业病防治法》）的规定，职业病是指企业、事业单位和个体经济组织等用人单位的劳动者在职业活动中，因接触粉尘、放射性物质和其他有毒、有害因素而引起的疾病。《职业病防治法》第五条规定，用人单位应当健全本单位的职业病防治责任制，对本单位产生的职业病危害承担责任。本案中劳动者与A煤矿之间曾存在合法有效的劳动合同关系。依据《中华人民共和国劳动法》（1994年7月5日通过，2009年8月27日、2018年12月29日修正，以下简称《劳动法》）的规定，用人单位对于职工职业病的管理应当重视，且对于职工在劳动期间患职业病的情形予以适当的保护。职业病是工伤的一种，但职业病又不同于事故工伤，在疾病特征、社会特性等方面有其特殊性。我国职业病工伤认定及工伤保险待遇有一些特别规定，但职业病诊断难、工伤认定难、待遇落实难、职业病预防难等问题仍十分突出，给劳动者、用人单位、诊断机构、工伤保险机构带来很多困扰。

2. 职业性尘肺病的特点及其维权问题

职业性尘肺病属于慢性迟发性职业病，多具有潜隐期长的特征，具有累积效应，而且脱离接触后病情仍可发展。随着社会发展，企业兴衰更替频繁，平均存续时间变短，企业跨区域迁移常见，就业人口流动性大，劳动者就业模式灵活多样化，工作单位及工种变换成常态。在这样的就业环境下，目前我国仍未实现工伤保险全国统筹。按我国现行工伤保险规定，尘肺病等慢性职业病患者工伤保险待遇难以保障。在疾病潜隐期内，绝大多数劳动者都可能存在两种情况：其一，变换了工作单位和工种，甚至跨地区流动；其二，可能回村务农、做小生意或失业等，而且原致害用人单位可能解体。当受害人发病时，如果遇到第二种情形，按目前工伤保险相关规定，患者不能从保险基金获得赔偿，也无法向用人单位索赔，诉求无门，很多农民工尘肺病患者的困境就属于此种情形。遇到第一种情形，按目前规定，可以由工伤保险及现用人单位支付费用，但现用人单位一般非实质加害单位，不一定存在相同职业病危害，往往难以配合职业病诊断及工伤认定，患者维权难度极大。

【案件点评】

目前我国的职业病主要呈现出以下问题：一是危害人数多，患病数量大；二是分布的行业较广，尤其以中小企业为主；三是由于人员转移造成的流动性较大；四是职业病多具有隐匿性，迟发性特点，其危害往往被忽视；五是造成的经济损失巨大，影响深远，往往拖垮一个家庭。若想要在实践中解决上述问题，不仅仅需要有关部门完善立法与执法环节，还需要行业内部形成行之有效的纠纷解决机制，更需要积极普法，使广大劳动者意识到签订劳动合同和保护自身权益的重要性。只有多管齐下，才能最终形成行之有效的措施，实现对弱势劳动者的健康保障。

煤炭行业职业病主要表现为在煤矿工作中存在的危害：包括粉尘、噪声、振动、有害气体、生产性化学毒物、高温高湿、不良体位劳动等因素。在我国，煤矿运营中普遍存在的问题是：煤矿的经济收益与煤矿工人的生命安全问题之间的冲突，由于煤矿终究是以盈利为目的，导致在发展中往往会忽略工人的安全问题，对于职业病防治的积极性并不高。普遍存在简单设置卫生室便将国家规定的煤炭行业的卫生标准搪塞了过去。因此，当前对于煤炭行业职业病防治机构的设置很有必要，并且需要对煤矿负责人进行宣传教育，加强其法治意识。

案例 53 俞某与某电力设备有限公司生命权、健康权、身体权纠纷[①]

【基本案情】

原告：俞某

被告：某电力设备有限公司（以下简称“A 公司”）

2016 年 1 月 27 日，俞某在工作中因 A 公司起吊行车发生故障需要进行查看维修，在攀爬行车过程中从脚手架上摔落致右踝受伤，活动受限。随后被送往医院就诊，被诊断为“右胫骨骨折累及踝关节、右腓骨骨折”。2016 年 2 月 20 日，俞某出院，公司承担住院治疗费用。2016 年 7 月 4 日，俞某进行了第二次手术（取出外固定装置），于 2016 年 7 月 7 日出院。住院期间医疗费由 A 公司支付。至此，俞某两次住院共计 27 天。俞某受伤后，A 公司于 2017 年 11 月 16 日委托某医科大学司法鉴定所对俞某伤残等级鉴定。2017 年 12 月 18 日该所出具司法鉴定意见书，鉴定意见为：俞某损伤构成八级伤残。

2016 年 6 月 26 日，俞某与 A 公司签订劳动合同书，约定固定期限劳动合同自 2016 年 6 月 26 日起至 2018 年 6 月 26 日止。俞某在 A 公司管理、业务岗位从事相关工作。基于此确定其每月基本工资为 1770 元，以后根据内部工资金分配办法调整其工资；绩效工资根据乙方的工作业绩、劳动成果和实际贡献按照内部分配办法考核确定。双方还对违约责任等问题进行了约定。A 公司自 2016 年 6 月至 2017 年 12 月期间为俞某交纳 19 个月社保。后 A 公司以俞某严

---

① 参见《南京市浦口区人民法院一审民事判决书》〔2018〕苏 0111 民初。

重违反用人单位的规章制度为由，于 2017 年 12 月 21 日终止劳动合同。

2018 年 3 月 7 日，俞某向 N 市 P 区劳动人事争议仲裁委员会（以下简称仲裁委）申请赔偿金争议仲裁，要求 A 公司支付工资并支付因 A 公司违法解除劳动合同的赔偿金。2018 年 4 月 18 日，仲裁委作出仲裁裁决书，裁决 A 公司给付俞某 2017 年 9 月 1 日至 2017 年 12 月 21 日期间的工资 6886.5 元并支付违法解除劳动合同赔偿金 15561.6 元。另，俞某受伤后，俞某、A 公司均未向行政部门申请工伤认定，现工伤认定已经超过法定期限。俞某、A 公司就赔偿事宜协商未果，俞某又不服仲裁裁决，遂提起诉讼，请求法院判令 A 公司赔偿俞某损失 116635.5 元。一审法院经过审理，判令 A 公司赔偿俞某损失人民币 40260.02 元。

【判决要点】

1. 超过工伤认定申请时效未进行工伤认定而衍生的人身损害赔偿，后果由用人单位承担

本案中，俞某与 A 公司具有劳动关系。俞某在工作中受伤，但俞某与 A 公司在受伤后均未提出工伤认定申请。法律规定申请工伤认定是用人单位的义务，因超过申请时效未获工伤认定的后果不能归由劳动者承担。因 A 公司未履行用人单位的法定义务导致工伤认定超过时效无法进行，俞某有权以一般人身损害赔偿提起诉讼并获得救济。故俞某请求 A 公司赔偿损失应予支持。《最高人民法院关于审理人身损害赔偿案件适用法律若干问题的解释》（2003 年 12 月 4 日通过）的规定没有排除伤者在不能按《工伤保险条例》（2003 年 4 月 27 日公布，2010 年 12 月 20 日修订）的规定获得救济时，可以通过一般民事赔偿的途径获得救济。根据有伤害就有救济的原则，本案俞某有权提起本案诉讼，以求获得伤害救济。

2. 民事损害赔偿应根据侵权责任法律规定考量伤者对损害发生是否具有过错

在侵权法律关系中，受害人对同一损害的发生或者扩大有故意、过失的，依法可以减轻赔偿义务人的赔偿责任。本案中，A 公司作为工厂的生产经营者，应当提供安全生产的工作环境，进行安全生产培训、提供安全生产措施。其未尽相应的注意义务，应承担相应的赔偿责任。俞某在工作中因起吊行车发生故障需要进行查看维修，应当预料到在攀爬行车过程中

有着巨大的危险，但未能尽到对自身安全的注意义务，主观上存在疏忽大意，对损害的发生也有过错。法院根据双方当事人的过错程度，确定由俞某自担 30% 的责任，被告 A 公司承担 70% 的赔偿责任。A 公司还应支付俞某 4 万余元。

【法律分析】

1. 本案侵权责任的认定与责任承担

《最高人民法院关于审理人身损害赔偿案件适用法律若干问题的解释》第十二条第一款规定，依法应当参加工伤保险统筹的用人单位的劳动者，因工伤事故遭受人身损害，劳动者或者其近亲属向人民法院起诉请求用人单位承担民事赔偿责任的，告知其按《工伤保险条例》的规定处理，故本案中劳动者可依据《工伤保险条例》获得救济。依据《侵权责任法》第六条、第十六条、第二十六条的规定，造成他人损害的应当承担损害赔偿责任，但是受损害一方存在过错的可以减轻向对方的赔偿责任。所以，本案中用人单位的损害赔偿责任可由于劳动者的疏忽大意而得以减轻。可见在用工期间，劳动者应当妥善管理自身的健康安全，尤其是从事高危或者有职业病感染风险的职业人员，更应当重视自身的生命健康权。

2. 工伤认定时效

工伤认定的最大特点是“不申请，不认定”，即必须由当事人或者其单位申请，才能进行认定。但工伤认定并不是在任何一个时间段都可以进行，必须遵守法定时间。根据《工伤保险条例》的规定，职工发生事故伤害或者按照职业病防治法规定被诊断、鉴定为职业病，所在单位应当自事故伤害发生之日或者被诊断、鉴定为职业病之日起 30 日内，向统筹地区劳动保障行政部门提出工伤认定申请。用人单位未在规定的期限内提出工伤认定申请的，受伤害职工或者其直系亲属、工会组织在事故伤害发生之日或者被诊断、鉴定为职业病之日起 1 年内，可以直接向统筹地区劳动保障行政部门提出工伤认定申请。也就是说单位、职工本人、直系亲属、工会都可以申请认定，但是单位申请认定的时间是 30 日内，其他主体的时间为 1 年内。

在规定时间内没有提起工伤认定，将会产生以下不良后果。具体是：

（1）劳动行政主管部门将不会再受理工伤申请，因而无法获得工伤认定书。（2）职工无法启动劳动能力鉴定部门的劳动能力鉴定。（3）职工无法从工伤保险基金中获得工伤保险待遇。超过认定时效后可以采取一定的补救措施：（1）如果是因为用人单位的原因导致劳动者超过工伤认定申请时效无法认定工伤的，职工可以起诉用人单位，如果能够认定劳动者符合工伤构成要件的，法院一般会判令用人单位按照《工伤保险条例》规定的工伤保险待遇项目和标准给予赔偿。（2）职工可以通过一般的民事损失赔偿获得救济。在安全事故中受到伤害的职工，可以依据《侵权责任法》的相关规定，要求用人单位承担责任。

【案件点评】

工伤认定是劳动行政部门依据法律的授权对职工因事故伤害（或者患职业病）是否属于工伤或者视同工伤给予定性的行政确认行为。在实践中，由于劳动者缺乏权利保护意识以及用工单位推卸责任等原因造成的工伤认定纠纷数不胜数。因此，在工伤认定中，首先，员工应当迅速确认工伤发生的单位名称。如果不知道用人单位的准确名称，就无法确定准确的追索对象，尤其是在工程层层分包的情况下更是如此。其次，应当收集、提供证明劳动关系、工伤发生事实的证据材料。劳动者应提升自己的维权意识，了解伤残级别和计算标准，尽可能维护自己的合法权益。能源领域生产型企业数量非常多，且工作环境都比较复杂。为切实保护员工生命健康安全，也为了企业自身的生产秩序，能源企业应当重视生产安全、劳动保障等方面的合规建设，防范风险。

第六章 能源行业监管纠纷

能源作为国民经济命脉，在国家的政治、经济、安全、社会生活等方面起着至关重要的作用。由于能源的勘探、开采、运输、交易等环节会产生一系列安全事故、环境污染、垄断等问题，因此，能源行业亟须政府行政管理和监管来解决这些难题。能源企业在经营过程中，不可避免地会与能源行政管理和监管部门以及其他市场主体产生冲突与纠纷。在市场准入方面，由于能源行业的特殊性，企业需要获得特许经营权等行政性授权，由此可能会出现由于权利边界、范围等导致的各种纠纷。在能源项目的启动以及能源的勘探、开采方面，存在着探矿权与采矿权纠纷，以及能源项目的核准纠纷；在企业经营方面，能源监管机构对不合法的经营行为予以处罚，可以有效维护市场交易秩序，促进能源行业健康发展；在事后救济方面，能源局、地方政府等部门可以及时参与纠纷调解，将矛盾化解在基层。本章通过对典型案例进行分析与梳理，展示当前我国的能源行政管理及监管运行状况，以期有助于深化对能源行业的认识和理解，推进能源行政管理及监管的改革。

第一节 矿业权纠纷

能源矿产又称燃料矿产、矿物能源，是矿产资源中的重要组成部分。能源矿产储存于地表或者地下，由地质作用形成，呈固态、气态或者液态。截至2017 年底，我国已发现矿产 173 种，其中天然气水合物为新发现矿种，煤炭、石油、天然气、锰矿、金矿、石墨等主要矿产查明资源储量增长，全国评审备案矿产资源储量报告较上年小幅增长，石油、天然气、锰、铅、锌、锂、石墨等矿产资源潜力动态评价取得新进展。2017 年，主要矿产中有 42 种查明资源储量增长，6 种减少。其中，石油剩余技术可采储量增长 1.2%，天然气增长 1.6%，页岩气增长 62.0%，煤层气下降 9.5%；煤炭查明资源储量增长 4.3%，锰矿增长 19.1%，铜矿增长 4.9%，铝土矿增长 4.9%，钼矿增长 4.3%，锑矿增长 4.1%，金矿增长 8.5%，磷矿增长 3.6%，萤石增长 8.9%，晶质石墨增长 22.6%，钾盐下降 2.8%。[①]

矿业权又称矿权，是指矿产资源使用权，包括探矿权和采矿权。探矿权是指在依法取得的勘查许可规定的范围内，勘查矿产资源的权利。采矿权是指在依法取得的采矿许可规定的范围内，开采矿产资源和获得所开采矿产品的权利。根据《中华人民共和国矿产资源法》（1986 年 3 月 19 日通过，1996 年 8 月 29 日、2009 年 8 月 27 日修正，以下简称《矿产资源法》）及其配套法规，矿业权经依法批准，可以转让他人。矿业权本身为财产权、特许权以及实际开发权等权利的结合体。矿产资源勘查、开采过程中所应履行的合理开发利用、保护生态环境等义务亦被纳入其中，使矿业权主体、客体、权利义务内容及其设立、流转、行使、消灭均具有特殊性，所以矿业权纠纷成为当前人民法院审判工作中所面临的一类较为复杂的案件。矿业权纠纷包括矿业权的出让、转让、合作、承包、租赁、抵押及侵权纠纷等多种类型。[②] 能源行业矿业权纠纷主要集中在煤炭、油气等领域，采矿权与探矿权合同类纠纷案件居多。矿业权纠纷关系复杂、法律适用过程中出现的问题较多，因此，妥当审理各类矿业权纠纷案件，对依法保护相关权利、规范市场流转程序、促进矿产资源合理开发利用具有重要意义。

---

① 参见《中国矿产资源报告 2018》，载自然资源部网站，http://www.mnr.gov.cn/sj/sjfw/kc_19263/zgkczybg/201811/t20181116_2366032.html，访问日期：2019 年 6 月 22 日。

② 参见王旭光：《审理矿业权案件的基本思路》，《人民法院报》2016 年 11 月 30 日第 8 版。

案例 54　探矿权纠纷——某能源投资有限公司与某地质矿产勘查开发院合作勘查合同纠纷[①]

【基本案情】

上诉人（一审原告、反诉被告）：某能源投资有限公司（以下简称“A 公司”）

被上诉人（一审被告、反诉原告）：某地质矿产勘查开发院（以下简称“B 勘院”）

A 公司于 2003 年 12 月 5 日成立。2004 年 2 月 19 日，A 公司与 B 勘院签订了落款时间为 2003 年 8 月 25 日的《合作勘查合同书》，双方约定共同出资对某煤炭资源进行详查及精查。勘查许可证的有效期自 2002 年 5 月 23 日至 2005 年 4 月 25 日。该勘查区探矿权由 B 勘院依法取得，经法定评估机构进行评估，报 S 省国土资源厅备案。合同第四条约定：由 A 公司向 B 勘院支付 1200 万元前期勘查费用，并拥有该勘查项目权益的 80%。项目产生的利益，由 A 公司与 B 勘院以 8 ∶ 2 比例分享。合同第十一条也约定了勘查成果处置和探矿权转让的问题：双方约定由 B 勘院和 A 公司按所占权益比例成立有限责任公司联合开发，或由 B 勘院、A 公司协商，B 勘院将所占权益经法定评估机构评估后转让给 A 公司，由其独自开发。第十二条规定了违约责任：若 B 勘院违约，应赔偿 A 公司的前期项目费用和投入勘查费的 1.5 倍；如 A 公司违约，将所支付的前期费用和投入的勘查费用不再收回；由于 B 勘院单方原因未能按时提交成果，每延迟一月，B 勘院应承担 A 公司已支付项目费用 2% 的违约金；等等。

2004 年 6 月 10 日，A 公司支付 B 勘院详查工作设计费 10 万元。2005 年 3 月 22 日 A 公司向 B 勘院转款 1200 万元,B 勘院与同年 3 月 25 日将该款退回，并致电 A 公司称：双方签订的合作勘查合同书与政府的相关政策不相一致，无法按合同约定实施。后经双方多次协商，2005 年 5 月 26 日 A 公司向 B 勘院支付前期工作费用 900 万元，B 勘院收款后向 A 公司出具了收款收据。之后，经 S 省国土资源厅调查、协调，双方于 2005 年 10 月 12 日又达成了合作勘查的意见。2005 年 12 月 8 日，A 公司向 B 勘院《郑重致函》，请求 B 勘院立即

① 参见《最高人民法院二审民事判决书》〔2011〕民一终字第 81 号。

履行合同义务。但B勘院于2005年12月14日复函A公司称：不能履行合同。故A公司向一审法院提起诉讼，请求判令B勘院继续履行合同；承担违约责任，赔偿A公司经济损失3000万元。一审法院经审理后判决驳回A公司的诉讼请求。A公司不服S省高院作出的一审判决，遂向最高人民法院提起上诉，最高人民法院裁定撤销一审判决，发回重审。S省高级人民法院重审，判决A公司败诉，A公司再次上诉至最高人民法院。因各种原因，最高人民法院裁定中止本案诉讼，后恢复审理，于2017年12月16日作出终审判决。

【裁判要点】

1.《合作勘查合同书》应该定性为合作勘查合同，且应该认定为真实有效

关于《合作勘查合同书》的性质。对于合同性质，主要应当从合同内容出发，根据合同主体在合同中约定主要事项的性质进行判断。《合作勘查合同书》主要内容是有关B勘院和A公司合作勘查S省某煤炭资源的约定，确定在合作勘查过程中双方各自所享有的权利和应承担的义务。因此，《合作勘查合同书》应该定性为合作勘查合同。

关于《合作勘查合同书》的效力。最高人民法院认为，案涉《合作勘查合同书》是双方当事人真实意思表示，不违反法律、行政法规的强制性规定。B勘院与A公司签订的《合作勘查合同书》不因缔约时A公司尚未设立而无效。即使是按照B勘院的主张，双方当事人于2014年2月19日才在《合作勘查合同书》上加盖公章，也只能证明B勘院在A公司依法成立后，通过补正合同缺陷的行为再一次与A公司确认了合同的效力。至于S国土资源厅对B勘院就同一煤矿的勘查签订两份合同的两次备案，应当注意的是备案本身并不创设权利，因而也不是合同生效的要件。所以二者之间的这一合同应当被认定为是真实有效的。

2.《合作勘查合同书》中约定的转让探矿权缺乏依据

根据《合作勘查合同书》第十一条，合同所涉探矿权转让是有条件的，即首先由双方当事人合作完成井田煤矿的详查与精查，提交详查与精查报告。探矿权转让的内容，只是作为“勘查成果处置”。双方当事人在履行《合作勘查合同书》的初始阶段发生争议，致使双方合作的详查和精查工作均未依合同实际启动。因此，合同约定的转让探矿权的前提条件尚不具备。双方当事人在S

省国土资源厅的协调下下，经过多次协商，就继续合作勘查达成一致意见。由S省国土资源厅起草的《关于解决“X煤炭资源合作勘查争议”的情况报告》（以下简称《情况报告》）的内容可知，双方一致的意思表示仍然是首先进行合作勘查，待勘查结束后，才进行探矿权的转让。同时，《合作勘验合同书》第十一条对探矿权受让人未确定，探矿权转让只能是双方的意向性表示。只有在双方确定探矿权受让人以后，再由转让人与受让人平等自愿协商并达成一致，探矿权转让合同才能依法成立。在S省国土资源厅协调期间，双方当事人仍未能就探矿权受让人作最后决定，探矿权转让合同并未成立。因此，A公司关于判令B勘院向其转让探矿权的上诉请求，缺少探矿权转让的合同依据，不符合法律、行政法规对于探矿权转让的规定，法院不予支持。

3.B勘院的行为构成违约，应向A公司支付违约金1365万元

案涉《合作勘查合同书》的性质是合作勘查合同而非探矿权转让合同。合作勘查合同的成立、生效、履行，均不需要政府主管部门的批准，备案亦不是该合同生效的条件。双方订立的合同生效后，B勘院以“未拿到下游产业立项批准，不能履行合同”为由拒绝履行与A公司签订的合同，构成违约，应当按照双方在《合作勘查合同书》第十二条第一项规定，赔偿A公司投入的前期项目费用和投入勘查费总额的1.5倍，即910万元 ×1.5=1365万元。A公司请求判令B勘院向其支付3000万元违约金，是依据《合作勘查合同书》第十二条第一项、第三项约定的违约金计算方式相加后酌减得出的。《合作勘查合同书》第十二条第一项中有关违约金的计算办法是针对违约情形的，而第三项是专门针对双方完成合作勘查后，B勘院迟延交付成果订立的专门条款，与违约条款不应叠加。本案中双方当事人尚未合作到取得勘查成果的阶段，不涉及合同第十二条第三项。因此对于A公司超过1365万元的部分赔偿主张不应予以支持。

另外，鉴于双方当事人在诉讼中均未提出解除《合作勘查合同书》的诉讼请求，故案涉合作合同应当继续履行。

【法律分析】

1. 本案涉及的管辖问题

我国实行两审终审制。除了最高人民法院的一审判决作为终审判决不能上

诉外，其他地方法院的一审判决当事人不服的，均可以向上级人民法院提起上诉。本案中不涉再审问题，由于是最高人民法院发回一审法院（S省高院）重审，因此可以再上诉至最法高院。最终最高人民法院做出终审判决，案件了结。

2. 合同性质的界定

本案中的一个焦点问题是对《合作勘查合同书》性质的界定。该合同书第十一条是对于勘查成果的处置，虽涉及探矿权转让，但并没有确定探矿权受让人，只是当事人双方对探矿权转让的意向性表示，而不是正式的合同权利义务。只有在探矿权转让合同确定了转让人与受让人，再由转让人与受让人平等自愿协商并达成一致时，才能依法成立。因此，《合作勘查合同书》的性质可以确定为合作勘查合同。

3. 探矿权转让问题

合同涉及的探矿权转让问题较为复杂，当事人在法庭辩论中引出两个主要的问题：一是约定的探矿权转让条件是否已经成就；二是S省国土资源厅作出的争议解决报告能否作为探矿权转让的批准根据。

关于第一个问题，要推定当事人双方的真实意思表示。合同第十一条虽然涉及探矿权转让的问题，但是它是有条件的，即应由双方当事人先进行合作勘查。然而实际情况是双方当事人还没有合作完成煤矿的详查与精查并提交报告，即双方约定的合作工作并没有实际启动，不具备转让探矿权的前提条件。另外，根据《情况报告》的相关内容，双方当事人在S省国土资源厅协调期间所达成的一致的意思表示还是先进行合作勘查，勘查结束后才进行探矿权的转让。

关于第二个问题，应当明确探矿权转让的法律依据和流程。探矿权的转让不仅要符合合同约定，更要遵守国家法律、行政法规的规定。国务院《探矿权采矿权转让管理办法》（1998年2月12日发布，2014年7月29日修订）第八条规定："探矿权人或者采矿权人在申请转让探矿权或者采矿权时，应当向审批管理机关提交下列材料：（一）转让申请书；（二）转让人与受让人签订的转让合同；（三）受让人资质条件的证明文件；（四）转让人具备本办法第五条或者第六条规定的转让条件的证明；（五）矿产资源勘查或者开采情况的报告；（六）审批管理机关要求提交的其他有关资料。国有矿山企业转让采矿权时，还应当提交有关主管部门同意转让采矿权的批准文件。”第十条第一款规定：“申请转让探矿权、采矿权的，审批管理机关应当自收到转让申请之日起 40 日内，作出准予转让或者不准转让的决定，并通知转让人和受让人。”第三款规定：“批准转让的，转让合同自批准之日起生效。”本案中，双方当事人始终都没有提交过探矿权转让合同，也没有提交和进行探矿权转让申请书、行政机关的审批转让文件等应提交的文件和应进行的资质证明的批准程序。因此，S 省国土资源厅在协调期间作出的争议解决报告不能视为是对矿产资源进行转让的批准。

4. 合同效力的认定

《合作勘查合同书》是双方当事人真实意思表示，且不违反法律、行政法规的强制性规定，因而真实有效。我国相关法律、法规要求对于矿产资源的合作勘查合同进行备案而非审批，备案目的在于方便政府主管部门掌握信息、进行必要监督，而备案不创设权利，不是合同生效的要件。

A 公司虽然是在公司成立前的筹建期间与 B 勘院签订合同，一方法人主体资格尚未取得，但根据《最高人民法院关于适用〈中华人民共和国公司法〉若干问题的规定（三）》（2011 年 2 月 16 日实施，2014 年 2 月 20 日修订，2014 年 3 月 1 日实施）第三条第一款规定：“发起人以设立中公司名义对外签订合同，公司成立后合同相对人请求公司承担合同责任的，人民法院应予支持。”因此，《合作勘查合同书》不因缔约时 A 公司尚未设立而无效。一审法院对合同的效力持否认态度，其错误根源在于将 S 省人民政府常务会议纪要等同于法律、行政法规的效力。《最高人民法院关于适用〈中华人民共和国合同法〉若干问题的解释（一）》（1999 年 12 月 19 日发布，1999 年 12 月 29 日实施）第四条规定：“合同法实施以后，人民法院确认合同无效，应当以全国人大及其常委会制定的法律和国务院制定的行政法规为依据，不得以地方性法规、行政规章为依据。”本案中 S 省人民政府常务会议纪要不属于法律和行政法规，不能作为认定合同无效的依据，而且即便有法可依也要注意效力位阶。如果双方订立合同时恶意串通，损害国家利益，则可以依据《合同法》第五十二条第二项规定认定合同无效。但在本案中，双方订立的合同不是探矿权转让合同，也未涉及国有资产的大量流失，没有损害国家利益的情形。因此，一审重审认定合同无效完全属于法律适用错误。

5. 违约责任的承担问题

《合作勘查合同书》作为合作勘探合同既然真实有效，那么B勘院拒绝履行合同就构成违约，要进一步根据合同第十二条约定的违约责任明确责任赔偿数额。根据该条第一项："若B勘院违约，应赔偿A公司的前期项目费用和投入勘查费的1.5倍……"，已明确了B勘院因违约要承担的赔偿责任。除此以外，根据原告的诉讼请求，被告的赔偿数额还应包括合同第十二条第三项："由于B勘院单方原因未能按时提交成果，每延迟一月，B勘院应承担A公司已支付项目费用2%的违约金"，然而事实上，合作勘探工作尚未进行到取得成果的阶段，所以适用上并不涉及第三项，也就不存在与第一项叠加的情况。

【案件点评】

A公司与B勘院陆续经历了双方分别上诉、发回重审、中止诉讼等程序。十多年的时间里，各方力量的卷入使案件复杂化。煤炭价格攀升的现实情形下，价值千亿的煤矿却没能开采，不仅严重损害了民营企业A公司的利益，而且对当地经济、就业也产生了负面影响，引起了社会的广泛关注。这是一次公平正义的较量，该案的最终判决结果具有典型的法治意义。行政权力必须严格受到法律的拘束，契约精神和正常的交易秩序应当依法受到保护。本案在中央经济工作会议闭幕次日进行宣判，显示出能源行业民企将在依法治国的大背景下拥有更加完善的司法保护和公平公正的发展空间。

案例55 关闭煤矿补偿纠纷的法律属性——某煤矿诉H区政府关闭煤矿补偿纠纷[①]

【基本案情】

2008年2月27日，A省国土资源厅向某煤矿颁发了采矿许可证，许可证有效期限为10年，自2008年2月至2018年2月。2011年12月20日，A省

---

① 参见《案例分析——关闭煤矿补偿纠纷是民事诉讼，还是行政诉讼？》，载中国矿业报网，http://www.zgkyb.com/zygl/20150716_19450.htm，访问日期：2019年6月22日。

国土资源厅根据《省人民政府办公厅关于依法关闭有关煤矿的通知》将上述采矿许可证注销。2012 年 1 月 20 日，H 区政府出台了《H 区依法关闭煤矿工作方案》，方案明确了全区依法关闭煤矿工作初步分 4 个阶段进行，其中包括设备拆除和资产评估阶段。某煤矿被列入关闭煤矿名单中。2012 年 6 月 5 日，某煤矿与 H 区政府共同作为甲方，与作为乙方的 X 资产评估公司签订《H 区关闭煤矿委托评估业务合同书》，共同委托 X 资产评估公司评估被关闭的某煤矿的资产。2012 年 12 月 18 日，X 资产评估公司出具了《某煤矿资产评估报告》，评估被关闭某煤矿的补偿资产评估价值为 84765750.24 元。之后，H 区政府与某煤矿在长达一年半的时间内无法对补偿范围、项目及金额协商一致。故某煤矿依法向人民法院提起民事诉讼，请求判令 H 区政府支付各项补偿款共计 84765750.24 元。一审法院裁定对某煤矿的起诉不予受理。某煤矿不服一审裁定，提起上诉。二审法院裁定，驳回上诉，维持原裁定。

【法律分析】

1. 某煤矿与政府之间关于补偿款的争议性质问题

民事法律关系包含平等主体之间的财产关系和人身关系。财产关系方面的民事纠纷，包括财产所有权纠纷和财产流转纠纷；人身关系的民事纠纷，包括人格权关系纠纷和身份关系纠纷。行政纠纷是行政机关在实施行政管理活动中与行政相对人、行政相关人之间的纠纷。其特点是，争议的双方中有一方是行政机关，且争议是由行政机关实施行政管理行为引起的。行政纠纷的内容是行政机关依其职权，因其作为或不作为而与公民、法人或其他组织形成行政法律上的权利义务关系而产生的纠纷。当事人对行政行为不服可以依照法定程序提出行政复议或诉讼。

很显然，某煤矿与 H 区政府之间关于补偿款的争议，不是平等主体的公民之间、法人之间、公民和法人之间的财产关系，不属于民事法律规范调整的范围，依法不属于民事诉讼的受理范围。本案中，某煤矿与 H 区政府产生补偿纠纷，依据《最高人民法院关于审理行政许可案件若干问题的规定》（2009 年 12 月 14 日发布）第十四条规定，行政机关依据《行政许可法》第八条第二款规定变更或者撤回已经生效的行政许可，公民、法人或者其他组织仅主张行政补偿的，应当先向行政机关提出申请；行政机关在法定期限或者合理期限内不予答复或者对行政机关作出的补偿决定不服的，可以依法提起行政诉讼。某煤矿不服 H 区政府作出的补偿决定，可以依法提起行政诉讼，而非民事诉讼。

2. 关闭煤矿的程序问题

本案中关闭煤矿的依据是《省人民政府办公厅关于依法关闭有关煤矿的通知》。一般来说，程序为：有关地方政府发布公告，公布关闭矿井名单；有关颁证机关依法注销或吊销关闭矿井的相关证照；停止供水、供电、供火工品；拆除设备、炸毁井筒、填平场地；恢复地表植被或复垦；遣散煤矿所有从业人员。[①] 涉及从业人员补偿的，还应按照《劳动法》的相关规定。关于 A 省国土资源厅根据《省人民政府办公厅关于依法关闭有关煤矿的通知》将某煤矿采矿许可证注销，应该明确该通知只是提供了一个依据，并不意味着撤销行政许可本身。行政许可撤销流程包括立案、调查、听证、作出决定。当事人在决定作出后可以申请行政复议和提起行政诉讼。

【案件点评】

本案中，A 省国土资源厅在 2008 年 2 月 27 日向某煤矿颁发了有效期限为 10 年的采矿许可证。在许可证有效期间内，依据 A 省人民政府办公厅作出的《省人民政府办公厅关于依法关闭有关煤矿的通知》，采矿许可证被撤销。这里涉及《行政许可法》第八条关于行政许可的撤销和信赖保护的相关理论问题，值得深入探讨。《行政许可法》第八条第一款规定："公民、法人或其他组织依法取得的行政许可受法律保护，行政机关不得擅自改变已经生效的行政许可。"第二款规定："行政许可所依据的法律、法规、规章修改或者废止，或者准予行政许可所依据的客观情况发生重大变化的，为了公共利益的需要，行政机关可以依法变更或者撤回已经生效的行政许可。由此给公民、法人或者其他组织造成财产损失的，行政机关应当依法予以补偿。"根据行政法中信赖保护原则，除非法律有明确规定，行政机关不得撤销或废止已经生效的具体行政行为。本案中，某煤矿作为受益人信赖行政许可的合法性和有效性，行政机关作

① 参见《关闭矿井"六条标准"》，载中华人民共和国中央人民政府网站，http://www.gov.cn/ztzl/2006-05/27/content_292834.htm，访问日期：2019 年 6 月 22 日。

出撤销行政许可的行为时，需要对受益人的信赖利益和撤销行政许可的公共利益进行权衡，在进行宏观调控的同时也应注重私主体利益的保护。

案例 56 水权纠纷——某电站非法取水案[①]

【基本案情】

X 电站（原名迎春电站），位于 H 县 M 镇，建于 20 世纪 70 年代。该电站原属于坪溪大公社，由原水电局扶持，公社贷款，核桃湾村（后划为老村管理区）一、二组村民投工修建，装机 12 千瓦，发电自供。迎春电站于 1977 年至 1978 年经历扩建，1981 年投产运行，运行到 1992 年，每年给乡政府交管理费 800 元，后到 2001 年因多种原因未发电运行，也无人管理。2002 年，核桃湾村二组村民黄某和新庄村民杜某二人与镇政府达成协议，承包迎春电站 30 年，每年交管理费 1000 元，租用渠道、大坝、机房、管道、变压器，产权由镇水利管理站管理。

黄某与杜某共同投资约 20 万元，购买发电机、水轮机等并整修渠道、机房，装机 125 千瓦，将电站命名为 Y 电站，后更名 X 电站。2003 年 7 月至 2004 年 8 月，H 县水利局多次口头、书面通知 X 电站业主黄某、杜某到县水利局办理取水许可证，并缴纳 2003 年度水资源费。电站业主黄某、杜某既未前去办理取水许可证，也未缴纳 2003 年度水资源费。H 县水利局经研究决定对 X 电站由某水政股（H 县水利局内设机构）报案，由 H 县水政监察大队受理并立案查处。

【查处结果】

2004 年 8 月 31 日，H 县水政监察大队受理并立案。同年 9 月 1 日，水政监察大队的 3 位执法人员在副局长的带领下前往 X 电站，进行实地调查。2004 年 9 月 9 日，水政监察大队通知黄某、杜某就 X 电站非法取水进行询问调查，二位业主充分认识到错误，表示马上办理取水许可证及其他有关手续，缴纳运行期间水资源费。鉴于黄某、杜某的积极表现，水利局决定不予追究其

---

① 参见《肖家台一级电站非法取水案简介》，载湖北水政监察网，http://www.hbszjc.cn/dxal/200608/318.html，访问日期：2019 年 6 月 22 日。

行政处罚。2004 年 9 月 13 日，杜某、黄某缴纳了 X 电站所欠水资源费，取水许可证也在进行办理。

【法律分析】

1. 非法取水行为的分析

《中华人民共和国水法》（1998 年 1 月 21 日通过，2002 年修订，2009 年、2016 年修正，以下简称《水法》）第四十八条规定，直接从江河、湖泊或者地下取用水资源的单位和个人，应当按照国家取水许可制度和水资源有偿使用制度的规定，向水行政主管部门或者流域管理机构申请领取取水许可证，并缴纳水资源费，取得取水权。本案中，杜某、黄某虽然与镇政府达成协议，改造 X 电站，但是还应当依法办理取水许可。业主二人发电两年多不办理取水许可证，不缴纳 2003 年度水资源费，严重影响了水资源的管理和费用征收秩序，其行为应当被认定为是非法取水。

2. 电站监管问题

《电力法》第五十六条规定："电力管理部门依法对电力企业和用户执行电力法律、行政法规的情况进行监督检查。"水电站的监管部门除了电力监管部门之外还有水利部门。根据《水法》第十二条的规定，国家对水资源实行流域管理与行政区域管理相结合的管理体制。国务院水行政主管部门负责全国水资源的统一管理和监督工作。县级以上地方人民政府水行政主管部门按照规定的权限，负责本行政区域内水资源的统一管理和监督工作。本案中关于电站用水问题不仅仅是电力监管部门对于电站行为的监管，同时也涉及水利部门对于水资源的管理。

【案件点评】

水能是能源的一种重要种类。水是生活必需品和生产的重要资源，也是国家战略资源，主管部门依法代为对其进行管理。《宪法》规定了水流等自然资源属于国家所有。根据《水法》第四十八条规定，申请领取取水许可证并缴纳水资源费，才能获得取水权。根据我国国情和水资源的流动性及多功能性等特点，国家对水资源实行统一管理与分级、分部门管理相结合的体制。水电站开发实行核准制，任何水电站开发项目必须经核准后方可开工建设。在非主要河流上开发水电项目，由哪个部门审批，要看装机容量，不同地方标准不同。实践中，发改委负责核准项目，能源局负责水电站运营中的监管工作，水利部门负责取水权的审批工作。

第二节　特许经营权纠纷

特许经营权一般是指市政公用事业等特许经营，即由政府机构授权，准许特定企业使用公共财产或在一定地区享有经营某种特许业务的权利。政府按照有关法律、法规规定，通过市场竞争机制选择市政公用事业投资者或者经营者，明确其在一定期限和范围内经营某项市政公用事业产品或者提供某项服务，如准许某燃气公司在特定区域内经营燃气业务等。商业领域的商业特许经营模式是指，特许者通过有期限或永久地授予另一家企业使用其商标、商号、专利权、专有技术和专有权利、经营模式等，按照合同规定，在特许者统一的业务模式下从事经营活动，并向特许人支付相应费用。我国能源领域的特许经营是指前者，即由政府赋予能源企业特许经营权，通过签订特许经营协议，从事相关经营活动。随着社会经济的不断发展，特许经营纠纷亦不断发生。本节从典型的特许经营案件入手，探讨我国能源领域特许经营权纠纷中出现的法律问题。

案例 57　某燃气有限责任公司、某开发投资有限责任公司与某清洁能源有限公司等特许经营权纠纷一案[①]

【基本案情】

抗诉机关：G 自治区检察院

申诉人（一审被告、二审上诉人）：某燃气有限责任公司（以下简称“甲公司”）

---

① 参见《广西壮族自治区高级人民法院再审民事裁定书》〔2013〕桂民提字第 130 号。

申诉人（一审被告、二审上诉人）：某开发投资有限责任公司（以下简称“乙公司”）

被申诉人（一审原告、二审被上诉人）：平果某清洁能源有限公司（以下简称“丙公司”）

被申诉人（一审原告、二审被上诉人）：广西某清洁能源有限公司（以下简称“丁公司”）

2010年9月15日，T县人民政府根据建设部2004年颁布的《市政公用事业特许经营管理办法》第三条的规定，授权T县市政管理局作为主管部门与原告丙公司签订T县管道燃气《特许经营协议》，并向丙公司颁发城市管道燃气特许经营项目授权证书。《特许经营协议》中约定特许经营权行使地域范围为T县行政区域内。2010年12月6日，丙公司在T县工商局注册成立丁公司，至此成为T县行政区域内的管道燃气统一经营企业，期限30年。2010年12月19日，T县发改局同意建设T县天然气利用项目，2011年1月21日，T县人民政府批复同意T县燃气利用专项规划。丙公司按照《特许经营协议》及T县燃气专项规划的要求在T县组织投资建设，进行管道建设等工作。

2009年12月28日，B市机构编制委员会根据B市市委文件精神成立某铝产业示范园管理委员会（以下简称“S管委会”）。2010年2月3日，B市人民政府决定成立乙公司。2010年12月30日，S管委会与甲公司就管道燃气入园经营签订了《合作框架协议》。2011年3月16日，S管委会作出《授权委托书》，授权乙公司代表其与甲公司签订《××铝产业示范园管道燃气特许经营协议》（以下简称《管道燃气特许经营协议》）。2011年3月20日，甲公司向管理委员会提出《关于要求规划燃气设施建设用地的申请》。

2012年1月10日，丙公司作为原告，以乙公司和甲公司为被告，向T县人民法院提起诉讼。原告认为两被告签订《管道燃气特许经营协议》就T行政区域内的铝产业示范园管道燃气供应进行约定的行为已构成对其管道燃气专营权的侵犯，请求判令两被告停止对其管道燃气经营权的侵害，排除妨碍。

一审丙公司胜诉。甲公司和乙公司不服一审判决，提起上诉。B市中级人民法院二审驳回上诉，维持原判。甲公司和乙公司仍不服，向G自治区检察院申诉。检察院对二审审判进行了抗诉。最终，广西壮族自治区高级人民法院进行再审，裁定：撤销一、二审民事判决；驳回丙公司、丁公司的起诉。一审案件受理费100元，二审案件受理费100元，依照《诉讼费用交纳办法》第八条第（二）项的规定，免予交纳，由一、二审人民法院分别予以退还。

【判决要点】

1. 一审法院观点

《特许经营协议》属有效协议，两被告签订的《管道燃气特许经营协议》的行为对原告构成侵权。原告与T县人民政府授权部门签订的《特许经营协议》属有效协议。两被告订立《管道燃气特许经营协议》对原告已构成侵权。根据原告提供的《管道燃气特许经营协议》及T县行政区域图证实，铝产业示范园的地域位于T县行政区域范围之内。就本案而言，公用事业特许经营权是经营权人基于与政府签订的特许经营协议而获得的排他性经营利益的权利，在政府授权的同一区域内，不能有两家企业共同经营。另外，被告乙公司作为铝产业示范园建设业主和政府投资融资平台，甲公司作为管道燃气经营企业，应当知道只有合法的一级政府才有权授权签订管道燃气特许经营协议，在明知授权主体S管委会仅是事业单位而不具备市政公用事业特许经营权的情况下，仍然据此签订管道燃气特许经营协议，主观上有明显过错。因此，两被告的行为对原告构成侵权，应当立即停止侵害。故原告的诉讼请求，予以支持。

2. 二审法院观点

两协议的取得均非具体的行政行为，而是民事行为，法院有权按照民事法律的规定对两协议的性质及效力进行审查。原审两被告在签订协议时主观上有过错，应承担侵权的民事责任。原审两被告认为一审法院以民代行，审判程序错误，请求二审撤销原判，公正判决。二审法院认为，法院有权依照民事法律规定对两个协议的性质及效力进行审查。被上诉人（即丙公司和丁公司）与T县人民政府签订的T县管道燃气《特许经营协议》及上诉人（即甲公司和乙公司）与S管委会签订的《管道燃气特许经营协议》，均系协议双方的意思自治，不具有单方性和强制性，因此，两协议的取得均非具体的行政行为，而是民事行为，两者发生矛盾冲突诉至法院，法院有权依照民事法律的规定对两协议的性质及效力进行审查。人民法院对两协议的审查，符合民事诉讼法的规定，不违反审判程序。

上诉人（即甲公司和乙公司）主张被上诉人（即丙公司和丁公司）特许经营权的取得途径违法，可经过合法渠道由相关的行政机关审查处理，该协议未被撤销前，具有法律效力，故丙公司取得T区域内的管道燃气经营权，其独占性和排他性仍受法律保护。铝产业示范园由B市人民政府直属管理，享有部分的行政管理职能，但不能改变其事业单位的性质，不能等同于一级人民政府，不能和T县人民政府共享T县的行政区域范围内管道燃气特许经营权的支配权和管理权。管道燃气特许经营权具有独占性和排他性，市人民政府乙公司和甲公司在被上诉人已经取得特许经营权的情况下，订立《管道燃气特许经营协议》，在T县行政区域范围从事管道燃气经营，已构成对被上诉人特许经营权的侵害。上诉人在知道或者应当知道被上诉人已经取得管道燃气特许经营权，在明知授权主体S管委会仅是事业单位不具有市政公用事业特许经营权的支配管理权的情况下，仍签订《管道燃气特许经营协议》，主观上有过错，应承担侵权的民事责任。综上，二审判决驳回上诉，维持原判。

3. 检察机关观点

二审法院适用法律错误、审理程序、实体处分错误。首先，适用法律错误。乙公司和甲公司在铝产业示范园经营管道燃气的行为并非侵权行为，而是依据行政授权所开展的合法经营行为。被申诉人所取得的特许经营权有重大瑕疵，其合法性存疑。申诉人与被申诉人之间各自所获得的管道燃气特许经营权并无冲突，申诉人对被申诉人从无侵权行为。申诉人的经营权已被B市人民政府直接追认。其次，超越管辖、遗漏当事人，审理活动严重违反法定程序。本案中的法律关系依法应由《行政诉讼法》所调整而非民事诉讼法所调整。S管委会委托授权乙公司和甲公司签订《管道燃气特许经营协议》，真正特许甲公司在示范园区内经营管道燃气项目的授权人为S管委会，适格被告应为S管委会。

4. 省高级人民法院再审观点

双方当事人的纠纷不属于人民法院受理民事诉讼的范围。B市机构编制委员会根据B市市委文件精神成立S管委会，B市机构编制委员会对S管委会的主要职责、内设机构、领导职数、编制结构等有关事项进行审批是不争的事实。同时，铝产业示范园建设及各类项目推进的工作也是由B市人民政府直接指导。铝产业示范园在T县地域范围内，甲公司在铝产业示范园投资经营管道燃气项目经过管委会许可，丙公司的管道燃气经营经过县人民政府许可并持有许可证。因此，丙公司的经营范围是否包含铝产业示范园在内，涉及T县人民政府与管委会之间对示范园内管道燃气项目的管理职权划分问题。由此可见，本案双方当事人的纠纷不属于人民法院受理民事诉讼的范围。原一、二审判决受理本案并认定T甲公司、B投资公司的行为构成侵权不当，依法予以纠正。故裁定撤销原一、二审判决，驳回丙公司、丁公司的起诉。

【法律分析】

省高级人民法院再审判决结果的一个重要思路是：司法不宜干预行政。据此，省高级人民法院认为本案不属于民事诉讼审理范围。省高级人民法院再审判决认为，S管委会与T县人民政府之间的关系不明确，市编制委员会是市人民政府的组成部分，是与人事局并列的局级机关，其依据B市市委文件精神成立的S管委会与T县人民政府究竟是隶属还是平行关系也没有依据说明，S管委会职权范围为何不得而知，造成了行政区域内“多头行政”、行政组织混乱的现象，对此，市人民政府及其相关部门应予以解释，法院无从解释，且当事人提起的是民事诉讼而不是行政诉讼附带民事诉讼，法院不宜主动干预行政问题。就审判而言，认定甲公司构成侵权与否，司法权都会与行政权产生冲突。因此，一审和二审所涉核心问题——其一，铝产业示范园是否具有管道燃气特许经营权的支配权和管理权；其二，市人民政府与乙公司和甲公司订立《管道燃气特许经营协议》是否构成对丙公司特许经营权的侵权，都不应直接进行认定。

【案件点评】

管道燃气特许经营实践中，类似本案中这种“一女两嫁”现象时有发生。特许经营作为一种行政许可，应由具有行政许可权的行政机关在其法定职权范围内实施。《行政许可法》第二十三条规定：“法律、法规授权的具有管理公共事务职能的组织，在法定授权范围内，以自己的名义实施行政许可。被授权的组织适用本法有关行政机关的规定。”第二十四条规定：“行政机关在其法定职权范围内，依照法律、法规、规章的规定，可以委托其他行政机关实施行政许可……委托行政机关对受委托行政机关实施行政许可的行为应当负责监督，并对该行为的后果承担法律责任。受委托行政机关在委托范围内，以委托行政机关名义实施行政许可；不得再委托其他组织或者个人实施行政许可。”本案中，T县人民政府是具有行政许可权的行政机关，其授权的T县市政管理局也具有行政许可的权力。但是，B市机构编制委员会根据B市市委文件精神成立的B铝产业示范园管理委员会是否具有行政许可的职权则要看法规、规章授权。从本案现有信息来看，管委会职权并不明确，在行政许可上应当按照“法无规定即禁止”的原则，推断其不具有行政许可授权资格。本案历经波折，最终省高级人民法院的再审判决其实并未涉及上述行政许可职权问题，而是以案件性质不符为由撤销了之前的判决。

案例58 某垃圾焚烧发电有限公司诉Y市人民政府案①

【基本案情】

上诉人（原审原告）：某垃圾焚烧发电有限公司（以下简称“甲公司”）

被上诉人（原审被告）：Y市人民政府

2003年11月16日，某地级市Y市城市生活垃圾焚烧发电特许经营项目由某县级市J市人民政府提出，并建议建设30万吨垃圾发电处理厂。2003年12月30日，J市发展计划物价局向Y市发展计划委员会请示。2004年2月6日，Y市发展计划委员会作出《关于批复〈××垃圾焚烧发电厂项目建议书〉的请示》，向省发展改革委员会请示批复。2004年4月26日，省发展改革委员会作出《关于××生活垃圾焚烧发电厂项目建议书的批复》，同意Y市发展计划委员会批复立项。

J市某垃圾焚烧发电有限公司于2006年2月6日经J市工商行政管理局注册登记成立。2007年5月14日，经批准变更为甲公司。2006年2月10日，甲公司先后与J市、H区、Z区相关部门联系进行招商引资活动。2008年5月31日，Y市人民政府与甲公司邀请的合作伙伴某航空发展集团总公司和深圳某实业有限公司就Y市城市生活垃圾焚烧发电特许经营项目进行了会谈，会谈大致内容是双方就垃圾焚烧发电项目相关问题达成了合作共识，愿紧密配合，继续做好垃圾焚烧发电的后续工作。Y市人民政府要求项目方对项目中的一些细节事项抓紧完成，配合好投资方做好各项前期工作，争取尽快签订合作

① 参见《湖南省高级人民法院二审行政判决书》〔2017〕湘行终1405号。

投资协议，启动项目建设。Y 市人民政府办明确秘书五科对该项目跟踪服务，协调处理相关事项。相关会谈内容形成了《会谈纪要》。

2012 年 3 月 1 日，《益阳日报》刊登 Y 市市委书记与乙公司签订《垃圾处理项目战略合作协议》，但该协议未履行。Y 市人民政府决定以 BOT 模式采取招投标方式确定 Y 市城市生活垃圾焚烧发电厂工程项目的特许经营主体，于 2013 年 10 月授权 Y 市住房和城乡建设局牵头负责该项目建设。Y 市住房和城乡建设局根据《招标投标法》的有关规定，委托某中投项目管理有限公司为招标代理机构进行公开招投标，并发布《Y 市城市生活垃圾焚烧发电特许经营项目招标公告》。2013 年 12 月 10 日，甲公司向 Y 市人民政府出具《关于请求市人民政府酌情处理解决困难的报告》。2014 年 1 月 14 日，根据评标结果，相关单位确定丙公司为中标人。

甲公司因其引资的合作伙伴未能中标，多次向有关部门上访。2014 年 2 月 28 日，Y 市信访局与甲公司法定代表人李某签订《停访息诉协议书》。2014 年 3 月 11 日，Y 市 H 区人民法院判决甲公司的法定代表人李某犯合同诈骗、虚报注册资本罪，两罪并罚，判处有期徒刑四年，2017 年 3 月 24 日被释放。2017 年 6 月 2 日，甲公司以 Y 市人民政府不履行政府特许经营协议要求行政赔偿为由，向法院提起行政诉讼。一审法院判决驳回甲公司的诉讼请求，甲公司上诉。二审法院驳回上诉，维持原判。

【判决要点】

1.《会谈纪要》是不具有行政法上权利义务内容的协议，双方不存在特许经营协议关系

一审法院认为，本案中甲公司所提的 2008 年 5 月 31 日《会谈纪要》只是一个会议商谈的纪要，而不是甲公司与 Y 市人民政府协商订立的具有行政法上权利义务内容的协议，不符合《最高人民法院关于适用〈中华人民共和国行政诉讼法〉若干问题的解释》（2015 年 4 月 20 日通过）第十一条规定的政府特许经营协议的形式要件。Y 市人民政府在 BOT 特许经营建设项目中，并没有明确该项目由甲公司投资建设，也不存在要约邀请和要约承诺。虽某日报刊登 Y 市市委书记与乙公司签订《垃圾处理项目战略合作协议》的事实存在，但并未履行。Y 市人民政府根据《招标投标法》第三条、《中华人民共和国政府采购法》

（2002 年 6 月 29 日通过，2014 年 8 月 31 日修正，以下简称《政府采购法》）第二条、第四条的规定，以 BOT 特许经营的模式通过招投标确定特许经营对象，符合国家政策和法律的规定，全过程合法规范，并无瑕疵。

二审法院亦认为双方不存在特许经营协议关系，同时也不存在行政允诺关系。本案中，Y 市人民政府的工作人员虽然与甲公司及其合作伙伴就涉案的垃圾焚烧发电项目有过接触，但并没有签订行政协议。同时从双方接触过程中形成的《会议纪要》来看，Y 市人民政府也并没有明确承诺涉案的垃圾焚烧发电项目由甲公司及其合作伙伴投资建设。由于不存在特许经营协议关系和行政允诺关系，甲公司主张 Y 市人民政府不履行特许经营协议或者行政允诺，均没有事实依据。

2. 对甲公司及其合作伙伴参与招投标的行为只认定为市场竞争行为，对其提出行政赔偿的请求不予支持

一审法院认为，甲公司获悉 Y 市生活垃圾焚烧发电厂项目采用 BOT 特许经营的模式进行建设后，积极招商引资，是甲公司对该项目的商业价值进行预判后作出的相应商业决策。因其不具备参与该项目的能力和资质，甲公司的合作伙伴参与招投标后未能中标，系市场竞争行为，而不是 Y 市人民政府未履行特许经营协议的行为，也不存在该项目前期已确定甲公司为特定对象参与前期项目投资行为。甲公司作为有意向的投资人在招商引资活动中支付的费用损失，是甲公司应当承担的市场竞争产生的后果。根据《最高人民法院关于审理行政赔偿案件若干问题的规定》（1997 年 4 月 29 日发布实施）第三十三条的规定，甲公司的请求没有事实依据和法律根据，故甲公司的费用损失应由自行承担。

二审法院亦认为请求行政赔偿没有事实和法律依据，原审判决驳回甲公司的诉讼请求，并无不当，本院依法予以维持。

【法律分析】

《会谈纪要》不是对原告的行政许可文件。本案中，甲公司以 Y 市人民政府不履行政府特许经营协议为由，提起行政诉讼，要求行政赔偿。而此案中根本不存在市人民政府与其签订行政协议，不存在政府实施行政许可的行为。因为《会谈纪要》没有法律效力，它只是政府内部议事的记录，既不必经过政府

或部门的常务会议或全体会议讨论通过并以一定形式向社会公布，也不须履行备案程序，不具备协议成立的形式要件。《会谈纪要》不是规范性文件，一般也不构成具体行政行为。而且即便是从市人民政府工作人员与甲公司及其合作伙伴就垃圾焚烧发电项目接触的过程中形成的《会谈纪要》来看，Y 市人民政府也并没有明确承诺案涉的垃圾焚烧发电项目由甲公司及其合作伙伴投资建设。双方既不存在特许经营协议关系，也不存在行政允诺关系，更谈不上不履行特许经营协议而造成相对人损失的事实依据。企业参与特许经营权招投标是市场行为，失利结果和投入成本应自行负担。对于公用事业特许经营权，政府应根据企业的能力和资质依法审批。特许经营招投标对于任何企业也应是公平的市场竞争行为。甲公司积极招商引资、参与招投标属于市场竞争行为，其间产生的评估成本由公司承担。

【案件点评】

特许经营权协议虽然具有一定的合同特征，但是在本质上仍区别于一般的商事合同。在行政主体对经过资格审查的相对人发出要约后，双方应就具体合同事项达成一致后订立协议。实践中应注意对行为节点进行界分，在协议订立之前的商业成本应由企业承担，不应归责于行政主体。

案例 59　某燃气有限公司诉市人民政府解除政府特许经营协议案[①]

【基本案情】

原告：某燃气有限公司（以下简称“A 公司”）

被告：S 市人民政府、W 市人民政府

2011 年 7 月 15 日，S 市人民政府授权 S 市住房和城乡建设局（甲方）与 A 公司（乙方）签订《天然气综合利用项目合作协议》。双方约定：甲方同意乙方在 S 市从事城市天然气特许经营，特许经营范围包括 X 镇、Y 镇化工园区、Z 城工业园区，特许经营期限为 30 年；签订协议八个月内，如因乙方原因工

① 参见侯勇、温贵能：《寿光中石油昆仑燃气有限公司诉寿光市人民政府、潍坊市人民政府解除政府特许经营协议案——行政机关强制收回特许经营权的效力性认定和合法性评价》，《中华人民共和国最高人民法院公报》2018 年第 9 期。

程不能开工建设，则本协议废止。协议签署前后，燃气公司陆续取得了部分开工手续，并对项目进行了开工建设。2014 年 4 月 30 日，W 市（W 市是地级市，S 是 W 市下的县级市）城市管理行政执法局向省住房和城乡建设厅报送“关于 A 公司办理燃气工程项目批复的请示”，但未获批复。

2014 年 7 月 10 日，S 市住房和城乡建设局对燃气公司发出催告通知，告知抓紧办理天然气经营许可手续，若收到本通知两个月内未能办理，将收回燃气授权经营区域。2015 年 6 月 25 日，A 公司参加了 S 市燃气工作会议，会议明确要求：“关于天然气镇村通工程建设，各燃气企业要明确管网铺设计划，加快推进工程建设。2015 年 9 月底前未完成燃气配套设施建设的，一律收回区域经营权。”2015 年 6 月 29 日，A 公司向 S 市人民政府出具项目建设保证书，承诺办理完成项目开工手续后三个月内完成项目建设，否则将自动退出授权经营区域。

2016 年 4 月 6 日，S 市人民政府作出《关于印发 S 市“镇村通”天然气工作推进方案的通知》，决定按违约责任收回 A 公司在 X 镇、Y 镇两处的特许经营权。A 公司不服，向 W 市人民政府申请行政复议。2016 年 6 月 7 日，W 市人民政府向 S 市人民政府作出并送达了《提出行政复议答复通知书》。同年 6 月 21 日，S 市人民政府向 W 市人民政府提交了《行政复议答复书》。2016 年 8 月 2 日，W 市人民政府作出行政复议决定书，维持了 S 市人民政府作出的文件中关于收回 A 公司燃气特许经营区域授权的决定，并送达了 A 公司及 S 市人民政府。A 公司不服行政复议决定，提起诉讼，请求法院依法确认被告 S 市人民政府收回原告燃气特许经营权的行为违反并撤销该行政行为。

W 市中级人民法院经审理判决：驳回原告 A 公司的诉讼请求。宣判后，A 公司向省高级人民法院提起上诉。省高级人民法院审理后作出判决：撤销原审判决，确认 S 市人民政府作出《关于印发 S 市“镇村通”天然气工作推进方案的通知》收回 A 公司特许经营的行政行为程序违法，但不撤销该行政行为。W 市人民政府作出行政复议决定的程序虽然并无不当但未对 S 市人民政府违反听证程序的违法问题进行审查认定，其复议维持决定不当，予以撤销。

【判决要点】

1. 被告 S 市人民政府收回原告燃气特许经营权的行为合法

根据《最高人民法院关于适用〈中华人民共和国行政诉讼法〉若干问题的

解释》第十四条的规定，人民法院审查行政机关是否依法履行、按照约定履行协议或者单方面变更、解除协议是否合法，在适用行政法律规范的同时，可以适用不违反行政法和行政诉讼法强制性规定的民事法律规范。行政相对人迟延履行政府特许经营协议致使协议目的无法实现的，行政机关可以单方解除政府特许经营协议。S市人民政府收回A公司在X镇、Y镇的燃气特许经营权，实质上就是解除其在上述区域内的燃气特许经营协议。故S市人民政府收回原告燃气特许经营权于法有据，应肯定其效力。

2. 被诉行政行为内容虽然合法，但程序违法

根据《市政公用事业特许经营管理办法》第二十五条的规定，S市人民政府决定收回A公司已获得的特许经营权，应当依法告知A公司享有听证的权利，听取其陈述和申辩。A公司要求进行听证的，政府应当组织听证。但是S市人民政府未能举证证明其已履行了相应义务，其收回行为违反法定程序。

【法律分析】

1. 解除特许经营协议的法定条件问题

本案中，涉案合作协议系S市人民政府为满足公共利益之需要，对天然气综合利用项目实施特许经营而与A公司签订的政府特许经营协议，属行政协议。双方均应按协议约定履行相应义务。因该协议对燃气项目建设未约定具体的完工期限，S市人民政府可以随时要求A公司履行协议确定的义务，但应当给与燃气公司必要的准备时间。案件事实表明，S市人民政府在长达五年的时间内，多次催促A公司进行项目建设，并表示如不履约将收回其燃气经营区域授权。A公司对此也作出了承诺，但其始终未能消除项目建设的障碍。由此可见，A公司在S市人民政府给予的合理期限内无法完成授权经营区域内的项目建设，致使相关经营区域供气目的无法实现，协议解除的法定条件成立。据此，S市人民政府收回A公司在X镇、Y镇的燃气特许经营权，实质就是解除其在上述区域内的燃气特许经营协议。

2. 收回特许经营权的程序问题

根据《市政公用事业特许经营管理办法》第二十五条的规定，对获得特许经营权的企业取消特许经营权并实施临时接管的，必须按照有关法律、法规的规定进行，并召开听证会。本案中，S市人民政府决定收回A公司已获得的燃

气特许经营权，应当依法告知 A 公司享有听证的权利，听取 A 公司的陈述和申辩。A 公司要求进行听证的，S 市人民政府应当组织听证。然而，S 市人民政府并未提供证据证明其已履行了相应的听证程序，其收回 A 公司燃气特许经营权的行为不符合上述规定，属于程序违法。

【案件点评】

实践中，企业由于没有按要求履行协议而被收回特许经营权的案例并不少见。一方面，由于燃气涉及国计民生重要事项，也事关城市规划，企业应当严格按照协议中约定的时间完成建设项目。另一方面，行政机关撤销特许经营权时也应合法依规进行，要符合相关程序。企业根据特许经营协议享有的特许经营权，需要具备一定的资质和条件，享受特许经营带来的经济利益，属于合法经营权的一种特殊情形，应当依法得到保护。行政机关虽然有权根据公共利益的需要解除政府特许经营协议，但也应当按照法定权限和程序来进行，并对企业和投资人因此受到的财产损失依法予以补偿。

本案中，由于企业没有按时履约，行政机关强制收回了特许经营权，虽然在此过程中有听证程序方面的程序瑕疵，但是法院仍然肯定了此行政行为的有效性。法院确认此行政行为程序违法但不撤销该行政行为，同时，还要求行政机关采取了补救措施，体现了人民法院在裁判过程中优先保护社会公共利益和维护行政相对人的合法权益相统一的审判原则。

案例 60　某管道燃气有限公司诉某区人民政府撤销管道燃气特许经营权纠纷案[①]

【基本案情】

上诉人（原审原告）：某管道燃气有限公司（以下简称“甲公司”）

上诉人（原审第三人）：某燃气有限公司（以下简称“乙公司”）

被上诉人（原审被告）：某区人民政府（以下简称“G 区人民政府”）

2002 年 7 月 1 日，G 区人民政府和香港某投资公司（以下简称“丙公司”）

① 参见《江苏省高级人民法院二审行政判决书》〔2014〕苏行终字第 00158 号。

签订协议书。协议约定：丙公司投资设立负责G区“城市管道燃气生产供应系统工程”的公司必须是G区唯一开发经营此工程的企业，公司名称暂定为“甲公司”。同日，G区人民政府作出的文件明确，“同意给予投资商如下优惠政策：投资商独资开发经营的城市管道燃气生产供应系统工程，必须是当地唯一的独家开发经营的管道燃气企业……”

2002年10月，甲公司成立，在G区开展管道燃气经营的相关业务。2007年，G区建设局与甲公司签订城市管道燃气特许经营协议书。协议约定：甲公司为经G区人民政府批准的G区唯一一家特许经营管道燃气的企业，甲公司在G区境内及城区发展的新区区域范围内独家开发建设管道燃气项目50年，G区建设局维护特许经营权的完整性；在特许经营期间，不得在已授予甲公司特许经营权地域范围内，再将特许经营权授予第三方。

2010年4月29日，G区人民政府与中石油X燃气有限公司（以下简称“丁公司”）签订天然气综合利用项目合作框架协议，约定G区人民政府同意向丁公司在G区投资设立的燃气公司授予燃气特许经营权，特许经营范围为G区经济开发区、海洋经济开发区、某湾生态科技园、某港产业区，特许经营权为30年。2010年7月13日，G区住房和城乡建设局与丁公司（后更名乙公司）签订了G区四大园区管道燃气特许经营协议，该公司取得了“西气东输”工程对G区的开口权和用气指标，开展了管道燃气综合利用的前期工作，在G区四大园区部分区域内铺设燃气管道并进行了供气。

2012年7月2日，J省能源局作出《关于同意G区天然气综合利用项目一期工程开展前期工作的通知》，同意乙公司开展G区天然气综合利用项目一期工程前期工作。甲公司不服，向J省人民政府申请复议，J省人民政府维持了该通知。

2013年3月14日，G区住房和城乡建设局作出《关于撤销城市管道燃气特许经营协议书的决定》，以甲公司取得的特许经营权未经法定授权，超过法定的30年期限等为由，撤销了其与甲公司之间的特许经营协议。甲公司向市城乡建设局申请复议。该局认为G区住房和城乡建设局作出上述决定事实依据不足，适用法律错误，于2013年6月27日作出不予维持的复议决定。接着，甲公司提起诉讼，要求撤销乙公司取得的G区四大园区管道燃气特许经营权。

一审法院确认G区人民政府授予乙公司的被诉特许经营权违法，判决G

区人民政府应在本判决生效后六个月内采取相应补救措施，但认为被诉特许经营权不宜撤销，也未判决G区人民政府给予甲公司赔偿。后甲公司上诉至J省高级人民法院。J省高级人民法院于2014年12月30日作出判决，驳回上诉，维持原判。

【判决要点】

1.G区人民政府授予乙公司被诉特许经营权的行为违法

2004年5月1日起施行的《市政公用事业特许经营管理办法》第八条规定的主管部门在选择市政公用事业特许经营项目的投资者或者经营者时应当依照的程序包括：向社会公开发布招标条件、受理投标等。2005年7月1日起施行的《J省燃气管理条例》第十三条规定，J省境内管道燃气经营实行特许经营制度。特许经营权的授予应当采取招标投标等公开、公平的方式。《J省管道燃气特许经营管理办法》第七条规定，管道燃气经营权的授予，应当按照《J省燃气管理条例》的规定，采取招标投标等公开、公平的方式，选择特许经营企业授予管道燃气经营权。

本案所涉被诉特许经营权应当根据上述法律规范所确定的程序，依法经过招投标等程序方可授予，而G区人民政府并未依照上述法律规范规定的程序授予乙公司被诉特许经营权，且被诉特许经营权在G区人民政府已授予甲公司的特许经营权范围内，G区人民政府授予乙公司被诉特许经营权的行为不符合其与甲公司的特许经营约定。故G区人民政府授予乙公司被诉特许经营权的行为违法。

2.G区人民政府授予乙公司被诉特许经营权不宜撤销

因本案所涉特许经营的产品为天然气，是涉及居民生活和企业生产的重要资料。该能源作为清洁能源在环境治理等方面亦发挥重大作用，且随着G区经济的迅速发展和群众生活需求的提高，对该能源的需求不断增长，该能源的供给问题直接关系到该地区经济发展、社会生活、环境保护等一系列公共利益。本案中，乙公司当时向G区的年供气量约6000万立方米，而当时甲公司向G区的年供气量约300万立方米。因此，如果撤销G区人民政府授予乙公司的被诉特许经营权，将会对G区的经济发展、社会生活、环境保护等公共利益产生重大不利影响。据此，法院认定被诉特许经营权不宜撤销，并依法作出确认G区人民政府授予乙公司的被诉特许经营权违法及G区人民政府应在判决生效后6个月内采取相应补救措施。

3. 根据本案诉讼请求，未判决G区人民政府给予甲公司赔偿

《最高人民法院关于审理行政赔偿案件若干问题的规定》第四条第一款、第二十八规定，公民、法人或者其他组织在提起行政诉讼的同时一并提出行政赔偿请求的，人民法院应一并受理，分别立案，根据具体情况可以合并审理，也可以单独审理。依据上述规定，法院裁判行政机关是否应给予当事人行政赔偿，应当以当事人向人民法院提起要求行政机关给予行政赔偿的诉讼请求为前提。因甲公司提起本案诉讼时并未一并提出要求G区人民政府给予其相应行政赔偿的诉讼请求，故法院就本案作出判决时，未判决G区人民政府承担赔偿责任。

【法律分析】

1. 县人民政府授予乙公司特许经营权的行政行为是否违法

从程序上来讲，根据《市政公用事业特许经营管理办法》第八条和J省地方法规、规章，政府在选择特许经营的企业的过程中，必须要经过公开招标投标的程序，而本案中G区人民政府依据法定程序授予乙公司特许经营权，行政行为程序违法；从实质上来看，被诉特许经营权与已授予的甲公司的特许经营权范围重叠，不符合县人民政府与甲公司的特许经营约定，侵犯了甲公司的权利和法益。县人民政府授予乙公司特许经营权的行政行为不合法。

2. 违法授予的特许经营权是否应当被撤销

《行政诉讼法》第七十四条列举了法院判决确认违法但不撤销行政行为的情形，其中第一项规定，行政行为依法应当撤销，但撤销会给国家利益、社会利益造成重大损害的，不撤销。关于公共利益，通说的观点就是一定社会条件下或特定范围内不特定多数主体利益相一致的方面。本案中，判决依据是基于公共利益原则，乙公司的年均供气量大约是甲公司的20倍，显然更有利于公共利益，有利于当地多数民众的生活。且案涉特许经营产品是天然气，对当地多个方面的公共利益都有重大影响，法院进行全面充分考虑，认定被诉特许经营权不宜撤销，并依法作出确认县人民政府授予乙公司的特许经营权违法，县人民政府应采取相应补救措施。

3. 法院未能判决G区人民政府给予甲公司赔偿问题

《最高人民法院关于审理行政赔偿案件若干问题的规定》第四条第一款、第二十八规定，公民、法人或者其他组织在提起行政诉讼的同时一并提出行政赔偿请求的，人民法院应一并受理，分别立案，根据具体情况可以合并审理，也可以单独审理。法院裁判行政机关是否应给予当事人行政赔偿，以当事人是否提起要求行政机关赔偿的诉讼请求为前提。甲公司提起本案行政诉讼时并未一并提出要求行政赔偿的请求，所以法院未判决G区人民政府承担赔偿责任。但这个结果仅仅意味着法院未判决其承担行政赔偿责任，并不代表其没有责任。

【案件点评】

行政行为被人民法院确认违法的并不必然导致该行为被撤销。根据《行政诉讼法》规定，如果撤销该行政行为会导致国家利益、社会利益受损的，可以确认违法但不撤销。本案即是这种情形。不过，鉴于到底如何界定国家利益、社会利益受损比较困难，弹性空间较大，行政机关还是应当依法依规进行行政许可，以免导致不必要的纠纷。

第三节　项目核准纠纷

我国目前针对大型能源项目实行核准制。项目核准制是在落实能源企业投资自主权的基础上，由项目核准机关从维护社会公共利益的角度出发，对企业投资项目的“外部性”条件进行审查和把关，审查标准包括维护经济安全、合理开发利用资源、保护生态环境、优化重大布局、保障公共利益、防止出现垄断等。项目的“内部性”条件，包括市场前景、经济效益、资金来源和产品技术方案等，由能源企业自主决策。由于市场主体与项目核准机关在项目核准的实体和程序上会有认识上的偏差，项目核准机关是否依法行政也在各地表现不同，在此过程中，也存在着一些纠纷。本节从实践中的典型案例出发，分析能源企业项目核准过程中的纠纷与博弈。

案例61 姜某诉A能源局行政复议驳回决定案[①]

【基本案情】

原告：姜某

被告：A能源局

2013年8月29日，H省发展和改革委员会（以下简称“H省发改委”）针对〔2013〕13号《关于B县X煤矿30万吨/年矿井新建项目核准申请》（以下简称13号请示）作出〔2013〕547号《H省发展和改革委员会关于B县X煤矿30万吨/年矿井新建项目核准的批复》（以下简称“547号批复”）。姜某主张自己是相关矿产的投资人，547号批复侵犯其采矿权，遂于2014年3月11日针对547号批复向A能源局申请行政复议，要求撤销547号批复。A能源局法制与体制改革司于2014年3月19日收到该申请。2014年3月26日，A能源局作出《补正行政复议申请通知书》，要求姜某补正以下材料：1.申请复议的具体行政行为的相关材料；2.申请人基本情况的相关材料；3.前述具体行政行为侵犯申请人合法权益的事实及相关材料；4.申请人何时知道前述具体行政行为的相关材料。并告知姜某在接到该通知书后，于10日内补正上述申请材料。姜某于同年4月6日向A能源局提交了补充材料。

2014年10月15日，A能源局作出被诉复议决定，主要内容为：行政机关依法受理行政复议申请，申请人应当与其不服的具体行政行为有利害关系。547号批复是H省发改委根据国家有关规定和H省人民政府的有关要求，依据B县发展和改革局（以下简称“B县发改局”）的申请作出。未有充分、合法的证据证明申请人姜某与547号批复有利害关系。申请人的复议申请不具备《中华人民共和国行政复议法实施条例》（以下简称《行政复议法实施条例》）第二十八条规定的受理条件。根据《行政复议法实施条例》第四十八条第一款第（二）项规定，A能源局决定驳回姜某行政复议申请。2014年10月19日姜某收到被诉复议决定后不服，于2014年10月30日向北京市第一中级人民法院提起行政诉讼，认为547号批复与其有直接的利害关系，547号批复侵犯了其合法财产权，

① 参见《北京市第一中级人民法院一审行政判决书》〔2015〕一中行初字第73号。

A能源局作出复议决定严重违反法律程序，请求法院撤销被诉复议决定。

北京市第一中级人民法院一审判决姜某败诉。姜某不服一审判决，向北京市高级人民法院提起上诉。北京市高级人民法院经审理，判决驳回上诉，维持原判。

【裁判要点】

1. 申请人与该具体行政行为之间不具有利害关系

北京市第一中级人民法院经审理认为，依据《行政复议法实施条例》第二十八条第（二）项申请人与具体行政行为有利害关系是受理行政复议申请的法定条件的规定。所谓有利害关系，是指申请人的合法权益有受到具体行政行为侵害的可能性。本案项目核准批复是H省发改委作出的企业投资项目核准行为。参照《企业投资项目核准暂行办法》（2014年6月14日予以废止）第十八条规定，企业投资项目核准主要对项目是否符合国民经济和社会发展规划、产业政策、国家宏观调控政策、经济安全、生态环境等宏观经济、公众利益方面进行审查。就矿井新建项目而言，投资项目在核准时并不对采矿权的归属进行审查，更不审查项目是否涉及民事纠纷。因此，姜某主张的权益并不在H省发改委作出547号批复时应考量和保护的范围之内。被诉复议决定认定姜某与547号批复不具有利害关系，根据相关法律规定驳回其行政复议申请，并无不当。

2.A能源局复议决定超出期限，程序违法，应确认被诉决定违法

本案中，A能源局的法制工作机构于2014年3月19日收到姜某的复议申请，而迟至同年10月15日才作出被诉决定，即使依据《行政复议法实施条例》第二十九条，补正申请材料所用时间不计入审理期限，A能源局作出被诉复议决定也已超出法定的行政复议期限。姜某认为被诉决定超过法定期限之主张成立，应予支持。鉴于被诉决定驳回姜某行政复议申请结论正确，撤销被诉决定已无实际意义，故应确认被诉决定违法。

【法律分析】

1. 利害关系的认定

《行政诉讼法》第二十五条规定，行政行为的相对人以及其他与行政行为有利害关系的公民、法人或者其他组织，有权提起诉讼。该条虽然规定了姜某

应当与被诉行政行为具有利害关系，但利害关系的判断标准仍然不明确。北京市第一中级人民法院从规范保护理论的角度作出了具有典型借鉴意义的阐释。北京市第一中级人民法院认为，所谓有利害关系，是指申请人的合法权益有受到具体行政行为侵害的可能性。如果行政机关在作出具体行政行为时，负有考量和保护申请人相关权利的义务，则申请人的相关权益就有可能因为行政机关未尽上述义务而受到侵害；反之，如果行政机关在作出具体行政行为时，并不负有前述考量和保护义务，则申请人与具体行政行为之间不具有利害关系。

本案中，针对H省发改委作出对企业投资项目核准行为时是否负有考量和保护申请人相关权利的义务，要参照当年《企业投资项目核准暂行办法》的相关规定。该办法第十八条规定，企业投资项目核准主要对项目是否符合国民经济和社会发展规划、产业政策、国家宏观调控政策、经济安全、生态环境等宏观经济、公众利益方面进行审查。根据该条规定，因姜某主张自己是相关矿产的投资人、项目核准批复侵犯其采矿权而涉及的采矿权的归属等民事纠纷问题，H省发改委不需要进行审查，也即，姜某主张的权益不在H省发改委作出项目核准批复时应考量和保护的范围。

2. 复议决定超出期限，程序违法

《中华人民共和国行政复议法》（1999年4月29日通过，2017年9月1日修正，以下简称《行政复议法》）第三十一条规定："行政复议机关应当自受理申请之日起六十日内作出行政复议决定；但是法律规定的行政复议期限少于六十日的除外。情况复杂，不能在规定期限内作出行政复议决定的，经行政复议机关的负责人批准，可以适当延长，并告知申请人和被申请人；但是延长期限最多不超过三十日。行政复议机关作出行政复议决定，应当制作行政复议决定书，并加盖印章。行政复议决定书一经送达，即发生法律效力。"本案中，A能源局法制和体制改革司于2014年3月19日收到该申请，A能源局于2014年10月15日作出被诉复议决定，无论如何已经超出法律规定的最长复议期限。

3. 项目核准的范围

自2014年6月14日《政府核准投资项目管理办法》开始施行后，《企业投资项目核准暂行办法》就被废止了。但新旧两部部门规章都有明确规定：项目申报单位应对所有申报材料内容的真实性负责。根据目前《政府核准投资项目管理办法》的相关规定，审核的内容主要是：维护经济安全、合理开发利用资源、保护生态环境、优化重大布局、保障公共利益、防止出现垄断等方面的内容，而对项目的市场前景、经济效益、资金来源和产品技术方案等方面的内容，由企业自主进行，项目申报单位对真实性负责。而当年的《企业投资项目核准暂行办法》第十八条也列举了审查范围，即项目核准机关主要根据以下条件对项目进行审查：符合国家法律法规；符合国民经济和社会发展规划、行业规划、产业政策、行业准入标准和土地利用总体规划；符合国家宏观调控政策；地区布局合理；主要产品未对国内市场形成垄断；未影响我国经济安全；合理开发并有效利用了资源；生态环境和自然文化遗产得到有效保护；未对公众利益，特别是项目建设地的公众利益产生重大不利影响。

4. 确认行政行为违法

确认行政行为违法是行政诉讼中原告胜诉的判决类型之一，系人民法院对被诉行政行为的合法性和效力以及行政法律关系之有无作出的确认的判决。确认判决分为确认违法和确认无效，新的《行政诉讼法》严格区分了这两种确认判决。根据新《行政诉讼法》的规定，行政行为有下列情形之一的，人民法院判决确认违法，但不撤销行政行为：行政行为依法应当撤销，但撤销会给国家利益、社会公共利益造成重大损害的；行政行为程序轻微违法，但对原告权利不产生实际影响的。行政行为有下列情形之一，不需要撤销或者判决履行的，人民法院判决确认违法：行政行为违法，但不具有可撤销内容的；被告改变原违法行政行为，原告仍要求确认原行政行为违法的；被告不履行或者拖延履行法定职责，判决履行没有意义的。

本案中行政复议决定超出法定期限，属于行政行为程序轻微违法，但对原告权利不产生实际影响，也就是说即使行政复议机关程序合法没有拖延期限，依据法律、法规依然会作出相同的决定，因为项目核准不审查私权纠纷，该问题不在审核部门职责范围内。故法院判决确认违法，但不撤销行政行为。

【案件点评】

北京市第一中级人民法院依据《行政复议法实施条例》第二十八条第(二)项将申请人与具体行政行为有利害关系作为行政复议机关受理行政复议申请的条件之一，在司法实践中具有借鉴意义和代表意义。行政主体依据法院的解释和判决对行政行为有了更明晰的预期，比如在审查行政复议申请时，以作出行政行为所依据的法律规范是否要求行政机关对申请人所主张的合法权益予以考量和保护，作为判断申请人与具体行政行为之间是否具有利害关系的标准。在办理行政复议案件时，应严格按照法定期限作出复议决定，超期作出复议决定将会被确认违法。

对于能源市场经营主体来说，也需要清楚，项目核准主要针对公共利益的事项，不对核准项目中存在的民事纠纷进行审查。企业在寻求救济的过程中首先要搞清楚纠纷的性质和内容，避免走错门路，从而节省人力、时间、财力成本。此外，一个建设项目是需要进行审批、核准还是备案也是有区别的：第一，适用的范围不同。审批制只适用于政府投资项目；核准制则适用于企业不使用政府资金投资建设的重大项目和限制类项目；备案制适用于企业投资的中小项目。第二，审核的内容不同。过去的审批制是对投资项目的全方位审批，而核准制只是政府从社会和经济公共管理的角度审核，不负责考虑企业投资项目的市场前景、资金来源、经济效益等因素。第三，程序环节不同。过去的审批制一般要经过项目建议书、可研报告、初步设计等多个环节，而核准制、备案制只有项目申请核准或备案一个环节。能源企业在取得经营相关权利的时候，要明晰手续和程序流程，以及可能出现的问题，以规避法律风险。

案例 62　中石油深圳 LNG 项目争议案

【基本案情】

2008 年 8 月 28 日，国家能源局与香港特区政府签署《关于供气供电问题的谅解备忘录》，决定在内地一侧合资建设 LNG 接收站，实现西二线陆上管道气和进口液化天然气资源互补，保障深、粤、港天然气供应和应急调峰需求。2008 年 11 月，经国家发改委批准立项，该项目选址在深圳大铲湾南端的大铲岛，总占地面积 33.48 平方千米。该项目是中石油、深圳市燃气集团、香港中电集团共同出资建设的国家级重点项目，这样的投资组合使得央企、深圳地方国企以及香港中电成为利益共同体。2009 年 1 月，国家发改委在“西气东输”二线东段项目核准文件中指出：“为统筹西气东输二线应急与保安需求及向香港特区稳定安全供气问题，在深圳新建一座 LNG 接收站是必要的。”

文件同时要求，为统筹解决“西气东输”二线东段的天然气应急调峰及香港和广东地区的天然气利用需求问题，同意深圳 LNG 项目先行开展前期工作，按程序报批。据了解，LNG 接收站项目涉及海上通航、码头建设、接收站工艺设施建设等多个方面，其选址需同时满足航道、码头、水深、水动力、泥沙、陆域需求、地质、安全防护、天然气外输通道等诸多方面要求，国内外建造的 LNG 接收站项目绝大多数采用填海造地的方式。

在选址过程中，大铲岛颇受争议。大铲岛处于深圳西部港区的珠江出海口咽喉，航道众多，邻大铲湾、赤湾、蛇口等多个集装箱码头。招商局集团作为全球知名码头运营商，在该区域有众多布局，包括招商重工和友联船厂。深圳 LNG 项目遭到了招商局集团的反对，认为该选址所需的工程建设填海造地将改变海洋属性，对周边海域功能区使用、海域生态环境、渔业环境造成一定影响。赤湾及蛇口的正常海运物流埋下“炸弹”，甚至可能影响整个珠江口水域的运营和开发。招商局集团联合了国家海事局、交通运输部多部委联合反对。

按照《防治海洋工程建设项目污染损害海洋环境管理条例》（2006 年 9 月 19 日中华人民共和国国务院令第 475 号公布，2017 年 3 月 1 日修订）第十条“围填海工程必须举行听证会”的规定，国家海洋局南海分局组织了听证会。中石油和招商局之间的拉锯战以中石油让步而告终。此后，该项目又陷入了长达两年的拉锯战。2012 年 4 月，中石油 LNG 项目决定仅将大铲岛设为加油站和应急储罐，调峰站及配套码头则另行建于深圳东部海湾迭福北的官湖社区（该项目距离官湖社区仅 1.2 千米，东面距深圳大鹏新区约 5 千米）。在随后 7 月 1 日的听证会上，由填海引发的海洋环境问题和海岸线破坏成为质疑的焦点。经过实地调研发现，深圳大鹏新区从沙头角到迭福山一带，填海和石化项目几乎连成片，环境风险堪忧，已经有了中海油的 LNG 项目（中海油深圳大鹏 LNG 站），还要继续中石油的项目，且迭福山片区的 LNG 项目明显和深圳大鹏新区的功能定位不符，背后涉及重大利益链条。

【法律分析】

1. 对企业投资活动的法律规范和引导

《企业投资项目核准和备案管理条例》由国务院于 2016 年 12 月 14 日发布，自 2017 年 2 月 1 日起施行，是我国固定资产投资领域的第一部行政法规。条例对企业投资项目核准和备案工作的范围、基本程序、监督检查和法律责任作出了统一制度安排。该条例是为规范政府对企业投资项目的核准和备案行为，加快转变政府的投资管理职能，落实企业投资自主权而制定。在此之前，企业投资项目核准和备案工作一直缺乏一部统一的效力层级较高的立法。《政府核准投资项目管理办法》自 2014 年 6 月 14 日起施行，《企业投资项目核准暂行办法》予以废止。由发改委于 2004 年 9 月 15 日发布的《企业投资项目核准暂行办法》是本案的企业投资项目核准需要参考本部门规章。《企业投资项目核准暂行办法》第十四条规定："对于可能会对公众利益造成重大影响的项目，项目核准机关在进行核准审查时应采取适当方式征求公众意见。对于特别重大的项目，可以实行专家评议制度"。第十八条规定了项目核准进行审查的条件。本案中很明显可以看出是对公众利益造成重大影响的项目，影响到当地建设用地与相关规划、生态环境、经济和社会效果等，当时也举行了多次听证会，不少人大代表、环保人士、媒体等对该项目提出了种种质疑。

2. 与本案争议问题相关的法律、法规

中石油深圳大鹏湾 LNG 项目申报符合各项法定程序，但项目涉及利益重大、困难重重，加上公开、曝光及各方讨论，使得本案十分复杂，最终民众的争议问题主要集中在：项目建设会造成的海洋生态破坏、海岸线破坏等问题。以下仅列举几条法律规定以供参考：

《中华人民共和国港口法》（2003 年 6 月 28 日通过，2015 年 4 月 24 日修正，以下简称《港口法》）第七条规定："港口规划……体现合理利用岸线资源的原则，符合城镇体系规划，并与土地利用总体规划、城市总体规划、江河流域规划、防洪规划、海洋功能区划、水路运输发展规划和其他运输方式发展规划以及法律、行政法规规定的其他有关规划相衔接、协调。编制港口规划应当组织专家论证，并依法进行环境影响评价。"《中华人民共和国海域使用管理法》（2001 年 10 月 27 日通过，以下简称《海域使用管理法》）第四条规定："……国家严格管理填海、围海等改变海域自然属性的用海活动。"该法还对单位申请海域使用及其审批、海域使用权等作了规定。《环境保护法》第三十四条规定："进行海岸工程和海洋工程建设，应当符合法律法规规定和有关标准，防止和减少对海洋环境的污染损害。"第五十六条规定："对依法应当编制环境影响报告书的建设项目，建设单位应当在编制时向可能受影响的公众说明情况，充分征求意见。负责审批建设项目环境影响评价文件的部门在收到建设项目环境影响报告书后，除涉及国家秘密和商业秘密的事项外，应当全文公开；发现建设项目未充分征求公众意见的，应当责成建设单位征求公众意见。”《中华人民共和国海洋环境保护法》（1982 年 8 月 23 日通过，1999 年 12 月 25 日修订，2017 年 11 月 4 日修订）第五条规定：“国家海洋行政主管部门负责海洋环境的监督管理，组织海洋环境的调查、监测、监视、评价和科学研究，负责全国防治海洋工程建设项目和海洋倾倒废弃物对海洋污染损害的环境保护工作。”第八条规定：“国家根据海洋功能区划制定全国海洋环境保护规划和重点海域区域性海洋环境保护规划。毗邻重点海域的有关沿海省、自治区、直辖市人民政府及行使海洋环境监督管理权的部门，可以建立海洋环境保护区域合作组织，负责实施重点海域区域性海洋环境保护规划、海洋环境污染的防治和海洋生态保护工作。”该法还对防治海岸工程建设项目对海洋环境的污染损害和防治海洋工程建设项目对海洋环境的污染损害做了详细规定。如第四十八条规定：“海洋工程建设项目的环境保护设施，必须与主体工程同时设计、同时施工、同时投产使用。环境保护设施未经海洋行政主管部门验收，或者经验收不合格的，建设项目不得投入生产或者使用。拆除或者闲置环境保护设施，必须事先征得海洋行政主管部门的同意。”

【案件点评】

LNG（Liquefied Natural Gas），即液化天然气，将常压下气态的天然气冷却至 -162℃，使之凝结成液体。LNG 是一种清洁、高效的能源，可以大大节约储运空间，具有热值大、性能高等特点。由于进口 LNG 有助于能源消费国实现能源供应多元化、保障能源安全，出口 LNG 有助于天然气生产国有效开发天然气资源、增加外汇收入、促进国民经济发展，因此，LNG 贸易已经成为全球能源市场的热点。液化天然气在过去十年中成为全球增长最迅猛的能源行业之一。日本、韩国、美国、欧洲都在大规模兴建 LNG 接收站，国际大石油公司也纷纷将其新的利润增长点转向 LNG 业务。

从中国的天然气发展形势来看，天然气资源有限，天然气产量远远小于需求，供需缺口越来越大。LNG 的特点决定其迅速发展，成为中国天然气市场的主力军。本案所发生的2008年正是我国大力发展LNG的时期。2007年中国进口291万吨LNG，进口量是2006年进口量的3倍多，2008年又比2007年同期增长18.14%。中国对LNG产业的发展越来越重视，也规划和实施了不少沿海LNG项目，这些项目将最终构成一个沿海LNG接收站与输送管网。但随之而来的是LNG推行、扩张所产生的一系列问题，以及各方利益的角逐。截止到2013年，国内已建成投运LNG接收站6座，总接收能力2420万吨/年，其中案涉在先“抢占”深圳大鹏新区的中海油深圳大鹏LNG站是中国第一座投入商业运行的LNG接收站，也是当年国内规模最大的接收站。从法律的角度看，LNG项目核准涉及生态环境、土地利用规划、行业规划等诸多问题。国内LNG接收站将实现大规模开放，更多民营企业将会参与其中。项目核准主要出于对整体规划以及公益的考量，地位举足轻重。可见，对于LNG项目，多方主体都应结合实地环境，做出最合理的安排。

第四节 监管职责纠纷

2018年，国家能源局12398热线共收到有效信息100016件，电力行业类73906件，占73.89%；新能源和可再生能源行业类13764件，占13.76%；石油天然气行业类2887件，占2.89%；煤炭行业类74件，占0.07%；其他事项9385件，占9.38%。[①] 投诉举报反映的问题主要集中在电力行业，其次是新能源和可再生能源行业。监管部门的职责不到位、不作为是被提起行政诉讼和行政复议的一个重要原因。能源监管单位的履职纠纷需得到社会各界的广泛关注。

① 参见《2018年12398能源监管热线投诉举报处理情况通报》，载国家能源局网站，http://www.nea.gov.cn/2019-01/31/c_137789797.htm，访问日期：2019年6月22日。

案例 63　段某诉 G 能源局某监管办公室行政不作为[①]

【基本案情】

原告：段某

被告：G 能源局某监管办公室

第三人：S 市送变电安装队

原告段某系第三人 S 市送变电安装队职工。2014 年 10 月，原告段某到 S 市送变电安装队向 X 电网有限责任公司 Y 供电局承包的某镇 10 千伏电网改造工程务工。2014 年 11 月 13 日，段某在改造某镇 10 千伏高压电的过程中，被高压电击伤，后送至 Y 市人民医院住院治疗，该院诊断为：电击伤Ⅲ度 29% 躯干、双下肢、左手；特重度烧伤；底血容量休克；急性肾功能衰竭；右足、右小腿坏死；双小腿筋膜室综合征；左小腿皮肤、肌肉感染并严重坏死；右侧肩胛骨及锁骨坏死；双下肢截肢术后。X 警官职业学院司法鉴定中心于 2015 年 6 月 15 日出具鉴定意见为 2 级伤残，同年 6 月 25 日出具鉴定意见为部分护理依赖、误工期 180 天、营养期 90 天、护理期 150 天。

2015 年 10 月 31 日，段某向被告 G 能源局某监管办公室邮寄了此次安全生产事故举报信。2015 年 11 月 5 日，被告 G 能源局某监管办公室向第三人 S 市送变电安装队、X 电网有限责任公司 Y 供电局下达了监管约谈函。2015 年 11 月 9 日被告 G 能源局某监管办公室向第三人 S 市送变电安装队、X 电网有限责任公司 Y 供电局进行了约谈调查。2015 年 11 月 16 日，被告 G 能源局某监管办公室将原告举报信息转交给了 X 省安监局。2015 年 11 月 17 日，被告 G 能源局某监管办公室就投诉举报信的处理情况告知了段某。原告段某认为被告作为国家能源局在 X 省的派出机构，在收到原告邮寄的举报信超过 7 个工作日后，未给原告答复，并拒绝履行其法定职责，故向人民法院提起诉讼，请求判决被告依法履行职责，组织调查组对电力事故进行调查和处理，对生产经营单位隐瞒不报电力安全生产事故的行为进行处理。

一审法院认为，被告能源局 X 监管办公室不具有对原告段某在工作过程

---

① 参见《贵州省六盘水市中级人民法院一审行政裁定书》〔2015〕筑观法行初字第 79 号。

中被高压电击伤安全事故的调查、处罚的职权。被告G能源局某监管办公室在收到原告段某的举报、控告后其处置适当，不存在行政不作为的情形。因此，判决驳回原告段某的诉讼请求。

【判决要点】

1. 原告段某工作过程中被高压电击伤不属于电力安全事故

依照《电力安全事故应急处置和调查处理条例》（2011年6月15日通过）第二条“本条例所称电力安全事故，是指电力生产或者电网运行过程中发生的影响电力系统安全稳定运行或者影响电力正常供应的事故……”、第三条“根据电力安全事故（以下简称事故）影响电力系统安全稳定运行或者影响电力（热力）正常供应的程度，事故分为特别重大事故、重大事故、较大事故和一般事故。事故等级划分标准由本条例附表列示……”之规定，本案中，段某主张其在工作过程中被高压电击伤，会影响电力正常供应，属于电力安全事故。事实上，电力安全事故具有明确的含义及严格的划分标准，特指电力生产或者电网运行过程中发生的影响电力系统安全稳定运行或者影响电力正常供应的事故，且条例通过附表列示的方式对电力安全事故进行了定量分类。原告段某工作过程中被高压电击伤的事实不属于《电力安全事故应急处置和调查处理条例》附表对电力安全事故的类型。故段某工作过程中被高压电击伤不属于电力安全事故。

2. 被告G能源局某监管办公室不具有对原告段某在工作过程中被高压电击伤安全事故的调查、处罚的职权

《电力安全事故应急处置和调查处理条例》授权国家能源监管部门仅对电力安全事故已发生且同时造成人员伤亡或者直接经济损失与事故造成人员伤亡、构成《生产安全事故报告和调查处理条例》规定的重大事故或者特别重大的事故的两种情形进行调查处理。本案中未发生电力安全事故，仅存在原告段某受伤的情况，且原告段某受伤虽为2级伤残，但依照《生产安全事故报告和调查处理条例》第三条“根据生产安全事故（以下简称事故）造成的人员伤亡或者直接经济损失，事故一般分为以下等级：（一）特别重大事故，是指造成30人以上死亡，或者100人以上重伤（包括急性工业中毒，下同），或者1亿元以上直接经济损失的事故；（二）重大事故，是指造成10人以上30人以下

死亡，或者 50 人以上 100 人以下重伤，或者 5000 万元以上 1 亿元以下直接经济损失的事故”的规定也不构成重大事故或者特别重大事故的情形。故，G 能源局某监管办公室依照《电力安全事故应急处置和调查处理条例》对原告段某工作过程中被高压电击伤的事故进行调查处理没有法律依据。

【法律分析】

1. 监管部门职责的法律规定

《电力安全生产监督管理办法》（2015 年 2 月 17 日发布）第二十二条规定：“国家能源局及其派出机构对现场检查中发现的安全生产违法、违规行为，应当责令电力企业当场予以纠正或者限期整改。对现场检查中发现的重大安全隐患，应当责令其立即整改；安全隐患危及人身安全时，应当责令其立即从危险区域内撤离人员。”第二十五条规定：“国家能源局及其派出机构应当依法组织或参与电力事故调查处理。国家能源局组织或参与重大和特别重大电力事故调查处理；督办有重大社会影响的电力安全事件。派出机构组织或参与较大和一般电力事故调查处理，对电力系统安全稳定运行或对社会造成较大影响的电力安全事件组织专项督查。”

《国家能源局关于加强电力工程质量监督工作的通知》规定，电力工程质量监督机构要严格执行国家有关法律、法规和规章制度，认真履行职责，依法开展质监工作。当前，原有电力工程质量监督管理体系保持不变，中国电力企业联合会和各省（自治区、直辖市）中心站、华能中心站、核电中心站要继续履行电力工程质量监督总站、中心站职责。各单位要创造条件，保证质监工作正常开展。凡因机构弱化或工作不到位造成质量安全事故的，要依法依规追究相关单位责任。

2. 构成行政不作为的要件

按照行政主体能否主动作出行政行为标准，行政行为可分为依职权的行政行为和依申请的行政行为两类。行政主体需要对行政相对人的申请事项具有法定职责和管理权限。公民、法人或者其他组织申请行政主体作出的一定具体行政行为，要在被申请的行政主体的法定职责和管理权限范围内。若行政相对人申请作出的一定具体行政行为不在被申请的行政主体的法定职责范围内，则不能对被申请的行政主体的不答复、不办理行为以行政不作为为由提起行政复议。另外还有一种情形是，行政主体未在一定期限内按照法定规定实施一定的行为。但对于行政主体为一定行为的时间，包括《行政复议法》在内的大多数法律、法规未作出规定。在没有规定法定期间的情况下，学理界主张根据多方面因素，确定一个合理时间，并以该合理时间为基准，确认是否有不作为的事实存在。

【案件点评】

本案中，段某应当通过申请工伤认定、要求用人单位承担工伤赔偿责任来进行权利救济，而不是对行政机关提出不作为的行政诉讼。作为行政机关或者机构，法律赋予其职权进行管理，那么管与不管以及管理到什么程度之间的界限问题确实难以把握。行政机关未能妥善尽到监管职责，也有被提起行政不作为之诉的风险。行政部门分门别类，内部有妥善的职权划分，建议将职权细分并作出相应说明，以使民众遇到困难可以更加便捷地找到主管部门。在类似案件中，虽然不能启动国家赔偿程序，但是否存在更为妥善的赔偿方式与路径亟待思考与解决。如何实现更高效便民的为民服务，永远是行政主体应当思考和在实践中不断追求的问题。

案例 64 孔某与 G 能源局某监管局履行法定职责纠纷[①]

【基本案情】

原告：孔某

被告：G 能源局某监管局

孔某是广州市 P 区某某号房屋的所有人。2012 年 12 月 7 日获政府有关部门批准，广州市 P 区某某号进行改造，并领取政府有关部门颁发的广州市 P 区农村建房信息牌。因经济原因，孔某在涉案房屋边居住生活边改造。改造过程中，广州供电局有限公司 P 区供电局、广州 P 区电力局 Z 供电所没有任何通知对原告的居民生活用电实施停电。

2017 年 4 月 14 日，孔某以广州供电局为被申诉人向 G 能源局某监管局投

---

① 参见《广州铁路运输第一法院一审行政裁定书》〔2017〕粤 7101 行初 2427 号。

诉，反映称其居住的上述地址于 2013 年开始被广州供电局停止供电。2017 年 5 月 25 日，G 能源局某监管局对孔某的前述投诉事项进行了电话答复。2017 年 6 月 20 日，G 能源局某监管局作出《告知书》，表明中断供电行为不属于合同法规定的供电设施计划检修、临时检修、依法限电或者用电人违法用电等原因，而是广州供电局 P 区供电局 Z 供电所执行广州城市管理综合执法局 P 区分局 Z 街执法队下达的对违法建筑停止供电要求。对广州城市管理综合执法局 P 区分局 Z 街执法队的行政执法行为是否合理、合规，G 能源局及其派出机构并非监督管理部门，建议通过行政复议或者行政诉讼途径解决。2017 年 6 月 26 日，孔某因被停止供电问题再次向 G 能源局某监管局提交《投诉举报书》，G 能源局某监管局不再重复受理。原告孔某不服，于 2017 年 7 月 10 日提起行政诉讼，请求法院撤销被告 G 能源局某监管局作出的《告知书》，同时要求被告针对其 2017 年 6 月 26 日投诉举报书的请求履行法定职责，恢复广州市 P 区某某号的供电。

【判决要点】

1. 电力经营单位不得为违法建设提供服务

原告反映的被中止供电问题属实，但该中断用电系广州供电局 P 区供电局 Z 供电所执行广州城市管理综合执法局 P 区分局 Z 街执法队下达的对违法建筑停止供电要求，且该项配合执法工作符合相关法规、政策规定。涉案 P 区某某号被城管执法队认定为违法建设。根据《广州市城市管理综合执法条例》第二十二条、《广州市人民政府关于严查严控违法建设的通告》第四项、《广州市违法建设查处条例》第十五条的规定，作为电力经营单位的 P 区供电局不得为违法建设提供临时性或者永久性服务。

2. 被告 G 能源局某监管局对原告孔某以同一事实反映的同一问题不再受理和处理并无不妥

2017 年 5 月 25 日，G 能源局某监管局工作人员将处理情况电话告知投诉人，未超过规定时间，符合《电力监管机构投诉处理规定》第十七条和第十八条、《12398 能源监管热线投诉举报处理办法》第十八条和十九条的规定。根据《电力监管机构投诉处理规定》（原电监会令第 18 号）第十条和国家能源局《12398 能源监管热线投诉举报处理办法》第十三条的规定，有下列情形之一的，国家能源局派出能源监管机构不予受理：（一）投诉人与投诉事项没有利害关系的；（二）投诉事项不属于国家能源局及其派出能源监管机构监管职责范围的；（三）投诉事项已经或者依法应当通过诉讼、仲裁或者行政复议等法定途径解决的；（四）依照法律、法规或者国家有关规定应当由企业或者其他组织先行处理的；（五）投诉事项的内容不符合有关法律、法规规定的；（六）已经作出处理，投诉人又以同一事实或者理由再次投诉的。原告符合第六项情形。

3. 原告孔某提起的行政诉讼不符合法定起诉条件

公民、法人或者其他组织向人民法院提起行政诉讼，应当符合法定起诉条件。《最高人民法院关于适用〈中华人民共和国行政诉讼法〉若干问题的解释》第三条第一款规定，“有下列情形之一，已经立案的，应当裁定驳回起诉：……（八）行政行为对其合法权益明显不产生实际影响的……”，本案中，原告因住所被停止供电问题先后于 2017 年 4 月 14 日、2017 年 6 月 26 日两次向被告 G 能源局某监管局进行举报投诉。被告在第一次投诉中对原告投诉事项已作出调查认定并进行了电话回复及书面告知。因此，原告在未能提交新证据的情况下以同一事实和理由第二次进行投诉，被告电话回复不予重复处理的行政行为，并没有为原告创设新的权利义务，对原告的合法权益不产生实际影响，故原告的起诉不符合法定的起诉条件，应当予以驳回。

【法律分析】

1. 对违法建筑的认定问题

根据《中华人民共和国城乡规划法》（2007 年 10 月 28 日通过，2019 年 4 月 23 日修正，以下简称《城乡规划法》）规定，对违法建筑进行调查取证，不违反城乡规划但没有办理规划建设审批的建筑，属于程序性违法建筑，可以要求限期改正及罚款，补办相关行政许可手续；违反城乡规划的建筑，属于实体性违法建筑，作出《责令限期拆除违法建筑决定书》，行政相对人逾期未自行拆除违法建筑的，组织实施拆除行为。《中华人民共和国国家赔偿法》（1994 年 5 月 12 日通过，2012 年 10 月 26 日修正，以下简称《国家赔偿法》）第二条第一款规定，国家机关和国家机关工作人员行使职权，有本法规定的侵犯公民、法人和其他组织合法权益的情形，造成损害的，受害人有依照本法取得国家赔偿的权利。获得国家赔偿的前提是公民、法人和其他组织的合法权益受到侵害造成损失。被拆除的违章建筑不属于合法财产，但可利用的建筑材料应属合法财产，依法应予赔偿；违章建筑内的合法动产，亦应予以赔偿。我国当前对于违法建筑没有明确定义，但结合《中华人民共和国土地管理法》(1986年6月25日通过，1998年8月29日、2004年8月28日修正，以下简称《土地管理法》)、《城乡规划法》等可以对违章建筑的表现形式进行如下概括：占用已规划为公共场所、公共设施用地或公共绿化用地的建筑；不按批准的设计图纸施工的建筑；擅自改建、加建的建筑；农经济组织的非农建设用地或民自用宅基地非法转让兴建的建筑；特区内城市化的居民委员会或股份合作公司的非农业用地非法转让兴建的建筑；农经济组织的非农业用地或民自用宅基地违反城市规划或超过市人民政府规定标准的建筑；擅自改变工业厂房、住宅和其他建筑物使用功能的建筑；逾期未拆除的临时建筑；违反法律、法规有关规定的其他建筑。

2. 关于一事不再理

一事不再理是行政复议、司法程序中的基本做法。当事人以同一事实和理由多次投诉或者提起诉讼无疑会浪费宝贵的行政资源和司法资源。行政资源和司法资源可以被使用但不可以被消耗，这也是“一事不再理”的重要原因之一。行政机关和法院在驳回的同时应当告知当事人如无新证据与新情况不可进行第二次投诉或诉讼，做到与当事人充分沟通。

【案件点评】

近年来，违章建筑的认定和处理一直是引起社会广泛讨论的热门话题。如何认定违章建筑、如何对其进行妥善的处理也是行政部门要面对的难题。就本案而言，电力部门不得为违章建筑提供用电服务是应有关规定要求。虽然是合法合规，但是否需要有关部门提前告知或催告当事人作出相应的回应？答案是显而易见的。行政行为的作出不仅需要考虑合法性，也需要考虑合理性以及一些其他因素。如果在停电之前对当事人进行陈述与劝告，本案可能会得到更加妥善的解决。行政机关作为管理机关，所需要做的是处理矛盾而不是激化矛盾。在处理问题时，不仅需要考虑法律，也要充分考虑现实环境。法理之外无外乎情理。实践中，应当鼓励公民对行政机关的行为进行监督。监督可以使得行政行为更加趋于合法化与合理化。同时，也应当对民众对出正确的引导。相关部门在实践中真正从人民利益出发，在制度建设上以高效便民为第一要务，在实践中以充分为民服务为己任，才能最大限度地减少实践中纠纷的发生。

案例 65 潘某诉 G 能源局某监管办公室一案[①]

【基本案情】

上诉人（原审原告）：潘某

被上诉人（原审被告）：G 能源局某监管办公室

潘某于 2016 年 4 月 12 日以电子邮件的形式向 G 能源局某监管办公室投诉反映国网某供电公司在用户不知情的情况下与新户马某私自办理了电表更名、过户，随即销户拆表。G 能源局某监管办公室于 2016 年 5 月 10 日作出了《对潘某女士反映有关事项的回复》。潘某不服 G 能源局某监管办公室作出的《对潘某女士反映有关事项的回复》，提起诉讼。一审经审理后裁定：驳回原告潘某的起诉。潘某不服原审法院作出的行政裁定，遂提起上诉，请求二审法院依法改判。二审法院依法组成合议庭对案件进行审理，作出终审裁定，驳回上诉，维持原裁定。

【裁判要点】

原告潘某的行为属于信访行为，信访人对行政机关作出的处理意见不服提起行政诉讼的，人民法院不予受理。

一审法院认为，根据《中华人民共和国信访条例》（2005 年 1 月 5 日通过，以下简称《信访条例》）第二条第一款"本条例所称信访，是指公民、法人或者其他组织采用书信、电子邮件、传真、电话、走访等形式，向各级人民政府、县级以上人民政府工作部门反映情况，提出建议、意见或者投诉请求，依法由有关行政机关处理的活动"的规定，潘某的行为属于信访行为。《最高人民法院关于不服信访工作机构依据〈信访条例〉处理信访事项的行为提起行政诉讼人民法院是否受理的复函》明确规定，对信访事项有权处理的行政机关依据《信访条例》作出的处理意见、复查意见、复核意见和不再受理决定，信访人不服提起行政诉讼的，人民法院不予受理。因此，潘某不服 G 能源局某监

① 参见《济南市中级人民法院二审行政裁定书》〔2016〕鲁 01 行终 470 号。

管办公室作出的《对潘某女士反映有关事项的回复》，应按照法律规定的复查、复核程序办理，不能提起行政诉讼。原审法院裁定驳回原告潘某的起诉。

二审法院认为：本案中，上诉人曾于 2016 年 4 月 12 日以电子邮件形式，向被上诉人投诉请求查处国网某供电公司的违法违规问题，因此，根据上述法律规定，上诉人的上述投诉行为应属于信访行为。根据相关法律规定，信访人对有权行政机关作出的回复不服提起行政诉讼的，人民法院不予受理。因此，原审裁定驳回起诉，适用法律正确，应予维持。综上，裁定，驳回上诉，维持原裁定。

【法律分析】

潘某的行为属于信访行为，法院不予受理。本案中，根据潘某原审时提供的诉讼材料可知，其曾于 2016 年 4 月 12 日以电子邮件形式，向 G 能源局某监管办公室投诉请求查处国网某供电公司的违法违规问题。因此，根据上述法律规定，潘某的上述投诉行为应属于信访行为。《最高人民法院关于不服信访工作机构依据〈信访条例〉处理信访事项的行为提起行政诉讼人民法院是否受理的复函》明确规定，对信访事项有权处理的行政机关依据《信访条例》作出的处理意见、复查意见、复核意见和不再受理决定，信访人不服提起行政诉讼的，人民法院不予受理。因此，潘某不服 G 能源局某监管办公室作出的《对潘某女士反映有关事项的回复》，应按照法律规定的复查、复核程序办理，不能提起行政诉讼。

【案件点评】

信访究其行为性质是一种维权手段。在本案中，原告采用信访方式对相关部门进行询问，其所得答复并不能成为起诉的诉因，信访答复意见并不具有可诉性。如果是对行政复议结果不满意的，可依照复议结果提起行政诉讼。行政复议是与行政行为具有法律上利害关系的人认为行政机关所作出的行政行为侵犯其合法权益，依法向具有法定权限的行政机关提出的，由复议机关依法对被申请行政行为的合法性和合理性进行审查并作出决定的制度，是当事人获得行政救济的最为便捷的方式。

第五节　行政处罚案例

行政处罚是行政制裁的一种形式，是指具有行政处罚权的行政主体为维护公共利益和社会秩序，保护公民、法人或其他组织的合法权益，依法对行政相对人违反行政法律、法规而尚未构成犯罪的行政行为所实施的法律制裁。在能源领域，能源企业违反生产经营规定的行为在实践中屡有发生，所以行政处罚案件频发。本节选取了电力、油气、煤炭、新能源等领域的行政处罚案件，剖析能源领域的行政处罚纠纷。行政处罚作为监管中的一种重要行政方式起着重要作用。能源行业的行政处罚主体，除了行业主管部门之外，还有国土、环境、工商等部门。行政处罚的内容包括安全、质量、经营等。处罚对象除了企业，还有个人等。

案例 66　广西某发电有限公司行政处罚案[①]

【基本案情】

广西某发电有限公司（以下简称“A 公司”）于 2014 年 1 月 20 日在 T 县工商行政管理局登记成立。法定代表人梁某，公司经营范围包括火力发电。D 电厂是国家大（2）型发电企业，隶属广西电网公司全资子公司广西水利电力建设集团有限公司。D 电厂于 2017 年 2 月 23 日整体转入 A 公司。2017 年，A 公司在未向有关部门办理相关手续、未经电力调度机构同意且未落实现场安全措施的情况下，分别于 2017 年 11 月 6 日、11 月 9 日擅自改变与广西电网的联接方式，违规并入百色区域电网运行。在南方能源监管局下发监管整改通知书后仍拒不按要求落实整改，情节严重。南方能源监管局拟给予罚款一百万元人民币和吊销电力业务许可证的行政处罚。2018 年 6 月 21 日，南方能源监管

① 参见《国家能源局南方监管局行政处罚决定书》南方监能罚字〔2018〕31 号。

局应 A 公司要求，就该公司所属 D 电厂违反调度规则、擅自解网一案首次依法公开举行行政处罚听证会。南方能源监管局表示将根据听证情况，充分考虑当事人陈述的事实和理由，严格依法依规作出最终的行政处罚决定，切实做到事实充分、证据确凿、适用法律法规正确，经得起司法审查。

2018 年 6 月 29 日，国家能源局南方能源监管局公布了对 A 公司的行政处罚书：D 电厂在 2017 年 11 月擅自改变与广西电网的联接，违规并入百色区域电网，并在违规行为首次发生之后，不听调度人员劝阻仍继续，引发了“12·11”百色地区电网振荡不安全事件，危及广西电网和“西电东送”安全。6 月 21 日南方能源监管局首次公开举行行政处罚听证会程序后，南方能源监管局作出 100 万元人民币的处罚，同时吊销电力业务许可证。

【法律分析】

1. 电力调度机构的职责

我国电网调度机构分为五级，即国家调度中心、网局调度中心、省级调度中心、地区调度中心和县级调度中心。国家调度中心，简称国调，是我国电网调度的最高级。在该中心，通过计算机数据通信与各大区调度中心相连接，协调确定各大区之间的联络线潮流和运行方式，监视、统计和分析全国电网的运行情况。网局调度中心，简称网调（国家电网公司下属东北、华北、华中、华东、西北 5 大电网公司），按统一调度、分级管理原则，负责超高压网的安全运行并按规定的发电计划及监控原则进行管理，提高电能质量和经济运行水平。省级调度中心，简称省调（各省、自治区、直辖市电网公司），按统一调度、分级管理原则，负责省内电网的安全运行并按规定的发电计划及监控原则进行管理，提高电能质量和经济运行水平。地区调度中心，简称地调（各省地级市电力局、电业局、供电局），采集当地电网的各种信息，进行安全检测，有关站点开关的远方操作，变压器分接头的调节，电力电容器的投切等。县级调度中心，简称县调（各县级市供电局），为我国电网调度的最低级，主要监控 10 千伏及以下农村电网的运行。电力调度机构作为本地区电网电力调度的归口管理部门，依据有关法律、法规，指挥所辖电网的运行、操作、事故处理和有功、无功调整；接受上级调度机构的调度指挥和专业管理；保障电网安全、优质、经济运行。

2. 能源监管部门对并网的监管

能源行业需要多个管理部门进行监管，如安监部门、质监部门、环境部门等。能源监管部门对能源企业的生产经营行为进行业务监管。本案涉及的是并网监管问题。为了保障电网安全，现行法律、法规要求企业并网必须经过电力调度，擅自改变电网的连接方式是严重的违法行为。整个电网的调度十分复杂，出现问题会影响电网安全，甚至引起大范围停电等。

从国际上看，有些国家的电力调度部门性质类似我国的事业单位，是独立的第三方。我国体制下，电力调度机构不属于监管部门，电力调度在电网公司里面是独立的一项业务。因为电力调度部门难免跟电网的利益紧紧联系在一起，所以一些发电企业觉得调度会有不公。调度有专门的规则，而调度机构本身没有行政权力。若发电厂违反调度规则，能源监管机构将履行监管职责，做出相应处罚决定。如本案中南方能源监管局可以对 A 公司罚款 100 万元人民币，吊销电力业务许可证。

【案件点评】

近年来，电厂违规受罚案例时有发生。在当前的火电产能过剩日益加剧大环境下，发电、输电企业的矛盾也日益凸显。许多电厂铤而走险，造成的违规问题屡屡发生。电网运行的正常与否影响着生产生活的正常秩序，保证供电系统的安全运行是电力部门的头等大事。因此，做好电力调度工作极其重要。形成一套符合我国国情的、具有中国特色的电力调度制度意义非凡。安全、高效的电力调度运行不仅是电力企业发展需要着重考虑的问题，也是整个电力体制改革需要继续完善的方向。

案例 67　某燃气有限公司垄断处罚案 ①

【基本案情】

当事人某燃气有限公司（以下简称“A 公司”），法定代表人李某，主要经营范围是管道天然气储运、销售；城市天然气管网及配套设施建设；天然

① 参见《江苏省工商行政管理局行政处罚决定书》苏工商案字〔2016〕第 00048 号。

气用户开户、缴费、充值和报修业务以及相关业务的办理和咨询服务等。2015年2月，江苏省工商行政管理局（以下简称“江苏省工商局”）接江苏省S市市区部分房地产开发企业举报，反映A公司在新建居民小区开发过程中利用其独家供气的垄断地位，限定房地产开发企业所开发楼盘的天然气管道安装工程必须由其承接安装。

2015年6月8日，经国家工商总局授权，江苏省工商局对宿迁中石油昆仑燃气有限公司涉嫌垄断行为予以立案调查。调查发现，A公司利用其独家供应管道燃气的市场支配地位，在房地产开发企业申请管道燃气接入时，要求房地产开发企业与其签订《燃气管道报装合同》，限定在其特许经营区域内（S市城区范围内）房地产开发企业所开发住宅小区的燃气管道安装工程只能交给其施工。A公司的法定代表人和工程开发部经理在询问调查笔录中均表示，因为其有特许经营权，房地产开发企业必须找A公司安装燃气管道工程，否则A公司不承担后续的维护责任。A公司通过《燃气管道报装合同》的形式，将住宅小区的燃气管道安装工程所涉及的材料费、安装工程建设费等费用进行打包计算，按照每户2500元标准收取费用。A公司还以保障施工工程质量和后期维护为由，限定房地产开发企业在与其签订的《燃气管道报装合同》中所需用的施工材料只能由A公司提供。

【处罚要点】

江苏省工商局认为，A公司无正当理由限定房地产开发企业的燃气管道安装工程只能与其进行交易、限定房地产开发企业燃气管道安装工程中所需用的施工材料只能由当事人提供，其行为违反了《反垄断法》第十七条第一款第（四）项禁止具有市场支配地位的经营者从事下列滥用市场支配地位的行为：没有正当理由，限定交易相对人只能与其进行交易或者只能与其指定的经营者进行交易的禁止性规定。依据《反垄断法》第四十七条“经营者违反本法规定，滥用市场支配地位的，由反垄断执法机构责令停止违法行为，没收违法所得，并处上一年度销售额百分之一以上百分之十以下的罚款”的规定，对A公司的处罚如下：责令A公司停止违法行为，并处上一年度经营额百分之五的罚款，即罚款2505万元。

【法律分析】

1. 相关市场的界定

界定相关市场是认定是否具有市场支配地位的前提。我国《反垄断法》第十二条规定，本法所称相关市场，是指经营者在一定时期内就特定商品或者服务进行竞争的商品范围和地域范围。《国务院反垄断委员会关于相关市场界定的指南》（2009 年）对相关市场的界定有明确的定性和指导。江苏工商局界定本案中的相关商品市场为城市管道燃气供气服务，相关地域市场为 S 市城区地域范围，本案相关市场即 S 市城区地域范围内城市管道燃气供气服务。

2. 市场支配地位的界定

江苏工商局认定燃气公司具有市场支配地位。理由是：第一，特许经营协议明确规定 A 公司在 S 市城区范围内独家经营天然气管道储运、销售、天然气利用、技术开发、城市天然气管网及配套设施建设、运销。据此，A 公司占据了 S 市城区范围内城市管道燃气供应服务的全部份额。第二，A 公司具有控制特许经营区域管道燃气供应与否、如何供应及其他相关交易条件的能力。第三，经营城市管道燃气供气有着严格的主体资格要求，其他经营者进入 S 市城区提供管道燃气供应服务的难度极大。对于相关地域市场的管道燃气用户等其他经营者而言，则对 A 公司的供应服务具有很强的依赖。

3. 滥用市场支配地位行为的判定

在对市场支配地位做出界定之后，实务中认定滥用市场支配地位的条件一般为：企业实施了滥用市场支配地位的行为，并且没有正当理由。本案涉及滥用市场支配地位中的限定交易行为。《反垄断法》第十七条的禁止性规定是“没有正当理由，限定交易相对人只能与其进行交易或者只能与其指定的经营者进行交易”。《工商行政管理机关禁止滥用市场支配地位行为的规定》（2010 年）第五条对限定交易行为进行了细化，分为三类：具有市场支配地位的经营者没有正当理由，限定交易相对人只能与其进行交易、限定交易相对人只能与其指定的经营者进行交易、限定交易相对人不得与其竞争对手进行交易。本案中，燃气公司限定房地产开发企业只能与其交易，很明显实施了滥用市场支配地位的行为。

由此，有无正当理由便成为办案的焦点所在。燃气公司的申辩理由是：第一，特许经营资格中理应包括管道安装施工工程。第二，S 市人民政府相关部门发布的文件中明确了燃气公司具有此项法定职责。第三，如果交给他人承建，安全性得不到保证。第四，如果本企业不承建，则不适合负责后期维护。第五，限定所需施工材料，是为了确保工程质量和后期维护的方便。针对申辩理由，江苏省工商局认为：第一，特许经营协议中 A 公司的特许经营权仅包括运营、维护市政管道燃气设施等，不包括庭院管道燃气设施。因此，管道安装施工工程不在业务范围之内。第二，A 公司不具备住宅小区的燃气管道安装施工的资质。第三，2005 年以来 S 市区住宅小区庭院管道燃气设施都是由房地产开发企业投资建设。依据《工商行政管理机关制止滥用行政权力排除、限制竞争行为的规定》（2010 年）第五条之规定，政府相关部门发布文件不能作为其限定施工工程交易的正当理由。第四，依据《国家计委、财政部关于全面整顿住房建设收费取消部分收费项目的通知》（2001 年）第五条之规定，居民小区燃气管道安装工程应当从供气行业剥离，其市场应是开放的、自由竞争的，应当由房地产开发企业自主选择有相应资质的企业承担安装工程。第五，依据国务院《城镇燃气管理条例》（2010年通过,2016年修改）第十九条和《江苏省物业管理条例》（2000 年通过，2018 年第二次修正）第三十七条之规定，燃气经营者对居民小区内燃气管道的维护更新有着不可推卸的法律义务。第六，在无法律、法规规定要求燃气工程建设选用的设备、材料只能由当事人提供的情况下，房地产开发企业作为投资建设方，是否交由他方采购设备、材料应当是不受限制。

最终，江苏省工商局认定 A 公司构成限定施工工程和施工材料交易两项滥用市场支配地位行为。

【案件点评】

我国的城镇管道燃气经营目前大多采取特许经营方式。特许经营情况下，燃气企业往往在特定区域内具有独占地位，即《反垄断法》中所规定的“市场支配地位”。近年来，各地陆续出现了燃气企业滥用市场支配地位的违法行为，本案即其中一件典型案例。相应地，反垄断部门在燃气领域不断加大执法力度。2017 年底，国家发展改革委价格监督检查与反垄断局对中国石油天然气股份有限公司天然气销售大庆分公司等 17 家企业涉嫌违反反垄断法问题开展调查。国家发展改革委要求各地继续采取有力措施，加强价格监管和反垄断执法。事实上，国家持续加强反垄断的态势不只针对天然气行业，整个能源行业都面临反垄断的考验。2018 年 3 月，依据《国务院机构改革方案》，商务部、国家发展改革委、原国家工商行政管理总局三家反垄断执法机构职责被整合，新成立的国家市场监督管理总局承担反垄断统一执法，反垄断工作迎来新的历史起点。

案例 68 某石油化工股份有限公司某石油分公司无照经营行政处罚案[①]

【基本案情】

某石油化工股份有限公司某石油分公司（以下简称“A 公司”），于 2014 年 6 月中旬构建，主营汽油、柴油、润滑油等成品油批发、零售以及非油品业务。2014 年 7 月 24 日开始试营业。2014 年 8 月，H 县工商局大华工商所执法人员通知 A 公司工业园区加油站履行备案手续。8 月 23 日，该站站长到大华工商所办理备案，但因危险化学品建设项目（使用）方案备案告知书已过期而没有受理（备案告知书的时间是 2014 年 6 月 24 日至 2014 年 7 月 24 日），并口头通知当事人到安全生产监督管理局延续备案时间。其间，该加油站因种种原因没有延续备案时间，也没有领取营业执照。该加油站从试营业到 2014 年 8 月 31 日，经营 93 号、97 号和 0 号柴油，其间的营业额为 157 万元，该加油站在试营业期间因让利销售，没有利润。2014 年 9 月 11 日，执法人员在市场监督检查中发现该加油站涉嫌无照经营，当日报 12315 行政执法指挥中心，并报局长批准予以立案调查。之后作出行政处罚决定，责令当事人改正违法行为，对当事人处以人民币 1 万元的罚款。

【处罚要点】

当事人 A 公司工业园区加油站未领取营业执照从事经营活动，其行为属于《无照经营查处取缔办法》（2003 年 1 月 6 日公布，2011 年修订）第四条第一款“应当取得而未依法取得许可证或者其他批准文件和营业执照，擅自从事经营活动的无照经营行为”。依据《无照经营查处取缔办法》第十四条第一款，对于

---

① 参见《西宁市湟源县工商行政管理局行政处罚决定书》源工商行处字〔2014〕37 号。

无照经营行为，由工商行政管理部门依法予以取缔，没收违法所得；触犯刑律的，依法追究刑事责任；尚不够刑事处罚的，并处 2 万元以下的罚款；无照经营行为规模较大、社会危害严重的，并处 2 万元以上 20 万元以下的罚款；无照经营行为危害人体健康、存在重大安全隐患、威胁公共安全、破坏环境资源的，没收专门用于从事无照经营的工具、设备、原材料、产品（商品）等财物，并处以 5 万元以上 50 万元以下的罚款的规定，结合当事人的实际情况，作出的行政处罚是责任当事人改正违法行为和对当事人处以人民币 1 万元的罚款。

【法律分析】

1. 新建加油站流程及审批手续

加油站是成品油零售经营的具体形式。根据商务部门相关规定，企业须取得成品油零售经营许可证书后方可从事成品油零售经营活动。一座加油站从规划选址、取得土地，到申请建设、建成后申领许可证，需要经过商务、规划、国土、建设、消防、安监、环保、质监、气象、交通、工商等多个部门的参与和审核。

2. 危险化学品的监管

国务院《危险化学品安全管理条例》（2002 年 1 月 26 日公布，2011 年 2 月 16 日、2013 年 12 月 7 日修订）规定，本条例所称危险化学品，是指具有毒害、腐蚀、爆炸、燃烧、助燃等性质，对人体、设施、环境具有危害的剧毒化学品和其他化学品。危险化学品目录，由国务院安全生产监督管理部门会同国务院工业和信息化、公安、环境保护、卫生、质量监督检验检疫、交通运输、铁路、民用航空、农业主管部门，根据化学品危险特性的鉴别和分类标准确定、公布，并适时调整。危险化学品目录里面详细进行了说明和界定，收录了各种危险化学物质的种类，具有很强的专业技术性。据此，成品油属于危险化学品，其在目录第 3 类——易燃液体的第 1 项，即低闪点液体。

《危险化学品安全管理条例》第三十三条规定，国家对危险化学品经营（包括仓储经营）实行许可制度。未经许可，任何单位和个人不得经营危险化学品。国家安全生产监督管理总局的《危险化学品经营许可证管理办法》第三条也规定，国家对危险化学品经营实行许可制度。经营危险化学品的企业，应当依照本办法取得危险化学品经营许可证。未取得经营许可证，任何单位和个人不得经营危险化学品。

3. 无照经营问题

A 公司工业园区加油站未领取营业执照从事经营活动，其行为违反了《无证无照经营查处办法》。《无证无照经营查处办法》第三条列举规定了不属于无证无照经营的行为：（1）在县级以上地方人民政府指定的场所和时间，销售农副产品、日常生活用品，或者个人利用自己的技能从事依法无须取得许可的便民劳务活动。（2）依照法律、行政法规、国务院决定的规定，从事无须取得许可或者办理注册登记的经营活动。第十三条规定，从事无照经营的，由工商行政管理部门依照相关法律、行政法规的规定予以处罚。法律、行政法规对无照经营的处罚没有明确规定的，由工商行政管理部门责令停止违法行为，没收违法所得，并处 1 万元以下的罚款。本案中 A 公司园区加油站进行经营活动时并未取得营业执照且安全生产备案也已过期，故其行为属于无证经营行为，应当受到行政处罚。

【案件点评】

近年来，受到国际环境和国内局势的影响，成品油销售利润空间持续增加，销售总量持续上升，可观的经营利润吸引了众多投资者开展加油站业务。但是，由于政府规划、审批、监管越来越严格，新建加油站的难度逐年加大，因此收购、租赁加油站成了最简单也最直接的扩张手段。加油站转让交易呈现日渐活跃、求多供少的局面。本案中的加油站公司因为种种原因，既不去延续危险化学品建设项目（使用）方案备案告知书的备案时间，又没有领取营业执照，就从事运营活动，行为明显违法。成品油属于危险化学品，从事成品油经营，申请人首先必须向安监部门申请取得危险化学品经营许可证，持许可证到工商部门办理登记手续，取得营业执照，然后从商务部门取得成品油零售经营许可证，才能从事经营活动。

从 2015 年的“8・12 天津滨海新区爆炸事故”到 2019 年江苏省盐城市响水县陈家港化工园区发生爆炸，危险化学品监管问题屡见不鲜。一旦发生事故，就会造成重大的人员伤亡和财产损失。加油站作为危险化学品的经营主体，其安全隐患也非常之多，卸油、量油、加油、清罐四个环节违反程序的操作，站内人员的静电、接打手机、吸烟、检修车辆、不熄火加油，环境方面的电气火灾、雷击，还有人身方面的安全隐患等。现实生活中虽然加油站的爆炸情况比较少见，但安全问题不断，如汽车失控撞向加油机造成漏油、打火机照明查看油量引起车辆爆炸、抽烟靠近油箱口引发火灾、整理了毛衣又触碰油枪造成起火、摩托车加油起火等等。对于危险化学品的生产经营使用者，安全永远排在第一位。血淋淋的教训提醒人们安全意识的重要性。相关部门加强监管，普通百姓增强安全意识，才能尽可能减少危害的发生。

案例 69　董某销售不合格煤炭行为行政处罚案[①]

【基本案情】

当事人董某，男，1990 年 11 月 15 日出生，系 L 镇某村个体工商户。2011 年 7 月 13 日，董某经 X 市 D 县工商行政管理局核准登记，取得个人工商户营业执照从事经营活动，其营业执照核准的经营范围为蜂窝煤加工、零售经营活动。2015 年 3 月 31 日，X 市工商局对董某销售的蜂窝煤进行了抽样检查，所抽样品由青海省煤炭产品质量监督检验站进行检验。2015 年 4 月 8 日，董某销售的蜂窝煤检验结果为：依据《X 市 2014—2015 年煤炭使用标准》，该批煤炭质量不合格。2015 年 4 月 29 日，X 市工商局局收到 X 市工商局抽检的 D 县 L 镇二级煤炭销售网点董某的煤炭检验报告后，对董某涉嫌销售不合格产品行为进行立案查处，并向董某送达了上述经检测为不合格产品的检验报告，告知董某对检测报告若有异议，应于收到报告之日起 15 日内向检验单位提出。董某未提出异议。

董某自述其混煤从 D 县某煤业有限公司购进，购货时间 2015 年 3 月 16 日，数量为 25 吨，购货款 12000 元，2015 年 3 月 31 日，抽检时销售了 1 吨。至 2015 年 4 月 29 日，执法人员检查时上述涉嫌为不合格的煤炭已销售完。当事人销售上述煤炭货款计 15000 元，获利 3000 元。最终，董某被责令改正违法行为，没收违法所得 3000 元，处以 1000 元罚款的行政处罚，两项合计 4000 元。

---

① 参见《西宁市大通县工商行政管理局行政处罚决定书》宁大工商案处字〔2015〕第 45 号。

【处罚要点】

1. 董某销售不合格煤炭行为违法，依法应予以行政处罚

董某的行为违反了《产品质量法》第三十九条“销售者销售产品，不得掺杂、掺假，不得以假充真、以次充好，不得以不合格产品冒充合格产品”规定的行为，已构成销售不合格煤炭行为，应予以行政处罚。

2. 综合考量给予董某减轻行政处罚

本案当事人没有《行政处罚法》等法律、法规规定的不予处罚、从重处罚的情节。对当事人销售不合格煤炭行为，根据《产品质量法》的规定应给予没收违法所得，并处违法销售产品货值金额百分之五十以上三倍以下罚款的行政处罚。但考虑到当事人已深刻认识到自己的错误，承诺今后严把进货关，且自2011 年从事蜂窝煤加工以来，生意清淡，利润空间极小，所得收入仅够维持基本生活，经济来源非常艰苦、有限。本着教育与处罚相结合的原则，经研究决定，给予当事人减轻行政处罚。当事人的违法经营行为货值金额超过 1 万元不超过 5 万元，依据《青海省 X 市工商行政管理机关行政处罚自由裁量权参照标准（试行）》，没收其违法所得，并处违法销售产品货值金额百分之五十以上二倍以下罚款。

【法律分析】

1. 法律对煤炭产品的相关规定

法律对煤炭产品的相关规定体现在不同的法律中，除了上述的《产品质量法》，还有《煤炭法》、2015 年施行的《商品煤质量管理暂行办法》等。

《煤炭法》第四章“煤炭经营”规制了煤炭经营企业的经营行为。第四十三条规定：“煤矿企业和煤炭经营企业供应用户的煤炭质量应当符合国家标准或者行业标准，质级相符，质价相符。用户对煤炭质量有特殊要求的，由供需双方在煤炭购销合同中约定。煤矿企业和煤炭经营企业不得在煤炭中掺杂、掺假，以次充好。”第四十四条规定：“煤矿企业和煤炭经营企业供应用户的煤炭质量不符合国家标准或者行业标准，或者不符合合同约定，或者质级不符、质价不符，给用户造成损失的，应当依法给予赔偿。”在第七章“法律责任”中相对应的第五十九条规定：“违反本法第四十三条的规定，在煤炭产品中掺杂、掺假，以次充好的，责令停止销售，没收违法所得，并处违法所得一

倍以上五倍以下的罚款；构成犯罪的，由司法机关依法追究刑事责任。”

《商品煤质量管理暂行办法》规定，煤炭生产、加工、储运、销售、进口、使用企业是商品煤质量的责任主体，分别对各环节商品煤质量负责。其对于商品煤质量要求也提出了十分详细的技术标准。对于监督管理，第十五条还规定：“煤炭管理部门及有关部门依法对辖区内的商品煤质量进行抽检，并将抽检结果通报国家发展改革委（国家能源局）等相关部门。”在法律责任方面规定，商品煤质量达不到本办法要求的，责令限期整改，并予以通报；构成有关法律法规规定的违法行为的，依据有关法律、法规予以处罚。采取掺杂使假、以次充好等违法手段进行经营的，依据相关法律、法规予以处罚；构成犯罪的，由司法机关依法追究刑事责任。

《商品煤质量管理暂行办法》从煤炭生产、流通、使用等各个利用其价值的环节对行为及其主体起到全面的规制作用，在质量要求方面也提供了更加专业详细的标准，这反映了煤炭不断市场化及其法律上的要求。从对违法行为的惩罚的起算和上限的范围来看，这些法律、规章也比《产品质量法》的规定更为严苛，概因煤炭作为一种重要的能源，需要更严格的把关。

2. 本案中行政机关对违法行为的认定和处罚

《产品质量法》第五十条规定：“在产品中掺杂、掺假，以假充真，以次充好，或者以不合格产品冒充合格产品的，责令停止生产、销售，没收违法生产、销售的产品，并处以违法生产、销售产品货值金额百分之五十以上三倍以下的罚款；有违法所得的，并处没收违法所得；情节严重的，吊销营业执照；构成犯罪的，依法追究刑事责任。”本案中，董某销售的煤炭被 X 市工商局抽样检查，由青海省煤炭产品质量监督检验站进行检验，不符合标准。销售不合格煤矿要依法承担相应行政处罚，即行政机关责令其停止销售，没收违法销售的产品，并处以违法生产、销售产品货值金额 50% 以上 3 倍以下的罚款。但是结合行政相对人的具体情况，根据教育与处罚相结合的原则和《青海省 X 市工商行政管理机关行政处罚自由裁量权参照标准（试行）》，行政机关作出了更人性化的处理，给予董某没收违法所得，并处违法销售产品货值金额 50% 以上 2 倍以下的罚款。《行政处罚法》第二十三条规定：“行政机关实施行政处罚时，应当责令当事人改正或者限期改正违法行为。”因此，董某被责令改正违法行为。

3. 煤炭产品质量监管体制

根据《商品煤质量管理暂行办法》第三章，煤炭管理部门及有关部门在各自职责范围内依法对煤炭质量实施监管。煤炭生产、加工、储运、销售、进口、使用企业应当接受监管。煤炭管理部门及有关部门依法对辖区内的商品煤质量进行抽检，并将抽检结果通报国家发展改革委（国家能源局）等相关部门。口岸检验检疫机构对本口岸进口商品煤的质量进行监督管理。每半年进行一次进口商品煤质量分析，上报国家质量监督检验检疫部门，抄送国家发展改革委（国家能源局）、商务部等相关管理部门。

【案件点评】

煤炭是赋存于地下的非再生性化石能源资源，素有“工业粮食”之称。销售不合格煤炭的行为不仅在交易中违反诚实信用和等价有偿原则、侵犯消费者权益，还会对大气环境造成严重的污染。国家把控流通领域煤炭质量，推广清洁煤炭，完善监管长效机制是大势所趋。企业也要落实责任，相向而行。本案给予我们的思考不只是煤炭质量方面的法律问题，董某作为个体工商户，加工、销售蜂窝煤，其特殊之处还体现在“散煤”和“生产经营主体”两个方面，人们往往关注的是大型能源企业及其能源的利用方式，但目前在我国仍有类似案件发生在相对较为松散的生产经营主体之中。

对于散煤质量监管，《中华人民共和国大气污染防治法》（1987 年 9 月 5 日发布，1995 年 8 月 29 日修正，2000 年 4 月 29 日、2015 年 8 月 29 日修订，2018 年 10 月 26 日修正，以下简称《大气污染防治法》）第三十六条有规定：“地方各级人民政府应当采取措施，加强民用散煤的管理，禁止销售不符合民用散煤质量标准的煤炭，鼓励居民燃用优质煤炭和洁净型煤……”在法律责任方面，第一百零三条也明确规定，销售不符合质量标准的煤炭、石油焦的，由县级以上地方人民政府市场监督管理部门责令改正，没收原材料、产品和违法所得，并处货值金额一倍以上三倍以下的罚款。这一条指明由县级以上地方人民政府市场监督管理部门对销售不符合质量标准的煤炭的行为作出行政处罚。反观该法第五条的规定，“县级以上人民政府生态环境主管部门对大气污染防治实施统一监督管理，县级以上人民政府其他有关部门在各自职责范围内对大气污染防治实施监督管理”，从生态环境保护的侧重点出发，也可以看出，《大气污染防治法》中的监管主体不只是政府生态环境主管部门，国家各部门虽各有职责范围。对于同一案件的不同问题或同一问题的不同方面，各部门监管是协调联动的。对于能源行业生产经营主体，虽然自然人、个体工商户之类的主体数量较少，市场影响力较弱，但也应引起重视。以此出发进行延伸，相似的还有农村可再生能源问题，如沼气、光伏（家用分散式能源）等。

案例 70　某生物质能热力有限公司行政处罚案[①]

【基本案情】

某生物质能热力有限公司（以下简称“A 公司”）办公室地址位于 C 市，于 2015 年 01 月 27 日在 C 市工商行政管理局注册成立，注册资本为 2000 万元人民币。其主要经营范围是城市、乡村供热，小区物业管理和管道工程建筑，以及城市、乡村供热；小区物业管理；管道工程建筑；管道和设备安装、维护等项目。C 市国土资源局（以下简称“C 市国土局”）于 2016 年 9 月 1 日在工作巡查时，发现 A 公司非法占用 Q 村集体土地。C 市国土局立案后，经调查询问当事人。查明，A 公司未经批准，擅自占用 H 区 Q 镇 Q 村集体土地 2000 平方米，用于建供热锅炉房。2016 年 11 月 3 日，C 市国土局作出《行政处罚决定书》决定：责令退还非法占用的土地，没收非法占用的土地上新建的建筑物和其他设施；处以罚款 6000 元；建议移送当地司法机关。

C 市国土局当日将处罚决定书送达给 A 公司后，几经催告，该公司既未交纳罚款，又未履行拆除其在非法占用的土地上新建的建筑物和其他设施的义务。C 市国土局遂向法院提出申请，要求强制执行。C 市 H 区人民法院认为，C 市国土局是法律、法规授权的土地行政主管机关，有权针对被执行人 A 公司非法占用土地的行为作出处罚决定。依照《行政诉讼法》第九十七条、《中华人民共和国行政强制法》第五十三条的规定，裁定对 C 市国土局作出的《行政处罚决定书》准予强制执行。《行政处罚决定书》中的罚款 6000 元由 H 区人民法院强制执行，责令退还非法占用的土地、没收非法占用的土地上新建的

---

① 参见《吉林省白山市浑江区人民法院一审行政裁定书》〔2017〕吉 0602 行审 50 号。

建筑物和其他设施，由C市国土局组织实施。

【法律分析】

1. 关于非法占用土地

《土地管理法》第七十六条规定："未经批准或者采取欺骗手段骗取批准，非法占用土地的，由县级以上人民政府土地行政主管部门责令退还非法占用的土地，对违反土地利用总体规划擅自将农用地改为建设用地的，限期拆除在非法占用的土地上新建的建筑物和其他设施，恢复土地原状，对符合土地利用总体规划的，没收在非法占用的土地上新建的建筑物和其他设施，可以并处罚款；对非法占用土地单位的直接负责的主管人员和其他直接责任人员，依法给予行政处分；构成犯罪的，依法追究刑事责任。超过批准的数量占用土地，多占的土地以非法占用土地论处。"

《土地管理法》第七十六条是对未经批准或者采取欺骗手段骗取批准，或者超过批准的数量，非法占用土地的处罚规定。主要表现为未经批准或者采取欺骗手段骗取批准而占用土地。主要包括以下情形：建设单位或者个人未经用地审批或者采取欺骗手段骗取批准而占用土地的；举办乡镇企业未经批准使用农民集体所有的土地的；乡（镇）、村公共设施和公益事业建设未经批准或者采取欺骗手段骗取批准，占用农民集体所有的土地进行建设的；建设项目施工和地质勘查未经批准或者采取欺骗手段骗取批准，临时使用国有土地或者农民集体所有的土地的；城镇非农业户口的居民未经批准或者采取欺骗手段骗取批准，占用土地建住宅的；涉及农用地改为建设用地，未取得农用地转用审批或者采取欺骗手段骗取农用地转用审批的，等等。此外，根据第七十六条第二款的规定，属于超过批准的数量占用土地的，多占的土地以非法占用土地论处，所以建设单位或者个人的超占行为，也构成本条规定的违法行为。

2. 关于非法占用土地的刑事责任

根据2017年《刑法》第三百四十二条，违反土地管理法规，非法占用耕地、林地等农用地，改变被占用土地用途，数量较大，造成耕地、林地等农用地大量毁坏的，处五年以下有期徒刑或者拘役，并处或者单处罚金。私自侵占集体土地能不能判刑，依据实际情况而定，如果侵占的是耕地，并且改变土地使用用途的，有可能构成犯罪。非法占用农用地罪的犯罪对象包括：耕地、林地、草原等。根据《最高人民法院〈关于审理破坏土地资源刑事案件具体应用法律〉若干问题的解释》（2000年6月16日最高人民法院审判委员会第1119次会议通过并施行）的规定：非法占用基本农田五亩或者非法占用基本农田以外的耕地十亩以上构成本罪。违反土地管理法规，非法占用耕地改作他用，数量较大，造成耕地大量毁坏的，依照《刑法》第三百四十二条的规定，以非法占用耕地罪定罪处罚：非法占用耕地"数量较大"，是指非法占用基本农田五亩以上或者非法占用基本农田以外的耕地十亩以上；非法占用耕地"造成耕地大量毁坏"，是指行为人非法占用耕地建窑、建坟、建房、挖沙、采石、采矿、取土、堆放固体废弃物或者进行其他非农业建设，造成基本农田五亩以上或者基本农田以外的耕地十亩以上种植条件。2005年《最高人民法院关于审理破坏林地资源刑事案件具体应用法律若干问题的解释》第一条规定："（一）非法占用并毁坏防护林地、特种用途林地数量分别或合计达五亩以上；（二）非法占用并毁坏其他林地数量达到十亩以上；（三）非法占用并毁坏本条第（一）项、第（二）项规定的林地，数量分别达到相应规定的数量标准的百分之五十以上；（四）非法占用并毁坏本条第（一）项、第（二）项规定的林地，其中一项数量达到相应规定的数量标准的百分之五十以上，且两项数量合计达到该项规定的数量标准。"

【案件点评】

生物质能供热主要包括生物质热电联产和生物质锅炉供热，其特点在于绿色低碳、清洁环保、经济可靠、可再生。我国生物质资源丰富，如果不加以利用，如秸秆直接露天焚烧，反而成了污染来源。生物质能供热就地收集农林废弃物等原料、就地加工转化为清洁热力、就近供应市场消费，是典型的分布式清洁能源供热，适合于人口规模适中的城镇民用供暖、点对点工业供热、工业园区分布式供热。生物质锅炉供热是以农林生物质、生物质成型燃料、生物质燃气等为燃料的，在生物质专用锅炉内燃烧产生热力的清洁供热方式。比较常见的是生物质成型燃料锅炉。在民用供暖方面，生物质锅炉既可为居民小区供暖，也可为人口规模较大的县城供暖。在工业供热方面，既可以为单个工业企业实行点对点供热、也可在工业园区实施集中供热，非常灵活。国外生物质能供热较为普遍，北欧生物质能供热已成为中小型区域主要供热来源。我国生物质能供热有着广阔的发展空间，但发展更需要法律的监督和规范。能源企业在经营过程中更需知法懂法守法，杜绝非法占用土地等不良行为。本案中，C市国土局依据其法定职权进行监督检查，查明A公司未经批准擅自占用Q村集体土地用于建供热锅炉房，依法进行了行政处罚。

第六节 行政调解案例

当前我国正处于社会转型期，纠纷的解决关系到国家的治理体系和治理能力的现代化。我国目前在非诉机制上有人民调解、劳动仲裁、行政调解、行业调解、商事仲裁、商事调解等多种类型。行政调解是国家行政机关处理平等主体之间民事争议的一种常用方式。行政机关根据相关法律、法规的规定，对权管辖范围内的平等主体之间的民事纠纷居间调解，使纠纷的双方当事人互相谅解，在平等协商的基础上达成一致协议，从而合理地、彻底地解决矛盾。行政调解更加注重情、理、法的结合，当事人通常愿意接受调解结果并履行调解协议。在我国的能源领域存在着大量的纠纷，通过行政调解的方式解决纠纷，不仅快捷、低廉、尊重当事人的意思自治，而且有利于实现行政机关与相对人之间的和谐。通过做耐心、细致、全面的调解，还可以培养行政机关工作人员踏实认真的工作作风，树立行政机关良好的工作形象，发扬为人民群众服务的精神，并由此增强人民群众对行政机关的信任，提高行政机关的执法权威，进一步建立人民群众同政府密切融洽、协调、信赖的关系。实践中，很多纠纷的调解往往会经历不同的阶段，不一定仅由行政调解实现纠纷解决。本部分选取的两个案例包括了行政调解、法院调解和民间调解（人民调解委员会调解）。

案例 71 某电力施工企业投诉供电公司下属企业不正当竞争案 [1]

【基本案情】

2013 年 12 月 20 日，国家能源局浙江监管办公室（以下简称“浙江监管办”）受理了某民营电力施工企业的投诉，称当地某供电公司及下属关联电力施工企业利用垄断地位，以不正当竞争的方式，在明知其与电力用户已经签订正式合同的情况下通过各种手段施压电力用户，与用户签订施工合同，导致其合同不能履行，严重侵害其权益。

2014 年 1 月 7 日，浙江监管办召集用户、投诉人和被投诉人，在杭州召开了协调会议。会上，浙江监管办在充分听取了各方意见的基础上，认定以下基本事实：用户于 2013 年 7 月 11 日向某供电公司申请用电，报装容量 1000 千伏安，7 月 27 日收到供电方案答复。用户于 8 月 1 日与投诉人所属电力设备公司签订《设备供货合同》，8 月 2 日与投诉人签订《电气安装工程施工承包合同》，两份合同真实有效，具备法律效力。后用户考虑到供电公司下属施工企业具备较强的安装实力及能够长期提供较好的后期维护服务，又于 9 月 4 日与某供电公司下属施工企业签订《安装合同》。目前该用户受电工程已基本完工，待装表接电。该用户多次明确表明，以上与两家公司签订的施工承包合同均为自己真实意愿的表示，同时愿意承担因中止与投诉人的合同而引起的相关责任。因此，浙江监管办认为，投诉人关于被投诉人涉嫌利用垄断地位、不正当竞争的行为与事实不符。

投诉人之后又向人民法院提起诉讼，法院就该合同纠纷开庭审理。法院就用户受电工程中各方市场主体如何依法经营，理性竞争、权益保护、责任区分等问题进行了详细的解读。最终，各方本着“和为贵”的宗旨，均自愿接受调解。投诉人和用户表示，愿意就合同纠纷问题及后续违约补偿问题进行磋商，共同致力于平等友好地解决问题。

① 参见《2014 年 1 月投诉举报典型案例：某电力施工企业投诉供电公司下属企业不正当竞争案》，载国家能源局浙江监管办公室网站，http://zjb.nea.gov.cn/article/zhuanti3/jicha/201402/993.htm，访问日期：2019 年 6 月 22 日。

【案例评析】

调解行为在我国有着悠久的历史和广大的群众基础。受传统文化中“以和为贵”思想的熏陶，以及过去行政与司法浑然一体的政治制度的影响，民众形成了一种“有事儿找政府”的习惯。进入现代社会，诉讼已经成为解决纠纷的主要方式。但是行政调解没有衰落，逐步朝着法治化的方向发展，焕发出新的生机与活力。其中的杰出代表是20世纪60年代由浙江枫桥干部群众创造的“小事不出村，大事不出镇，矛盾不上交”的“枫桥经验”，在全国范围内进行推广。相比于诉讼程序，行政调解能够以最快的速度、最低的成本解决纠纷。法律关于行政调解的规定散见于地方政府和各部委所制定的规章中。在实践中，行政调解主要应用于社会治安、交通事故、消费者权益保障、环境污染、电力水事等纠纷，负责调解的机关一般是主管该领域的部门。当事人提起行政调解，必须与调解事项有直接的利害关系，有明确调解请求、事实和理由，当事人双方均同意后，行政机关才可以居中进行调解。行政机关在调解时应当“以事实为依据，以法律为准绳”。由于绝大部分案件都是来源于行政机关管理领域的民事纠纷，行政机关的优势十分明显。虽然调解结果不具有终局性，也无法强制执行，但是行政调解能够充分发挥行政机关的专业性和权威性，纠纷双方往往愿意信赖。

在本次投诉事件中，行政调解部门通过召开协调会的形式，在认定基本事实的基础上解决电力业务经营活动中存在的问题，体现了监管部门“梳民情、解民怨”的基本原则。虽然争议双方最后诉诸法院，但是仍然是延续了调解的思路，最后解决了纷争。

案例72 煤矿废水污染鱼塘起纠纷调解案[①]

【基本案情】

2016年7月，因恶劣天气影响，Z乡Y村降雨量超过往年降雨量平均水

---

① 参见《煤矿废水污染鱼塘起纠纷 乡村及时介入调解化矛盾》，载贵州司法行政网，http://www.gzsft.gov.cn/contents/33/14422.html，访问日期：2019年6月22日。

平。雨量过大将 F 煤矿废煤渣冲至下游的 Y 村落脚河组，污染了该组文某家的鱼塘，使该鱼塘成了一个污水坑，给鱼塘养殖户造成了严重损失。2016 年 7 月 22 日，Z 乡人民政府组织煤矿、村居及受灾群众到现场查看，鱼塘受污染情况属实，并现场丈量鱼塘面积为 727.75 立方米。8 月 8 日，Z 乡人民调解委员会组织 F 煤矿、鱼塘养殖户文某在乡司法所进行调解。在调解时煤矿方坚持按新区的文件土鱼塘每立方米按 10 元补偿，而养殖户文某坚持鱼塘每立方米按 40 元补偿，调解一时陷入僵局。为了尽快化解这一容易激化的矛盾纠纷，Z 乡调解人员耐心细致的给双方做工作。通过调委会多次调解并反复劝说、开导，纠纷双方分别做出让步，最终达成协议：矿方一次性补偿文某鱼塘损失壹万捌仟玖佰元（18900 元），该纠纷处理终结；文某领取补偿款后，将污水进口自行堵住，以后不管任何污水进入鱼塘都与 F 煤矿无关，文某不再以此为由找矿方的麻烦；鱼塘仍归文某所有，鱼塘污水由文某自行清理，矿方不再承担任何责任。

【案例评析】

调解民事纠纷案件是中国基层政府的重要职责之一。Z 乡调解委员会在查明事实、分清是非、明确责任的基础上，说服当事人互谅互让，依照法律、法规及有关政策的规定，促成双方当事人自愿达成纠纷解决协议。解决我国能源领域的诸多纠纷，人民调解委员会调解也不失为一种很好的方式，但在调解过程中应当深入调查研究，虚心听取当事人的意见，弄清案情。同时要动之以情、晓之以理，以理服人。

本案涉及环境污染损害赔偿责任问题。根据我国《侵权责任法》第六十五条的规定，“因污染环境造成损害的，污染者应当承担侵权责任”。同时，环境污染案件实行无过错责任原则。《侵权责任法》第六十六条规定：“因污染环境发生纠纷，污染者应当就法律规定的不承担责任或者减轻责任的情形及其行为与损害之间不存在因果关系承担举证责任。”因此，环境污染案件实行举证责任倒置的归责原则，由污染者承担主要的举证责任。根据《中华人民共和国固体废物污染环境防治法》（1995 年 10 月通过，2016 年 11 月 7 号修订，以下简称《固体废物污染环境防治法》）第十七条的规定“收集、贮存、运输、利用、处置固体废物的单位和个人，必须采取防扬散、防流失、防渗漏或者其他防止污染环境的措施；不得擅自倾倒、堆放、丢弃、遗撒固体废物”，第三十六条“尾矿、矸石、废石等矿业固体废物贮存设施停止使用后，矿山企业应当按照国家有关环境保护规定进行封场，防止造成环境污染和生态破坏”的规定，矿山应当对在开采过程中产生的煤渣等废弃物进行妥善的管理，采取必要的防护措施。本案中污染环境的行为，虽然是由于大雨所致，但是并不能因此而排除矿山的责任，反而从另一方面反映了矿山防护工作不到位，保护环境的意识不强。根据法律的规定，矿山应当排除危害，依法赔偿损失，并采取措施恢复环境原状。《固体废物污染环境防治法》第八十四条规定：“受到固体废物污染损害的单位和个人，有权要求依法赔偿损失。赔偿责任和赔偿金额的纠纷，可以根据当事人的请求，由环境保护行政主管部门或者其他固体废物污染环境防治工作的监督管理部门调解处理；调解不成的，当事人可以向人民法院提起诉讼。当事人也可以直接向人民法院提起诉讼。”在一些基层村镇，人民调解委员会往往更好地能发挥调解功能。本案中，该乡镇的人民调解委员会就起到了将纷争及时解决的作用。

后记

本书的最初灵感来自于笔者带领学生开展的“能源法案例工作坊”研习活动。2016 年 11 月，笔者在所在单位北方工业大学发起设立了能源法研究中心，意在建立研究团队，积极开展能源法研究，扩大在国内本研究领域的影响力；开展各种学生竞赛、沙龙等学术活动，培养研究生和本科人才。案例工作坊即是能源法教学和研究相结合的一种路径尝试。在几次工作坊研习活动中，笔者和学生逐渐对能源领域案例实务有了初步的了解，积累了部分案例，并初步搭建了框架雏形。

活动开展一个学期后，编著一本专门的能源法实务案例书籍的念头开始萌生。但是，对于我们这样一个尚处于发展时期的研究团队来讲，这无疑是一个挑战。学生们刚开始都心存疑虑。比如，有的同学提出怀疑，能源法的案例有足够的特殊性吗？按照怎样的框架展开案例搜索？数量如果不够怎么办？随着工作的展开，这些疑虑逐渐开始消除，困难转为涉及各法学学科领域过于宽泛以及如何对能源行业各领域精准把握。在这个过程中，包括我自己在内，我们的研究团队都对能源法学科有了新的认识。从 2019 年 1 月份开始，一直到本书出版，研究生和本科生们协助我做了大量的基础工作。可以说，如果没有他们，这本书的出版时间将会无限期延迟。在此对下列同学深表谢意：原明慧、柳第、董倩、黄亚柯、李洋、王淑雅等研究生；蔡行煌、郭嘉、冯莹瀛、樊欣妤、林洪艺等本科生。国家电网有限公司刘春瑞、丁月以及国网能源研究院刘进三位专家，对书稿提出很多非常有价值的意见和建议，对本书出版给予了大力支持和帮助。感谢！

说来惭愧。自 2003 年攻读博士、选择能源法作为研究方向以来，迄今已有 16 年。除了参加了两部能源法教材的编写以及博士论文出版了专著之外，还没有其他能源法方面的著作类学术成果。和网络法、信用法等其他新兴法学领域相比，能源法的受众范围还是偏窄。而随着能源体制改革、能源生产和消费革命的深入进行，能源法研究的必要性一定会越来越强。这就需要能源法学者们更加勤奋地多出成果，多发出声音。孔子曰：“生而知之者，上也；学而知之者，次也；困而学之，又其次也；困而不学，民斯为下矣。”笔者深知自身资质愚钝、功底浅薄，但是也愿意在这个过程中尽一份力，唯有今后更加勤奋。希望本书能够让更多读者，尤其是广大研究生和本科生通过案例的形式了解能源法、关注能源法。

需要再次说明的是，囿于时间和水平，本书还有不少未尽之处，甚至谬误，恳请读者批评指正。如果在阅读本书过程中发现任何问题，都可以发送邮件至 xinghuachen@126.com，笔者非常乐意进行交流、探讨。

陈兴华

2019 年 6 月 24 日